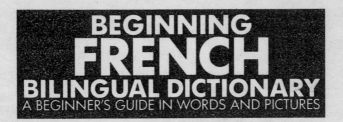

BEGINNING FRENCH BILINGUAL DICTIONARY
A BEGINNER'S GUIDE IN WORDS AND PICTURES

By Gladys C. Lipton

Coordinator of Foreign Language Workshops
Department of Modern Languages and
Linguistics
University of Maryland, Baltimore County
Baltimore, Maryland

Second Edition

BARRON'S EDUCATIONAL SERIES, INC.

Dedicated to: Judy, Michael, Lorrie, Jeremy and Nancy, Bob, Seth

All inquiries should be addressed to:
Barron's Educational Series. Inc.
250 Wireless Boulevard
Hauppauge, New York 11788

Library of Congress Catalog Card No. 89-6800

International Standard Book No. 0-8120-4273-5

Library of Congress Cataloging-in-Publication Data
Lipton, Gladys C.
  Beginning French bilingual dictionary: a beginner's guide in words
and pictures/by Gladys C. Lipton.—2nd ed.
    p. cm.
  English and French.
  Summary: A pocket dictionary for the beginner, with clarifying pictures
and illustrative sentences.
  ISBN 0-8120-4273-5
  1. French language—Dictionaries—English. 2. English language—
Dictionaries—French. 3. Picture dictionaries, French. [1. French
language—Dictionaries—English. 2. English language—Dictionaries—
French.] I. Title.
PC2640.L65 1989
443'.21—dc20

89-6800
CIP
AC

PRINTED IN THE UNITED STATES OF AMERICA
345   5500   987654

Table of Contents

Table des matières

Introduction

Learning another language can be fun for everybody! This beginner's bilingual *French-English English-French* dictionary is a book that will be both pleasurable and functional. It will bring many hours of "thumbing-through" enjoyment to all who enjoy looking at pictures, who delight in trying to pronounce new sounds, and who like the discovery of trying to pronounce new sounds, and who like the discovery of reading words and sentences in French and English. It can be very practical, too, for those who need a rapid course in bilingual language learning for a specific purpose, such as taking a trip to a French or English-speaking country, conducting international business and other useful endeavors.

This dictionary will assist in the understanding of written French and English, too, and will provide an aid for the expansion of vocabulary in both languages. It will help in word games, in crossword puzzles, in writing and reading letters in French and English, and in reading signs and instructions. As a pocket dictionary, it will be invaluable in helping travelers obtain information, understand menus, and read magazines and newspapers in the foreign language-speaking country.

The pictures in this dictionary will help you clarify word meanings and expand your vocabulary by providing associations of pictures with words and phrases. The sentences will not only illustrate the use of the specific words and expressions, but will also serve as conversational expressions when communicating in the French-speaking or English-speaking community.

The French pronunciation key will solve some of the mysteries of foreign language pronunciation. WELCOME TO THE WORLD OF LANGUAGES!

BASIS OF WORD SELECTION

The selection of words in the French listing is based on a survey of basic words and idiomatic expressions used in beginning language programs, in FLES and Level I, and simple reading materials. The words in the English listing have been checked with the first thousand most frequently used words on the *Thorndike-Lorge Frequency List*, as well as with a survey of words and expressions used by young students and words found in juvenile literature. Both listings should be helpful in the development of new curricula, in test construction, and in the writing of new textbooks and readers to be used on this level.

How to Use This Dictionary

The dictionary contains approximately 1300 entries in the French-English Vocabulary and an equal number of English words and expressions in the English-French Vocabulary. Each French entry consists of the following (whenever possible):

1. French word
2. English definition(s)
3. phonemic transcription*
4. picture, if feasible
5. use of word in French sentence
6. English translation of French sentence

Each English entry consists of the following (whenever possible):

1. English word
2. French definition(s)
3. picture, if feasible
4. use of word in English sentence
5. French translation of English sentence

TO FIND THE MEANING OF A FRENCH WORD OR EXPRESSION:

To find the meaning of a French word encountered in books, magazines, signs, etc., you look through the alphabetical French-English listing for the word or expression, and the above-mentioned information about the word.

---

*The *phonemic* alphabet is based on a comparative analysis of English and French sounds; it uses only Roman letters, with minimal modifications. In contrast, the International Phonetic Alphabet is based on a comparison of several languages and uses some arbitrary symbols. For the English-speaking and -reading learner, the advantages of a phonemic system are obvious.

How to Use This Dictionary

TO FIND THE FRENCH EQUIVALENT OF AN ENGLISH WORD OR EXPRESSION:

To find the equivalent of an English word or expression, look through the alphabetical English-French Word Finder List. There may be one or more listed words and expressions. Look up each of these in the French-English listing to verify the meaning and use. For example, suppose you wanted to find out how to say "country" in French. First, look in the English-French Word Finder List; there, two French words would be found: *le pays* and *la campagne*. They are very different in meaning, although they both mean "country" in English. You would then look up *le pays* and *la campagne* in the French-English listing to determine which meaning is suitable. A more detailed entry will be found in the English-French vocabulary listing.

TO FIND VERB FORMS:

Special mention should be made of the treatment of verbs in this dictionary. Since only the present tense is used actively in most beginning language programs, verb forms only in the present tense have been included in the dictionary, except for past participles used as adjectives and the conditional of *vouloir*. For regular verbs, only the infinitive is listed, with all the forms of the verb in the present tense included in the entry. There is no cross listing of the forms of regular verbs. For some irregular verbs, each form of the present tense is given (first, second and third persons, singular and plural) in a separate listing with cross-reference to the infinitive. Here, too, under the infinitive listing, all the forms of the verb in the present tense are included in the entry. The following verbs have been treated in this detailed manner:

> *aller, avoir, boire, dire, être, faire, mettre, pouvoir, prendre, savoir, venir, voir, vouloir*

All forms of irregular verbs also appear in the French verb supplement.

ABBREVIATIONS USED IN THIS DICTIONARY

adj. *adjective*	v. *verb*
adv. *adverb*	f. *feminine*
conj. *conjunction*	m. *masculine*
exp. *expression*	prep. *preposition*
n. *noun*	pron. *pronoun*

How to Use This Dictionary

FRENCH PRONUNCIATION KEY

CONSONANTS

FRENCH SPELLING	PHONEMIC SYMBOL
b	b
c	k, s
ç	s
ch	sh
d	d, t
f, ph	f
g	g, zh
h	—
j	zh
k	k
l	l
m	m
n	n
gne	n or N (as in onion)
p	p
qu, q	k
r	r
s	s, z
t, th	t
tion	syohn
v	v
w	v
x	gs, ks, s, z
y, ille	y (as in yes)
z, s, x	z

VOWELS

FRENCH SPELLING	FRENCH EXAMPLE	PHONEMIC SYMBOL	SOUNDS SOMETHING LIKE ENGLISH WORD...
a	(la)	a	at
â	(bâton)	ah	father
è, êt, ais	(mais, près)	eh	shelf
é, ai, er, ez	(école, j'ai)	ay	day (but it is a *very* short sound in French)
i, y	(si, pyjama)	ee	see
o	(robe)	uh	hut
ô	(hôtel)	oh	open
u	(mur)	~~ew~~	—

How to Use This Dictionary

FRENCH SPELLING	FRENCH EXAMPLE	PHONEMIC SYMBOL	SOUNDS SOMETHING LIKE ENGLISH WORD...
ou	(sous)	oo	too
eu	(deux)	eoh	—
e	(me)	¢	the (book)
eu	(fleur)	euh	sir
an, am, en, em in, im, aim,	(sans)	ahɲ	—
ain, ein	(cinq)	aiɲ	—
on	(son)	ohɲ	—
un	(un)	uhɲ	—
oi	(bois)	wa	was
ui, oui	(bruit)	ow/ee	—

NOTES

1. Some French sounds do not have any English equivalent. (Shown by —)
2. Capital letters indicate the syllable which receives the emphasis, *e.g.*, a-bree-KOH.
3. Note difference between consonant "w" and phonemic symbol "w" for vowel sound for "oi" and "oui."
4. The sound systems of English and French are quite different. The pronunciation key is an attempt to approximate comparative sounds.

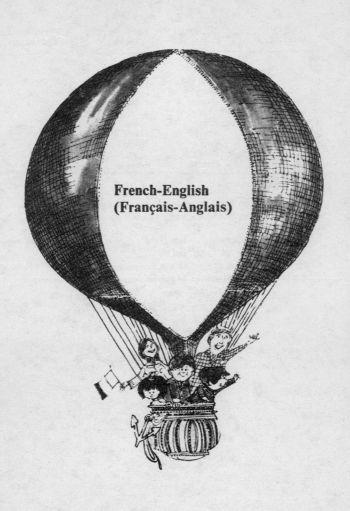

French-English
(Français-Anglais)

à [A] : at, in, to
Ils vont à Paris.
They are going to Paris.

a: (il a, elle a) [A]   (*see* avoir)

l'abeille [a-BAY] f. : bee
L'abeille aime la fleur.
The bee likes the flower.

l'abricot [a-bree-KOH] m. : apricot
L'abricot est délicieux.
The apricot is delicious.

absent [ab-SAHN] : absent
    absente (f.) [ab-SAHN T]
Georges est absent aujourd'hui.
George is absent today.

accord: d'accord! [da-KUHR] : agreed!, O.K., all right
Veux-tu jouer avec moi? D'accord!
Do you want to play with me? O.K.!

acheter [a-SHTAY] : to buy
    j'achète   nous achetons
    tu achètes   vous achetez
    il, elle achète   ils, elles achètent

Le garçon achète une balle.
The boy is buying a ball.

l'acteur [ak-TEUHR] m. : actor
    l'actrice (f.) [ak-TREES] : actress
L'acteur est beau.
The actor is handsome.

l'addition [a-dee-SYOHN] f. addition; check (in restaurant)
Après le dîner, papa demande l'addition.
After dinner, Dad asks for the check.

l'adresse [a-DREHS] f. : address
Quelle est votre adresse?
What is your address?

l'aéroport [a-ay-ruh-PUHR] m. : airport
Il y a tant d'avions à l'aéroport!
There are so many airplanes at the airport!

l'âge [AHZH] m. : age (used in exp. with "How old . . . ?")
Quel âge as-tu? J'ai huit ans.
How old are you? I am eight (years old). (*see* avoir)

l'agent (de police) [a-ZHAHN-də-puh-LEES] m. : policeman
L'agent de police dirige la circulation.
The policeman directs traffic.

agréable [a-gray-ABL] : pleasant, nice
Le printemps est une saison agréable.
Spring is a pleasant season.

ai: j'ai [ZHAY] (*see* avoir)

aider [eh-DAY] : to help, to aid

j'aide	nous aidons
tu aides	vous aidez
il, elle aide	ils, elles aident

Jean aide sa soeur à porter les livres.
John helps his sister carry the books.

l'aiguille [ay-GWEEY] f. : needle
Voici une aiguille à coudre.
Here is a sewing needle. (*see* coudre)

l'aile [EHL] f. : wing
L'avion a deux ailes.
The airplane has two wings.

aimer [eh-MAY] : to like, to love

j'aime	nous aimons
tu aimes	vous aimez
il, elle aime	ils, elles aiment

Maman aime ses enfants.
Mother loves her children.

ainsi [aiɴ-SEE] : (in) this way
Ainsi dansent les petites marionettes.
The little marionettes dance this way.

l'air [EHR] m. : air, appearance, look
Le tigre a l'air féroce.
The tiger has a ferocious look.

aller [a-LAY] : to go (also used with exp. of health)

    je vais   nous allons
    tu vas   vous allez
    il, elle va ils, elles vont

Où allez-vous? Je vais chez moi.
Where are you going? I'm going home.
Comment allez-vous? Je vais très bien, merci.
How are you? I'm very well, thank you.

allez : vous allez [a-LAY]   (*see* aller)

allons : nous allons [a-LOHɴ]   (*see* aller)

l'allumette [a-lew-MEHT] f. : match
Les allumettes sont dangereuses pour les enfants.
Matches are dangerous for children.

l'alphabet [al-fa-BEH] m. : alphabet
Il y a vingt-six lettres dans l'alphabet français.
There are twenty-six letters in the French alphabet.

l'ambulance [ahɴ-bew-LAHɴS] f. : ambulance
L'ambulance va à l'hôpital.
The ambulance is going to the hospital.

amener [am-NAY] : to bring (people)

    j'amène   nous amenons
    tu amènes   vous amenez
    il, elle amène ils, elles, amènent

Le garçon amène sa soeur à la maison.
The boy brings his sister home.

américain [a-may-ree-KAIN] : American
    américaine [a-may-ree-KEHN]   (f.)
C'est un avion américain.
It's an American airplane.

l'ami [a-MEE] m. : friend
    l'amie   (f.)
Je suis ton amie.
I am your friend.

l'amour [a-MOOR] m. : love
Le garçon a un grand amour pour son chien.
The boy loves his dog.

amusant [a-mew-ZAHN] : amusing, funny
    amusante [a-mew-ZAHNT]   (f.)
Le clown est amusant.
The clown is funny.

s'amuser [sa-mew-ZAY] : to have a good time
    je m'amuse   nous nous amusons
    tu t'amuses   vous vous amusez
    il, elle s'amuse   ils, elles s'amusent
Je m'amuse au cirque.
I have a good time at the circus.

l'an [AHN] m. : year
J'ai neuf ans.
I'm nine years old.

    le Jour de l'An : *New Year's Day*   (*see* jour)

l'ananas [a-na-NA] m. : pineapple
L'ananas est grand.
The pineapple is big.

l'âne [AHN] m. : donkey
L'âne a deux longues oreilles.
The donkey has two long ears.

l'anglais [ahn-GLEH] m. : English
On parle anglais aux Etats-Unis.
They speak English in the United States.

4

l'animal [a-nee-MAL] m. : animal
    les animaux [a-nee-MOH] (pl.)
Les animaux sont dans la forêt.
The animals are in the forest.

    l'animal favori : pet   (*see* favori)

l'anneau [a-NOH] m. : ring
Quel joli anneau!
What a pretty ring!   (*see* bague)

l'année [a-NAY] f. : year
Il y a douze mois dans une année.
There are twelve months in a year.

l'anniversaire [a-nee-vehr-SEHR] m. : birthday, anniversary
Joyeux anniversaire! Quel âge as-tu?
Happy birthday! How old are you?

l'antenne de télévision [ahn-tehn-dⱸ-tay-lay-vee-ZYOHN]
    f. : television antenna, aerial
Les antennes de télévision sont sur le toit du bâtiment.
Television antennas are on the roof of the building.

août [oo] m. : August
En août il fait chaud.
In August it is hot.

l'appareil [a-pa-RAY] m. : camera
Regarde mon appareil. Il est nouveau.
Look at my camera. It is new.

l'appartement [a-par-tⱸ-MAHN] m. : apartment
Mon appartement est au deuxième étage.
My apartment is on the third floor.

appeler [a-PLAY] : to call
    j'appelle   nous appelons
    tu appelles   vous appelez
    il, elle appelle ils, elles appellent
J'appelle mon amie.
I call my friend.

s'appeler [sa-PLAY]   : to be called,—name is

je m'appelle	nous nous appelons
tu t'appelles	vous vous appelez
il, elle s'appelle	ils, elles s'appellent

Comment vous appelez-vous? Je m'appelle Henri.
What is your name? My name is Henry.

l'appétit [a-pay-TEE]   m. : appetite
Bon appétit!
Hearty appetite! (Enjoy your meal!)

apporter [a-puhr-TAY]   : to bring

j'apporte	nous apportons
tu apportes	vous apportez
il, elle apporte	ils, elles apportent

Ils apportent des valises à la colonie de vacances.
They bring valises to camp.

apprendre [a-PRAHN DR]   : to learn

j'apprends	nous apprenons
tu apprends	vous apprenez
il, elle apprend	ils, elles apprennent

Elle aime apprendre le français.
She likes to learn French.

après [a-PREH]   : after
Septembre est le mois après août.
September is the month after August.

l'après-midi [a-preh-mee-DEE]   m. : afternoon
Il est deux heures de l'après-midi.
It is 2:00 o'clock in the afternoon.

l'aquarium [a-kwa-RYUHM]   m. : aquarium, fish tank
Il y a des poissons rouges dans l'aquarium.
There are some goldfish in the fish tank.

l'araignée [a-ray-NAY]   f. : spider
Qui a peur d'une araignée?
Who's afraid of a spider?

l'arbre [ARBR]   m. : tree
L'arbre a beaucoup de branches.
The tree has many branches.

l'arc-en-ciel [ar-kahы-SYEHL]   m. : rainbow
J'aime les couleurs de l'arc-en-ciel.
I like the colors of the rainbow. .

l'argent [ar-ZHAHы]   m. : silver; money
Il n'a pas assez d'argent.
He doesn't have enough money.

      en argent [ahы-nar-ZHAHы] : made of silver
L'épingle est en argent.
The pin is made of silver.

l'armée [ar-MAY]   f. : army
Les soldats sont dans l'armée.
Soldiers are in the army.

l'armoire [ar-MWAR]   f. : closet; cupboard
L'armoire est vide.
The cupboard is empty (bare).

arranger [a-rahы-ZHAY] : to arrange

j'arrange	nous arrangeons
tu arranges	vous arrangez
il, elle arrange	ils, elles arrangent

Le professeur arrange ses papiers.
The teacher arranges his papers.

arrêter [a-reh-TAY] : to stop; to arrest

j'arrête	nous arrêtons
tu arrêtes	vous arrêtez
il, elle arrête	ils, elles arrêtent

L'agent de police arrête l'homme.
The policeman arrests the man.
L'agent arrête les autos.
The policeman stops the cars.

s'arrêter [sa-reh-TAY] : to stop (oneself; itself)

je m'arrête	nous nous arrêtons
tu t'arrêtes	vous vous arrêtez
il, elle s'arrête	ils, elles s'arrêtent

Le train s'arrête à la gare.
The train stops at the station.

arrière : en arrière de [ahy-na-RYEHR] : behind
Un garçon est en arrière des autres.
One boy is behind the others.

arriver [a-ree-VAY] : to arrive; to happen; to come

j'arrive	nous arrivons
tu arrives	vous arrivez
il, elle arrive	ils, elles arrivent

Le facteur arrive à dix heures.
The postman arrives at ten o'clock.
Qu'est-ce qui arrive?
What is happening?

l'artiste [ar-TEEST] m. : artist
Mon frère est artiste.
My brother is an artist.

as : tu as [A]   (*see* avoir)

l'aspirateur [as-pee-ra-TEUHR] m. : vacuum cleaner
Pour nettoyer la maison, on emploie l'aspirateur.
We use the vacuum cleaner to clean the house.

s'asseoir [sa-SWAR] : to sit down

je m'assieds	nous nous asseyons
tu t'assieds	vous vous asseyez
il, elle s'assied	ils, elles s'asseyent

Grand-mère s'assied sur une chaise.
Grandmother sits down on a chair.

assez [a-SAY] : enough
As-tu assez de pommes de terre?
Do you have enough potatoes?

l'assiette [a-SYEHT]   f. : plate
L'assiette est sur la table.
The plate is on the table.

assis [a-SEE] : seated
    assise [a-SEEZ] (f.)
Il est assis dans un fauteuil.
He is seated in an armchair.

assister [a-sees-TAY] : to attend
    j'assiste   nous assistons
    tu assistes   vous assistez
    il, elle assiste   ils, elles assistent
Nous assistons à un jeu de football.
We attend a soccer game.

l'astronaute [a-struh-NUHT] m. : astronaut
L'astronaute fait un voyage en fusée.
The astronaut takes a trip in a rocket ship.

attendre [a-TAHNDR] : to wait for
    j'attends   nous attendons
    tu attends   vous attendez
    il, elle attend   ils, elles attendent
Elle attend son amie.
She is waiting for her friend.

attention! [a-tahN-SYOHN] f. : take care!, be careful!
Le professeur dit: "Attention!"
The teacher says, "Take care!"

    Faites attention! [feh-tza-tahN-SYOHN] : Pay attention!
    (*see* faire)

attraper [a-tra-PAY] : to catch
    j'attrape   nous attrapons
    tu attrapes   vous attrapez
    il, elle attrape   ils, elles attrapent
Bravo! Jean attrape la balle.
Hurray! John catches the ball.

au [OH] m. (contraction of à + le) : to the
    à la [a-la] (f.)
      aux [OH] (pl.) (contraction of à + les)
La petite fille donne du lait aux chats.
The little girl gives milk to the cats.

aujourd'hui [oh-zhoor-DEW/EE] : today
Aujourd'hui c'est le douze janvier.
Today is January 12th.

au revoir [uhr-VWAR] : good-bye
Le matin papa dit: "au revoir" à sa famille.
In the morning Father says "Good-bye" to his family.

au secours! : help!   (*see* secours)

aussi [oh-SEE] : too, also; as (used in comparisons)
Moi aussi, je veux des bonbons!
I want some candy too!

Marc est aussi grand que Jacques.
Mark is as tall as Jack.

l'auto [uh-TOH] f. : auto(mobile), car
L'auto roule sur la route.
The car goes along the road.

    en auto [ahy-nuh-TOH] : by car

l'autobus [uh-tuh-BEWS] m. : bus
Les enfants vont à l'école en autobus.
The children go to school by bus.

l'automne [oh-TUHN] m. : autumn, fall
En automne il fait frais.
In autumn it is cool.

autour de [oh-TOOR] : around
Je voudrais faire un voyage autour du monde.
I would like to take a trip around the world.

autre [OHTR] : other, another
Voici un autre crayon.
Here is another pencil.

l'autre [OHTR] m., f. : the other
Voici mon mouchoir. Les autres sont sur le lit.
Here is my handkerchief. The others are on the bed.

avant [a-VAHN] : before
Le professeur arrive avant les étudiants.
The teacher arrives before the students.

avec [a-VEHK] : with
Marie est à la plage avec ses amies.
Mary is at the beach with her friends.

   avec soin : carefully   (*see* soin)

l'avenir [av-NEER] m. : future
Je vais visiter la France dans l'avenir.
In the future I'm going to visit France.

l'aventure [a-vahN-TEWR] f. : adventure
J'aime lire les aventures d'Astérix.
I like to read the adventures of Astérix.

l'avenue [av-NEW] f. : avenue
L'Avenue des Champs-Elysées est à Paris.
The Avenue des Champs-Elysées is in Paris.

aveugle [a-VEUH-gl] : blind
Cet homme est aveugle.
This man is blind.

avez : vous avez [a-VAY]   (*see* avoir)

l'avion [a-VYOHN] m. : airplane

   en avion : by air
   par avion : airmail

   l'avion à réaction [a-vyohN-na-ray-a-KSOHN] : jet airplane
L'avion à réaction va très vite.
The jet airplane goes very fast.

   le pilote d'avion : (airplane) pilot   (*see* pilote)

l'avocat [a-vuh-KA] m. : lawyer
Mon oncle est avocat.
My uncle is a lawyer.

11

avoir [a-vWAR] : to have

j'ai	nous avons
tu as	vous avez
il, elle a	ils, elles ont

Elle a un crayon.
She has a pencil.

Quel âge avez-vous? J'ai onze ans.
How old are you? I am 11 years old.   (*see* âge)

Qu'avez-vous? J'ai mal à la tête.
What's the matter? I have a headache.   (*see* mal)

Avez-vous chaud? Oui, j'ai chaud.
Are you warm? Yes, I'm warm.   (*see* chaud)

As-tu peur? Oui, j'ai peur.
Are you afraid? Yes, I'm afraid.   (*see* peur)

Pauvre bébé, il a sommeil.
The poor baby is sleepy.   (*see* sommeil)

Pauvre bébé, il a faim.
The poor baby is hungry.   (*see* faim)

Nous avons froid.
We are cold.   (*see* froid)

Marie a soif.
Mary is thirsty.   (*see* soif)

Papa a raison. Toi, tu as tort.
Father is right. You are wrong.   (*see* tort)

Elle a honte.
She is ashamed.   (*see* honte)

il y a [eel-YA] : there is, there are

Y a-t-il? [ya-TEEL] : Is there, are there?

Il y a trois enfants dans cette famille.
There are three children in this family.

avons : nous avons [a-VOHN]   (*see* avoir)

avril [a-VREEL] m. : April

Il pleut beaucoup en avril.
It rains a lot in April.

B

les bagages [ba-GAZH] m., pl. : baggage, luggage
Les bagages sont prêts pour le voyage.
The baggage is ready for the trip.

la bague [BAG] f. : ring
Hélène porte une jolie bague.
Helen is wearing a pretty ring.

le bain [BAIN] m. : bath
Papa donne un bain à l'enfant.
Father is giving the baby a bath.

    la salle de bain : bathroom   (*see* salle)
    le bain de soleil : sunbath   (*see* soleil)

le baiser [beh-ZAY] m. : kiss
Maman donne un baiser à l'enfant.
Mother is kissing the child.

baisser [beh-SAY] : to lower, to put down

je baisse	nous baissons
tu baisses	vous baissez
il, elle baisse	ils, elles baissent

Le professeur dit: "Baissez les mains!"
The teacher says, "Put your hands down!"

le balai [ba-LAY] m. : broom
On nettoie le plancher avec un balai.
We clean the floor with a broom.

la balançoire [ba-lahn-SWAR] f. : seesaw; swing
Dans le parc les enfants s'amusent sur les balançoires.
In the park the children are having a good time on the swings (seesaws).

le balayeur des rues [ba-lay-yeuhr-day-REW] : street cleaner
Le balayeur des rues porte un balai.
The street cleaner is carrying a broom.

la balle [BAL] f. : ball
La balle est ronde.
The ball is round.

le ballon [ba-LOHN]   m. : balloon
"Oh! Je perds mon ballon," crie la petite fille.
"Oh! I'm losing my balloon," cries the little girl.

la banane [ba-NAN]   f. : banana
La banane est mûre quand elle est jaune.
The banana is ripe when it is yellow.

la banque [BAHNK]   f. : bank
Avez-vous de l'argent à la banque?
Do you have any money in the bank?

la barbe [BARB]   f. : beard
Mon frère, qui est à l'université, a une barbe.
My brother, who is at the university, has a beard.

les bas [BAH]   m. : stockings
Les femmes portent des bas de nylon.
Women wear nylon stockings.

bas [BAH] : low, short
    basse [BAHS]   (f.)
L'arbre à gauche est bas; l'arbre à droite est haut.
The tree at the left is short; the tree at the right is tall.

    à voix basse [a-vwa-BAHS] : in a low voice
Ma cousine parle à voix basse.
My cousin speaks in a low voice.

    là-bas : down there, over there   (*see* bas)

le base-ball [behs-BUHL]   m. : baseball
Mon frère joue au base-ball.
My brother plays baseball.

le basket-ball [bas-keht-BUHL]   m. : basketball
Mon camarade joue au basket-ball.
My friend plays basketball.

basse   (*see* bas)

le bateau [ba-TOH]   m. : boat, ship
    les bateaux   (pl.)
On traverse l'océan en bateau.
You cross the ocean by ship.

14

le bâtiment [bah-tee-MAHⁿ]   m. : building
Les bâtiments sont très hauts dans la ville.
The buildings are very tall in the city.

le bâton [bah-TOHⁿ]   m. : stick
L'agent de police porte un bâton.
The policeman carries a stick.

battre [BATR] : to hit

je bats	nous battons
tu bats	vous battez
il, elle bat	ils, elles battent

Il me bat!
He's hitting me!

beau [BOH] : beautiful, handsome, good-looking

> **beaux** [BOH]   (m., pl.)
>
> **belle** [BEHL]   (f.)
>
> **bel** [BEHL]   (m., before a vowel)

L'acteur est beau; l'actrice est belle.
The actor is handsome; the actress is beautiful.

> **Il fait beau** : The weather is good.   (*see* faire)

beaucoup de (d') [boh-KOO] : much, many, a lot (of)
Berthe a beaucoup de livres.
Bertha has a lot of books.

beaux   (*see* beau)

le bébé [bay-BAY]   m. : baby
Marie joue avec le bébé.
Mary plays with the baby.

le bec [BEHK]   m. : beak
L'oiseau a un bec jaune.
The bird has a yellow beak.

bel, belle   (*see* beau)

le berceau [behr-SOH]   m. : cradle

besoin : avoir besoin de (d') [a-vwar-bⁿ-ZWAIⁿ-dⁿ] : to need
Le poisson a besoin d'eau.
The fish needs water.

bête [BEHT] : silly, stupid
Le petit chien est bête.
The puppy is silly.

la bête [BEHT] f. : beast, animal
Le lion est une bête sauvage.
The lion is a wild animal.

le beurre [BUHR] m. : butter
Passez-moi le beurre, s'il vous plaît.
Pass the butter, please.

la bibliothèque [bee-blyoh-TEHK] f. : library
Il y a tant de livres dans la bibliothèque!
There are so many books in the library!

la bicyclette [bee-see-KLEHT] f. : bicycle
Quand il fait beau Bernard va à bicyclette.
When the weather is good, Bernard rides his bicycle.

    le vélo [vay-LOH] m. : bike, bicycle
    As-tu un vélo?
    Do you have a bike?

bien [BYAIN] : well
Je vais très bien, merci.
I'm feeling very well, thank you.

    bien sûr [byain-SEWR] : of course
    bien entendu [byain-nahn-tahn-DEW] : of course
Aimez-vous les bonbons? Bien sûr! (Bien entendu!)
Do you like candy? Of course!

bientôt [byain-TOH] : soon
Le facteur arrive bientôt.
The mailman will come soon.

    à bientôt : See you soon!
Je vais faire des emplettes. À bientôt!
I am going shopping. See you soon!

le bifteck [beef-TEHK] m. : (beef)steak
Le bifteck est bon.
The steak is good.

le bijou [bee-ZHOO] m. : jewel, jewelry
    les bijoux (pl.)
Il y a beaucoup de bijoux dans la malle.
There are many jewels in the trunk.

les billes [BEEY] f., pl. : marbles
Les garçons aiment jouer aux billes.
Boys like to play marbles.

    le stylo à bille : ballpoint pen   (*see* stylo)

le billet [bee-YAY] m. : ticket; note; bill (money)
Voici mon billet, monsieur.
Here is my ticket, sir.

Je suis riche! J'ai un billet de dix francs!
I am rich! I have a ten-franc note!

bizarre [bee-ZAR] : odd, strange
Voici un animal bizarre!
Here is a strange animal!

blanc [BLAHN] : white
    blanche [BLAHNSH] (f.)
Mes souliers sont blancs.
My shoes are white.

blanche   (*see* blanc)

le blé [BLAY] m. : wheat
Je vois le blé dans les champs.
I see wheat in the fields.

bleu [BLEOH] : blue
    bleue (f.)
Le ciel est bleu, n'est-ce pas?
The sky is blue, isn't it?

blond [BLOHN] : blonde
    blonde [BLOHND] (f.)
Avez-vous les cheveux blonds?
Do you have blond hair?

boire [BWAR] : to drink

je bois	nous buvons
tu bois	vous buvez
il, elle boit	ils, elles boivent

L'enfant boit du lait.
The child is drinking milk.

bois: je (tu) bois [BWA]   (*see* boire)

le bois [BWA] m. : woods, forest
Je vais dans le bois.
I am going into the woods.

     en bois [ahn-BWA] : made of wood, wooden
La table est en bois.
The table is made of wood.

boit: il, elle boit [BWA]   (*see* boire)

la boîte [BWAT] f. : box
     la boîte aux lettres   [bwa-toh-LEHTR] : letter box, mailbox
Il met la lettre dans la boîte aux lettres.
He puts the letter in the mailbox.

boivent: ils, elles boivent [BWAV]   (*see* boire)

bon [BOHN] : good
     bonne [BUHN] (f.)
C'est un livre intéressant; c'est un bon livre.
It is an interesting book; it is a good book.

     Bonne chance! : Good luck!   (*see* chance)
     Bonne fête! : Happy birthday!   (*see* fête)

les bonbons [bohn-BOHN] m., pl. : candy
Les enfants aiment les bonbons.
Children like candy.

le bonhomme de neige [buh-NUHM-de-NEHZH]
m. : snowman
Le bonhomme de neige porte un chapeau.
The snowman is wearing a hat.

bonjour [bohჟ-ZHOOR]   m.   :   Hello;   Good morning;
Good afternoon
"Bonjour, mes enfants," dit le professeur.
"Good morning, children," says the teacher.

bon marché [bohჟ-mar-SHAY] : cheap(ly), inexpensive(ly)
On vend le pain bon marché; il ne coûte pas cher.
Bread is cheap; it is not expensive.

bonne   f.   (*see* bon)
     de bonne heure : early   (*see* heure)

la bonne [BUHN]   f.   :   maid, cleaning woman
La bonne nettoie la maison.
The maid cleans the house.

bonsoir [bohჟ-SWAR]   m.   :   Good evening!
Quand papa retourne à la maison à neuf heures, il dit: "Bonsoir!"
When father returns home at nine o'clock, he says, "Good evening!"

le bord [BUHR]   m.   :   edge; shore
Je suis assis au bord du lac.
I am seated on the shore of the lake.

la botte [BUHT]   f.   :   boot
Quand il neige je mets mes bottes.
When it snows I put on my boots.

la bouche [BOOSH]   f.   :   mouth
L'enfant ouvre la bouche quand il pleure.
The child opens his mouth when he cries.

le boucher [boo-SHAY]   m.   :   butcher
Le boucher vend la viande.
The butcher sells meat.

la boucherie [boo-SHREE]   f.   :   butcher shop
On va à la boucherie pour acheter de la viande.
You go to the butcher shop to buy meat.

la boue [BOO]   f.   :   mud
Mes mains sont couvertes de boue!
My hands are covered with mud!

le boulanger [boo-lahñ-ZHAY]   m. : baker
Le boulanger fait le pain.
The baker makes bread.

la boulangerie [boo-lahñ-ZHREE] f. : bakery
On va à la boulangerie pour acheter du pain.
You go to the bakery to buy bread.

le boulevard [bool-VAR]   m. : boulevard, wide street
Les étudiants se promènent sur le boulevard St-Michel à Paris.
Students walk on the Boulevard St. Michel in Paris.

le bouquet [boo-KEH]   m. : bunch of flowers, bouquet
"Voici un bouquet, Marthe," dit François.
"Here is a bunch of flowers, Martha," says Frank.

la bouteille [boo-TAY]   f. : bottle
Attention! La bouteille est en verre.
Be careful! The bottle is made of glass.

la boutique [boo-TEEK]   f. : small store, shop
Pardon. Où se trouve la boutique de monsieur Le Blanc?
Excuse me. Where is Mr. Le Blanc's shop?

le bouton [boo-TOHÑ]   m. : button; (light)switch; door knob;
   doorbell
Ce manteau a seulement trois boutons.
This coat has only three buttons.

Nous voici à la porte de Virginie. Où est le bouton?
Here we are at Virginia's house. Where is the doorbell?

la branche [BRAHÑSH]   f. : branch
L'arbre a beaucoup de branches.
The tree has many branches.

le bras [BRA]   m. : arm
L'homme a mal au bras.
The man has a sore arm.

bravo [bra-VOH] : Well done! Hurray!
Arnaud répond bien à la question. Le professeur dit: "Bravo!"
Arnold answers the question well. "Well done!" says the teacher.

la brioche [BRYUHSH]   f. : roll
Susanne prend une brioche pour le petit déjeuner.
Susan eats a roll for breakfast.

la brosse [BRUHS]   f. : brush
La brosse à cheveux est plus grande que la brosse à dents.
The hairbrush is bigger than the toothbrush.

se brosser [sₑ-bruh-SAY] : to brush (oneself)

je me brosse	nous nous brossons
tu te brosses	vous vous brossez
il, elle se brosse	ils, elles se brossent

Laure se brosse les cheveux.
Laura is brushing her hair.

le brouillard [broo-YAR]   m. : fog
Il est difficile de voir à cause du brouillard.
It is difficult to see because of the fog.

le bruit [BREW/EE]   m. : noise
Le tonnerre fait un grand bruit.
Thunder makes a loud noise.

brûler [brew-lay] : to burn

je brûle	nous brûlons
tu brûles	vous brûlez
il, elle brûle	ils, elles brûlent

On brûle du bois dans la cheminée.
We burn wood in the fireplace.

brun [BRUHN] : brown
    brune [BREWN]   (f.)
Le garçon a les cheveux bruns.
The boy has brown hair.

le buffet [bew-FEH]   m. : cupboard, sideboard
Il y a des assiettes dans le buffet.
There are plates in the cupboard.

le bureau [bew-ROH]   m. : desk; office
Le bureau du professeur est grand.
The teacher's desk is big.

Voici le bureau d'une grande compagnie.
Here is the office of a large company.

le bureau de poste [bew-ROH-d*ǝ*-PUHST] : post office
On va au bureau de poste pour mettre un colis à la poste.
You go to the post office to mail a package.

buvez: vous buvez [bew-VAY]   (*see* boire)

buvons: nous buvons [bew-VOH*N*]   (*see* boire)

C

ça   (*see* cela)

la cacahuète [ka-ka-<u>WEHT</u>] f. : peanut
L'éléphant aime manger les cacahuètes.

The elephant likes to eat peanuts.

cache: jouer à cache-cache [kash-KASH] : to play hide-and-seek   (*see* jouer)
Les enfants jouent à cache-cache.
The children are playing hide-and-seek.

cacher [ka-SHAY] : to hide
 je cache   nous cachons
 tu caches   vous cachez
 il, elle cache ils, elles cachent

Le garçon cache les fleurs derrière lui.
The boy is hiding the flowers behind him.

le cadeau [ka—DOH] m. : gift, present
 les cadeaux   (pl.)
Voici un cadeau pour votre anniversaire.
Here is a birthday gift.

le café [ka-FAY] m. : coffee; café, small restaurant
Voulez-vous du café?
Do you want some coffee?
Il y a un café au coin de la rue.
There is a café on the corner.

le cahier [ka-YAY] m. : notebook
Elle écrit ses devoirs dans un cahier.
She writes her homework in a notebook.

le calendrier [ka-lahⁿ-DRYAY] m. : calendar
Selon le calendrier c'est aujourd'hui le 12 mai.
According to the calendar, today is May 12th.

le camarade [ka-ma-RAD] m. : close friend, pal
Mon camarade et moi, nous allons jouer au parc.
My friend and I are going to the park to play.

le camion [ka-MYOHⁿ] m. : truck
Le camion fait un grand bruit.
The truck makes a lot of noise.

la campagne [kahⁿ-PAN] f. : country (opposite of city)
Il fait beau. Allons à la campagne!
It's nice weather. Let's go to the country!   (*see* pays)

le canapé [ka-na-PAY] m. : sofa
Le canapé est très confortable.
The sofa is very comfortable.

le canard [ka-NAR] m. : duck
Voilà des canards sur le lac.
There are some ducks on the lake.

le canif [ka-NEEF] m. : pocketknife, jackknife
Avez-vous un canif?
Do you have a pocketknife?   (*see* couteau)

le caoutchouc [ka-oo-TSHOO] m. : rubber
Il pleut. Il faut mettre mes caoutchoucs.
It is raining. I have to put on my rubbers.

  en caoutchouc [ahⁿ-ka-oo-TSHOO] : made of rubber

la capitale [ka-pee-TAL] f. : capital
Savez-vous le nom de la capitale de la France?
Do you know the name of the capital of France?

23

la carotte [ka-RUHT]   f. : carrot
Les lapins mangent des carottes.
Rabbits eat carrots.

carré [ka-RAY] : square
    carrée (f.)
La boite est carrée.
The box is square.

la carte [KART]   f. : map; playing card; postcard; card; menu
Avez-vous une carte des routes de la France?
Do you have a road map of France?

Savez-vous jouer aux cartes?
Do you know how to play cards?

casser [ka-SAY] : to break

je casse	nous cassons
tu casses	vous cassez
il, elle casse	ils, elles cassent

Attention! Ne casse pas l'assiette!
Be careful! Don't break the plate!

cause: à cause de [a-KOHZ-dǝ] : because of
Je dois rester à la maison à cause de la neige.
I have to stay home because of the snow.

la cave [KAV]   f. : basement, cellar
Il y a plusieurs paquets dans la cave.
There are several packages in the cellar.

ce [SE] : this
    cette (f.)   [SEHT]
    ces (pl.)   [SAY]
    cet [SEHT]   (m. form before a vowel)
Cette petite fille est sage.
This little girl is well-behaved.

    c'est [SEH]
    (Interrogative: **est-ce?** [EHS]
C'est aujourd'hui mercredi.
Today is Wednesday.

c'est dommage   (*see* dommage)

c'est triste   (*see* triste)

ceci [ssay-SEE] : this
MMM, ceci est bon!
MMM, this is good!

la ceinture [sain-TEWR] f. : belt
Tiens! Tu portes une nouvelle ceinture!
Well! You're wearing a new belt!

cela [SLA] : that   (*see* ça)
Je n'aime pas cela!
I don't like that!

Cela m'est égal.   (*see* égal)

célèbre [say-LEHBR] : famous
Le président des Etats-Unis est célèbre.
The President of the United States is famous.

le céleri [sayl-REE] m. : celery
On fait une salade avec du céleri.
We make a salad with celery.

celle   (*see* celui)

celui [ssay-LEW/EE] : the one that, the one who
     ceux   (m., pl.) [SEOH]
     celle   (f.) [SEHL]
     celles   (f., pl.) [SEHL]
Voici un stylo rouge. Celui de mon père est jaune.
Here is a red pen. The one that belongs to my father is yellow.
Voici une règle rouge. Celles qui sont sur la table sont jaunes.
Here is a red ruler. Those which are on the table are yellow.

cent [SAHN] : one hundred
Il y a cent personnes à la foire!
There are a hundred people at the fair!

le cerceau [sehr-SOH] m. : hoop
Le garçon roule un grand cerceau.
The boy is rolling a big hoop.

le cercle [SEHRKL] m. : circle
Les garçons forment un cercle pour jouer.
The boys form a circle to play.

le cerf-volant [sehr-vuh-LAHN] m. : kite
   les cerfs-volants (pl.)
Bon, il fait du vent. Allons jouer avec un cerf-volant.
Good, it's windy. Let's play with a kite.

la cerise [sə-REEZ] f. : cherry
Je vais cueillir des cerises.
I am going to pick cherries.

ces   (*See* ce)

c'est   (*See* ce)

cet   (*See* ce)

cette   (*See* ce)

ceux   (*See* celui)

chacun [sha-KUHN] : each one
   chacune (f.) [sha-KEWN]
Voilà cinq jeunes filles; chacune a une fleur.
Here are five girls; each one has a flower.

la chaise [SHEHZ] f. : chair

Cette chaise est trop grande pour moi.
This chair is too big for me.

la chambre [SHAHNBR] f. : bedroom
Cet appartement a trois chambres.
This apartment has three bedrooms.

le champ [SHAHN] m. : field
C'est un champ de blé, n'est-ce pas?
It's a field of wheat, isn't it?

la chance [SHAHNS] f. : luck
   Bonne chance! [buhn-SHAHNS] : Good luck!
Avant l'examen mon ami dit: "Bonne chance!"
Before the examination my friend says, "Good

26

avoir de la chance : to be lucky   (*see* avoir)
Le garçon gagne un prix. Il a de la chance.
The boy wins a prize. He is lucky.

le chandail [shahⁿ-DAHY] m. : sweater
Je porte un chandail parce qu'il fait frais.
I am wearing a sweater because it is cool.

changer [shahⁿ-ZHAY] : to change

je change	nous changeons
tu changes	vous changez
il, elle change	ils, elles changent

Il faut changer de train.
We have to change to another train.

la chanson [shahⁿ-SOHⁿ] f. : song
Quelle chanson préférez-vous?
Which song do you prefer?

chanter [shahⁿ-TAY] : to sing

je chante	nous chantons
tu chantes	vous chantez
il, elle chante	ils, elles chantent

Je chante et les oiseaux chantent.
I am singing and the birds are singing.

le chapeau [sha-POH] m. : hat
Quel joli chapeau!
What a pretty hat!

chaque [SHAK] : each, every
Je mets une fourchette à chaque place.
I put a fork at each place.

le chasseur [sha-SEUHR] m. : hunter
Le chasseur entre dans la forêt.
The hunter goes into the forest.

le chat [SHA] m. : cat
Les chats aiment le lait.
Cats like milk.

le chaton [sha-TOHⁿ] : kitten

le château [sha-TOH] m. : castle, palace
Le roi habite un grand château.
The king lives in a large palace.

chaud [SHOH] : hot, warm
    chaude (f.) [SHOHD]
Il fait chaud aujourd'hui. Allons nager.   (*see* faire)
It's hot today. Let's go swimming.

Le garçon a chaud. Il va nager.   (*see* avoir)
The boy is hot. He is going swimming.

le chauffeur [shoh-FEUHR] m. : driver
Le chauffeur s'arrête quand le feu est rouge.
The driver stops when the light is red.

la chaussette [shoh-SEHT] f. : sock
Je voudrais acheter une paire de chaussettes.
I would like to buy a pair of socks.

la chaussure [shoh-SEWR] f. : shoe
Je n'aime pas ces chaussures!
I don't like these shoes!

le chef [SHEHF] m. : leader
Mais non! Tu joues toujours le rôle du chef.
No! You're always playing the leader.

le chemin [SHMAIИ] m. : road
C'est le chemin de la ville?
Is this the road to town?

    le chemin de fer [SHMAIИ-d∉-FEHR] : railroad
Pour aller à Marseille, je prends le chemin de fer.
To go to Marseilles, I take the railroad.

la cheminée [sh∉-mee-NAY] f. : fireplace; chimney
Les chaussures sont près de la cheminée.
The shoes are near the fireplace.

la chemise [SHMEEZ] f. : (man's) shirt
Le garçon porte une chemise blanche.
The boy is wearing a white shirt.

cher [SHEHR] : dear; expensive
    chère (f.)

Je commence une lettre à Maman avec les mots: "Chère Maman."
I begin a letter to Mother with the words, "Dear Mother."

Cette bicyclette est trop chère.
This bicycle is too expensive.

chercher [shehr-SHAY] : to look for
    je cherche   nous cherchons
    tu cherches   vous cherchez
    il, elle cherche   ils, elles cherchent

Papa cherche toujours ses clefs.
Father is always looking for his keys.

le cheval [SHVAL] : m. : horse
    les chevaux (pl.) [SHVOH]

Le soldat monte à cheval.
The soldier rides on a horse.

le cheveu [SHVEOH] m. : hair
    les cheveux (pl.)

Les étudiants à l'université aiment les cheveux longs.
Students at the university like long hair.

la chèvre [SHEHVR] f. : goat

Le fermier a une chèvre.
The farmer has a goat.

chez [SHAY] : to (or at) the house of

Je vais manger chez mon oncle.
I am going to eat at my uncle's house.

    chez moi [shay-MWA] : to (or at) my house

Viens chez moi tout de suite.
Come to my house immediately.

le chien [SHYAIN] m. : dog

As-tu un chien?
Do you have a dog?

    le petit chien [ptee-SHYAIN] : puppy

le chocolat [shuh-kuh-LA] m. : chocolate
Comment? Tu n'aimes pas les chocolats?
What? You don't like chocolates?

choisir [shwa-ZEER] : to choose
    je choisis   nous choisissons
    tu choisis   vous choisissez
    il, elle choisit   ils, elles choisissent

Dans l'examen, choisissez la réponse correcte.
In the examination, choose the correct answer.

la chose [SHOHZ] f. : thing
On vend toutes sortes de choses dans cette boutique.
They sell all kinds of things in this store.

le chou [SHOO] m. : cabbage
Préférez-vous le chou ou les carottes?
Do you prefer cabbage or carrots?

le ciel [SYEHL] m. : sky
Je vois la lune dans le ciel.
I see the moon in the sky.

la cigarette [see-ga-REHT] f. : cigarette
Est-ce que ton oncle fume des cigarettes?
Does your uncle smoke cigarettes?

le cinéma [see-nay-MAH] m. : movies
Il y a un bon film au cinéma.
There is a good film at the movies.

cinq [SAIN, SAINK] : five

La main a cinq doigts. (SAIN)
The hand has five fingers.

Voici cinq enfants. [SAINK]
Here are five children.
J'en ai cinq. [SAINK]
I've got five.

cinquante [sain-KAHNT] : fifty
Il y a cinquante états dans les Etats-Unis.
There are fifty states in the United States.

la circulation [seer-kew-la-SYOHⁿ]   f. : traffic
La circulation s'arrête au feu rouge.
The traffic stops for the red light.

le cirque [SEERK]   m. : circus
Il y a beaucoup d'animaux au cirque.
There are many animals at the circus.

les ciseaux [see-ZOH]   m., pl. : scissors
Je coupe le papier avec les ciseaux.
I cut the paper with scissors.

le citron [see-TROHⁿ]   m. : lemon
Les citrons sont jaunes.
Lemons are yellow.

la citrouille [see-TROOY]   f. : pumpkin
C'est une grande citrouille.
This is a big pumpkin.

clair [KLEHR] : light, clear
    claire (f.)
Quelle belle journée claire!
What a beautiful, clear day!

la classe [KLAS]   f. : class
    la salle de classe : classroom   (*see* salle)
Nous sommes dans la salle de classe.
We are in the classroom.

la clé [KLAY]   (*see* la clef)

la clef [KLAY]   f. : key (sometimes spelled clé)
Où est ma clef?
Where is my key?

la cloche [KLUHSH]   f. : bell
A midi la cloche sonne.
The bell rings at noon.

le clou [KLOO]   m. : nail (metal)
Mon frère joue avec des clous et un marteau.
My brother plays with nails and a hammer.

le clown [KLOON] m. : clown
Quand je suis au cirque je dis "Bonjour" au clown.
When I am at the circus I say "Hello" to the clown.

le cochon [kuh-SHOHN] m. : pig
Le fermier a trois cochons.
The farmer has three pigs.

le coeur [KEUHR] m. : heart
Regardez tous les coeurs sur la carte!
Look at all the hearts on the (playing) card!

le coin [KWAIN] m. : corner
Il faut traverser la rue au coin.
You must cross the street at the corner.

colin-maillard: jouer à colin-maillard [kuh-lain-mah-YAR] : to
   play blindman's buff   (*see* jouer)
Oui, je voudrais jouer à colin-maillard.
Yes, I'd like to play blindman's buff.

le colis [kuh-LEE] m. : package
Ah, bon! Un colis pour moi!
Oh, good! A package for me!

coller [kuh-LAY] : to paste, to glue

je colle	nous collons
tu colles	vous collez
il, elle colle	ils, elles collent

Je colle une image sur une page de mon cahier.
I glue a picture to a page of my notebook.

la colonie de vacances [kuh-luh-need-va-KAHNS] f. : camp
Mon cousin passe huit semaines à la colonie de vacances.
My cousin spends eight weeks at camp.

colorier [kuh-luh-ree-AY] : to color

je colorie	nous colorions
tu colories	vous coloriez
il, elle colorie	ils, elles colorient

Nous colorions avec les crayons de couleur.
We color with crayons.

combien [kohȵ-BYAIȵ] : how much, how many

Combien de jouets as-tu?
How many toys do you have?

commander [kuh-mahȵ-DAY] : to order, to command

je commande	nous commandons
tu commandes	vous commandez
il, elle commande	ils, elles commandent

Dans le restaurant Papa commande le dîner.
In the restaurant Father orders dinner.

comme [KUHM] : for, as

Comme dessert, elle prend une glace au chocolat.
For dessert she has chocolate ice cream.

commencer [kuh-mahȵ-SAY] : to begin, to start

je commence	nous commençons
tu commences	vous commencez
il, elle commence	ils, elles commencent

La classe de français commence à 9 heures.
The French class begins at 9 o'clock.

comment [kuh-MAHȵ] : how; what?

Comment allez-vous?
How are you?

Comment?
What?

la compagnie [kohȵ-pa-ṈEE] f. : company

La Compagnie Bardot se trouve au coin de la rue.
The Bardot Company is located on the corner (of the street).

le complet [kohȵ-PLEH] m. : suit

Maman porte un complet quand elle va au travail.
Mother wears a suit when she goes to work.

comprendre [kohȵ-PRAHȵDR] : to understand

je comprends	nous comprenons
tu comprends	vous comprenez
il, elle comprend	ils, elles comprennent

Tu comprends la leçon d'aujourd'hui?
Do you understand today's lesson?

compter [kohⁿ-TAY] : to count

je compte	nous comptons
tu comptes	vous comptez
il, elle compte	ils, elles comptent

Il sait compter de cinq à un: cinq, quatre, trois, deux, un.
He knows how to count from five to one: five, four, three, two, one.

conduire [kohⁿ-DEW/EER] : to drive

je conduis	nous conduisons
tu conduis	vous conduisez
il, elle conduit	ils, elles conduisent

Hélas! Je suis trop jeune pour conduire l'auto.
Too bad! I am too young to drive the car.

se conduire : to behave

je me conduis	nous nous conduisons
tu te conduis	vous vous conduisez
il, elle se conduit	ils, elles se conduisent

Les enfants se conduisent bien à table.
The children behave well at the table.

la confiture [kohⁿ-fee-TEWR] f. : jam

Donnez-moi un morceau de pain avec de la confiture aux fraises, s'il vous plaît.
Please give me a piece of bread with strawberry jam.

confortable [kohⁿ-fuhr-TABL] : comfortable

Mon lit est très confortable.
My bed is very comfortable.

congé: un jour de congé : a day off   (*see* jour)

connaître [kuh-NEHTR] : to know, to be acquainted with

je connais	nous connaissons
tu connais	vous connaissez
il, elle connaît	ils, elles connaissent

Connais-tu mon maître?
Do you know my teacher?

le conte [KOHⁿT] m. : story, tale

Lisez-moi le conte des "Trois petits chatons."
Read me the story of the "Three Little Kittens."

le conte de fées : fairy tale   (*see* la fée)

content [kohn-TAHN] : happy, glad
     contente (f.) [kohn-TAHNT]

La petite fille n'est pas contente.
The little girl is not happy.

continuer [kohn-tee-new-AY] : to continue

je continue	nous continuons
tu continues	vous continuez
il, elle continue	ils, elles continuent

Je continue à jouer du piano jusqu'à cinq heures.
I will continue to play the piano until five o'clock.

contre [KOHNTR] : against
Henri met le miroir contre le mur.
Henry puts the mirror against the wall.

copier [kuh-PYAY] : to copy

je copie	nous copions
tu copies	vous copiez
il, elle copie	ils, elles copient

Il faut copier les phrases qui sont au tableau noir.
We have to copy the sentences that are on the blackboard.

le coq [KUHK] m. : rooster
Le coq se lève de bonne heure.
The rooster gets up early.

le coquillage [kuhk-KYAZH] m. : shell
Je cherche des coquillages à la plage.
I am looking for shells at the beach.

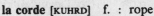

la corde [KUHRD] f. : rope
     sauter à la corde [soh-tay-a-la-KUHRD] : to jump rope
       (see sauter)

Marie, Jeanne et moi, nous sautons à la corde.
Mary, Joan and I are jumping rope.

correct [kuh-REHKT] : correct
   correcte (f.)

Le professeur dit: "Ecrivez la réponse correcte."
The teacher says, "Write the correct answer."

côté: à côté de [a-koh-TAY-dɤ] : next to, at the side of
Dans le restaurant Pierre est assis à côté de Caroline.
At the restaurant Peter is seated next to Carolyn.

la côtelette [koh-TLEHT] f. : cutlet, chop
Préfères-tu une côtelette de veau ou de mouton?
Do you prefer a veal cutlet or a lamb chop?

le coton [kuh-TOHⱾ] m. : cotton
   en coton : made of cotton
Il porte une chemise en coton.
He is wearing a cotton shirt.

le cou [KOO] m. : neck
Ma grand'mère dit: "J'ai mal au cou."
My grandmother says, "My neck hurts."

coucher: se coucher [sɤ-koo-SHAY] : to go to bed; to set (sun)
   je me couche   nous nous couchons
   tu te couches   vous vous couchez
   il, elle se couche   ils, elles se couchent

Je n'aime pas me coucher de bonne heure.
I don't like to go to bed early.

Le soleil se couche.
The sun is setting.

coudre [KOODR] : to sew
   je couds   nous cousons
   tu couds   vous cousez
   il, elle coud   ils, elles cousent

   l'aiguille à coudre : sewing needle   (*see* l'aiguille)
Maman coud avec une aiguille à coudre.
Mother sews with a sewing needle.

la couleur [koo-LEUHR]   f. : color
De quelle couleur est la banane?
What color is the banana?

blanc	*white*
bleu	*blue*
brun	*brown (for hair, eyes)*
gris	*gray*
jaune	*yellow*
marron	*brown*
noir	*black*
orange	*orange*
rose	*pink*
rouge	*red*
vert	*green*
violet	*purple, violet*

le coup [KOO]   m. : blow; knock
Il y a deux coups à la porte. Qui est là?
There are two knocks on the door. Who's there?

    tout à coup : suddenly   (*see* tout)
    le coup de pied [KOOD-PYAY] : kick
Il donne un coup de pied à la balle.
He kicks the ball.

couper [koo-PAY] : to cut

je coupe	nous coupons
tu coupes	vous coupez
il, elle coupe	ils, elles coupent

Papa coupe le pain avec un couteau.
Dad cuts the bread with a knife.

courageux [koo-ra-ZHEOH] : courageous, brave
    courageuse (f.) [koo-ra-ZHEOHZ]
Le prince est courageux quand il sauve la princesse.
The prince is brave when he saves the princess.

courir [koo-REER] : to run

je cours	nous courons
tu cours	vous courez
il, elle court	ils, elles courent

Ils courent à la gare parce qu'ils sont en retard.
They are running to the station because they are late.

court [KOOR] : short
    courte (f.) [KOORT]
Une règle est courte; l'autre est longue.
One ruler is short; the other is long.

le cousin [koo-ZAIN]   m. : cousin
    la cousine (f.) [koo-ZEEN]
Mon cousin Paul a dix ans et ma cousine Marie a dix-huit ans.
My cousin Paul is ten years old and my cousin Mary is eighteen.

le couteau [koo-TOH]   m. : (kitchen or table) knife
    les couteaux (pl.)
Elle met un couteau à chaque place à la table.
She puts a knife at each place at the table.   (*see* canif)

coûter [koo-TAY] : to cost
    il, elle coûte   ils, elles coûtent
Combien coûte ce peigne?
How much does this comb cost?

couvert [koo-VEHR] : covered
    couverte (f.) [koo-VEHRT]
L'arbre est couvert de neige.
The tree is covered with snow.

    mettre le couvert : to set the table   (*see* mettre)

la couverture [koo-vehr-TEWR]   f. : cover, blanket
En hiver j'aime une couverture chaude sur le lit.
In winter I like a warm blanket on my bed.

la craie [KREH]   f. : chalk
Le garçon écrit au tableau noir avec la craie.
The boy is writing on the blackboard with chalk.

la cravate [kra-VAT]   f. : tie
La cravate de Papa est trop grande pour moi.
Daddy's tie is too big for me.

le crayon [kray-YOHɴ]   m. : pencil
Donnez-moi un crayon, s'il vous plaît.
Please give me a pencil.

    le crayon de couleur [kray-yohɴ-dkoo-LEUHR] : crayon
Je dessine avec les crayons de couleur.
I draw with crayons.

crier [kree-AY] : to shout, to scream

je crie	nous crions
tu cries	vous criez
il, elle crie	ils, elles crient

Maman crie: "Viens vite!"
Mom shouts, "Come quickly!"

croire [KRᴡAR] : to believe

je crois	nous croyons
tu crois	vous croyez
il, elle croit	ils, elles croient

Je crois que je peux aller au cinéma.
I believe I can go to the movies.

le croissant [krᴡa-SAHɴ]   m. : roll (crescent-shaped)
Henriette prend un croissant pour le petit déjeuner.
Harriet has a croissant for breakfast.

cueillir [keuh-YEER] : to pick, to gather

je cueille	nous cueillons
tu cueilles	vous cueillez
il, elle cueille	ils, elles cueillent

Il va cueillir des pommes.
He is going to pick some apples.

la cuiller [kew/ee-YEHR]   f. : spoon
    (*sometimes spelled* cuillère)
Je n'ai pas de cuiller.
I don't have a spoon.

le cuir [KEᴡ/EER]   m. : leather
    en cuir : made of leather

La veste de mon frère est en cuir.
My brother's jacket is made of leather.

la cuisine [kew/ee-ZEEN]   f. : kitchen
La cuisine est petite.
The kitchen is small.

   faire la cuisine : to cook   (*see* faire)

curieux [kew-RYEOH] : curious

   curieuse   (f.) [kew-RYEOHZ]
Elle est curieuse. Elle voudrait ouvrir le paquet.
She is curious. She would like to open the package.

D

d'accord : agreed   (*see* accord)

la dactylo [dak-tee-LOH] f. : secretary, typist
Il y a trois dactylos dans ce bureau.
There are three secretaries in this office.

la dame [DAHM] f. : lady
Qui est cette dame?
Who is this lady?

dame: jouer aux dames : to play checkers   (*see* jouer)

dangereux [dahy-ZHREOH] : dangerous

   dangereuse   (f.) [dahy-ZHREOHZ]
Il est dangereux de courir dans la rue pour attraper une balle.
It is dangerous to run into the street to catch a ball.

dans [DAHX] : in, into
Ils entrent dans l'école.
They go into the school.

danser [dah-SAY] : to dance

je danse	nous dansons
tu danses	vous dansez
il, elle danse	ils, elles dansent

Ma soeur aime danser.
My sister likes to dance.

la date [DAT] f. : date

Quelle ese la date?
What is the date?

de [də] : from; of; some; any (also shows possession)

du [DEW] (m.) (*contraction of* de + le)

de la (f.) [də-LA]

des [DAY] (pl.) (*contraction of* de + les)

Elle vient de Paris.
She comes from Paris.

Voulez-vous du pain?
Do you want any bread?

C'est le ballon de mon frère.
It's my brother's balloon.

Elle va acheter des pommes de terre.
She is going to buy some potatoes.

debout [də-BOO] : standing

Dans la salle de classe la maîtresse est debout.
In the classroom the teacher is standing.

décembre [day-SAHNBR] m. : December

Il fait froid en décembre.
It is cold in December.

décorer [day-kuh-RAY] : to decorate

je décore	nous décorons
tu décores	vous décorez
il, elle décore	ils, elles décorent

Il décore sa bicyclette.
He is decorating his bicycle.

défense de [day-FAHNS-də] : It is forbidden to, No . . .

défense d'entrer [day-FAHⁿS-dahⁿ-TRAY] : No admittance
Défense d'entrer. Nous ne pouvons pas entrer.
No admittance. We cannot enter.

défense de fumer [day-FAHⁿS-dₑ-few-MAY] : No smoking
Défense de fumer à l'école.
No smoking in school.

le défilé [day-fee-LAY] m. : parade
Nous marchons dans le défilé.
We walk in the parade.

dehors [dₑ-UHR] : outside
Mon ami m'attend dehors.
My friend is waiting for me outside.

déjà [day-ZHA] : already
Il est déjà l'heure de partir?
It is already time to leave?

le déjeuner [day-zheuh-NAY] m. : lunch
Je prends le déjeuner à midi.
I eat lunch at noon.

le petit déjeuner [ptee-day-zheuh-NAY] : breakfast
Je prends le petit déjeuner à sept heures et demie.
I eat breakfast at seven thirty.

de la (*see* de)

délicieux [day-lee-SYEOH] : delicious
délicieuse (f.) [day-lee-SYEOHZ]
Le gâteau est délicieux.
The cake is delicious.

demain [dₑ-MAIⁿ] : tomorrow
Demain je vais à la colonie de vacances.
Tomorrow I am going to camp.

demander [dₑ-mahⁿ-DAY] : to ask

je demande	nous demandons
tu demandes	vous demandez
il, elle demande	ils, elles demandent

42

Je demande à Papa: "Je peux aller à la foire?"
I ask Father: "May I go to the fair?"

demeurer [dǝ-meuh-RAY] : to live

je demeure	nous demeurons
tu demeures	vous demeurez
il, elle demeure	ils, elles demeurent

Où demeurez-vous?
Where do you live?

demi [dǝMEE] : half
  demie (f.)
  la demi-heure [dǝ-mee-EUHR] : half an hour

Voilà une demi-heure que je vous attends!
I have been waiting for you for half an hour!

la dent [DAHN] f. : tooth
J'ai mal aux dents.
I have a toothache.

le dentifrice [dahN-tee-FREES] m. : toothpaste
Maman, je n'aime pas ce dentifrice.
Mom, I don't like this toothpaste.

le dentiste [dahN-TEEST] m. : dentist
Le dentiste dit: "Ouvrez la bouche."
The dentist says, "Open your mouth."

dépasser [day-pah-SAY] : to pass

je dépasse	nous dépassons
tu dépasses	vous dépassez
il, elle dépasse	ils, elles dépassent

L'auto dépasse le camion.
The car passes the truck.

dépêcher: se dépêcher [sǝ-day-peh-SHAY] : to hurry

je me dépêche	nous nous dépêchons
tu te dépêches	vous vous dépêchez
il, elle se dépêche	ils, elles se dépêchent

Ils se dépêchent parce qu'ils sont en retard.
They hurry because they are late.

depuis [dᵻ-PEW/EE] : for

Elle attend sa tante depuis une heure.
She has been waiting for her aunt for an hour.

de rien : you're welcome   (*see* rien)

dernier [dehr-NYAY] m. : last one; last

    dernière (f.) [dehr-NYEHR]

Paul est le dernier à s'asseoir à table.
Paul is the last one to sit down at the table.

C'est mon dernier franc!
It is my last franc!

derrière [deh-RYEHR] : behind

Caroline est derrière la chaise.
Carolyn is behind the chair.

des   (*see* de)

descendre [deh-SAHN DR] : to go down

    je descends   nous descendons
    tu descends   vous descendez
    il, elle descend ils, elles descendent

L'homme descend de la montagne.
The man goes down the mountain.

le désert [day-ZEHR] m. : desert

Le désert est très sec.
The desert is very dry.

désirer [day-zee-RAY] : to wish, to want

    je désire   nous désirons
    tu désires   vous désirez
    il, elle désire ils, elles désirent

Monsieur désire?
What do you wish, sir?

le dessert [deh-SEHR] m. : dessert

Comme dessert je désire une tarte aux fraises.
I would like to have a strawberry tart for dessert.

dessiner [deh-see-NAY] : to draw

je dessine	nous dessinons
tu dessines	vous dessinez
il, elle dessine	ils, elles dessinent

Va au tableau noir et dessine une maison.
Go to the board and draw a house.

détester [day-tehs-TAY] : to hate, to detest

je déteste	nous détestons
tu détestes	vous détestez
il, elle déteste	ils, elles détestent

Il déteste les épinards.
He hates spinach.

deux [DEOH] : two
Je vois deux chats.
I see two cats.

deux fois [deoh-FWA] : twice . (*see* la fois)

deuxième [deoh-ZYEHM] : second
Quel est le nom du deuxième mois de l'année?
What is the name of the second month of the year?

devant [dǝ-VAHN] : in front of
Il y a une table devant le canapé.
There is a table in front of the sofa.

devenir [dǝv-NEER] : to become

je deviens	nous devenons
tu deviens	vous devenez
il, elle devient	ils, elles deviennent

Il voudrait devenir médecin.
He would like to become a doctor.

deviner [dǝ-vee-NAY] : to guess

je devine	nous devinons
tu devines	vous devinez
il, elle devine	ils, elles devinent

Tu peux deviner combien d'argent j'ai dans la main?
Can you guess how much money I have in my hand?

le devoir [dɇ-vWAR] m. : homework; duty
Nous allons faire nos devoirs ensemble.
We are going to do our homework together

devoir [dɇ-vWAR] : to have to

je dois	nous devons
tu dois	vous devez
il, elle doit	ils, elles doivent

Je dois me laver les mains.
I have to wash my hands.

le dictionnaire [deek-syohɴ-NEHR] : dictionary
Ce dictionnaire est très lourd.
This dictionary is very heavy.

différent [dee-fay-RAHɴ] : different
    différente (f.) [dee-fay-RAHɴT]
Ces pains sont différents.
These loaves of bread are different.

difficile [dee-fee-SEEL] : difficult
Il est difficile de lire cette lettre.
It is difficult to read this letter.

le dimanche [dee-MAHɴSH] m. : Sunday
Le dimanche nous allons au parc.
We go to the park on Sundays.

la dinde [DAIɴD] f. : turkey
Tu aimes manger la dinde?
Do you like to eat turkey?

le dîner [dee-NAY] m. : dinner
Nous prenons le dîner à huit heures.
We eat dinner at eight o'clock.

dire [DEER] : to say

je dis	nous disons
tu dis	vous dites
il, elle dit	ils, elles disent

Le professeur dit: "Bonjour" chaque matin.
The teacher says "Good Morning" each morning.

vouloir dire [voo-lwar-DEER] : to mean
Que veut dire ce mot?
What does this word mean?

diriger [dee-ree-ZHAY] : to direct
    je dirige   nous dirigeons
    tu diriges   vous dirigez
    il, elle dirige   ils, elles dirigent

Mon frère dirige le jeu.
My brother is directing the game.

dis: je (tu) dis [DEE]   (*see* dire)

disent: ils, (elles) disent [DEEZ]   (*see* dire)

disons: nous disons [dee-ZOHN]   (*see* dire)

le disque [DEESK] m. : record
Nous aimons ce disque.
We love this record.

dit: il (elle) dit [DEE]   (*see* dire)

dites: vous dites [DEET]   (*see* dire)

dix [DEES, DEEZ, DEE] : ten
Combien de doigts avez-vous? Dix. [DEES]
How many fingers do you have? Ten.
Il a dix abricots. [DEEZ] (before a vowel)
He has ten apricots.
Il a dix ballons. [DEE] (before a consonant)
He has ten balloons.

dix-huit [dee-ZEW/EET] : eighteen
Elle a dix-huit ans.
She is eighteen years old.

dix-neuf [deez-NEOHF] : nineteen
C'est aujourd'hui le dix-neuf septembre.
Today is September 19th.

dix-sept [dee-SEHT] : seventeen
Neuf et huit font dix-sept.
Nine and eight are seventeen.

le docteur [duhk-TEUHR]   m. : doctor
Maman dit; "Tu es malade. Je vais appeler le docteur."
Mother says, "You are sick. I am going to call the doctor."

le doigt [DWA]   m. : finger
Le bébé a dix petits doigts.
The baby has ten little fingers.

le dollar [duh-LAR]   m. : dollar
Voilà un dollar pour toi.
Here is a dollar for you.

les dominos [doh-mee-NOH]   m., pl. : dominoes
Mon cousin joue bien aux dominos.
My cousin plays dominoes well.

dommage: C'est dommage! [seh-doh-MAHZH]   : That's too bad!
Vous n'aimez pas le chocolat? C'est dommage!
You don't like chocolate? That's too bad!

donner [duh-NAY]   : to give

je donne	nous donnons
tu donnes	vous donnez
il, elle donne	ils, elles donnent

Donne-moi l'appareil, s'il te plaît.
Please give me the camera.

dormir [duhr-MEER]   : to sleep

je dors	nous dormons
tu dors	vous dormez
il, elle dort	ils, elles dorment

Tu dors? Je voudrais te parler.
Are you sleeping? I would like to talk to you.

le dos [DOH]   m. : back
C'est Robert? Je ne sais pas. Je vois seulement le dos.
Is it Robert? I don't know. I see only his back.

douce   (*see* doux)

doucement [doos-MAHN]   : softly, gently
Marche doucement. Maman a mal à la tête.
Walk softly. Mother has a headache.

la douche [DOOSH] f. : shower
Je prends une douche chaque matin.
I take a shower every morning.

doux [DOO] : sweet, soft, gentle
    douce (f.) [DOOS]
Ce manteau est très doux.
This coat is very soft.

la douzaine [doo-ZEHN] f. : dozen
Elle achète une douzaine de poires.
She is buying a dozen pears.

douze [DOOZ] : twelve
Il y a douze bananes dans une douzaine.
There are twelve bananas in a dozen.

le drapeau [dra-POH] m. : flag
    les drapeaux (pl.)
Voilà deux drapeaux dans la salle de classe.
There are two flags in the classroom.

droit [DRWA] : right
    droite (f.) [DRWAT]
    la main droite [main-DRWAT] : right hand
Je lève la main droite.
I raise my right hand.

à droite [a-DRWAT] : to the right
L'arbre est à droite de la maison.
The tree is to the right of the house.

drôle [DROHL] : funny; odd
Les marionnettes sont drôles.
The marionettes are funny.

du (*see* de)

dur [DEWR] : hard
    dure (f.)
Cette pomme est trop dure.
This apple is too hard.

E

l'eau [OH] f. : water
   les eaux (pl.)
Il y a de l'eau dans la piscine.
There is water in the swimming pool.

échecs: jouer aux échecs : to play chess   (*see* jouer)

l'éclair [ay-KLEHR] m. : lightning
J'ai peur de l'éclair.
I am afraid of lightning.

l'école [ay-KUHL] f. : school
Le jeudi nous n'allons pas à l'école.
We don't go to school on Thursdays.

écouter [ay-koo-TAY] : to listen

j'écoute	nous écoutons
tu écoutes	vous écoutez
il, elle écoute	ils, elles écoutent

Le garçon écoute la radio.
The boy is listening to the radio.

écrire [ay-KREER] : to write

j'écris	nous écrivons
tu écris	vous écrivez
il, elle écrit	ils, elles écrivent

La maîtresse dit: "Écrivez la date au tableau noir."
The teacher says, "Write the date on the blackboard."

   la machine à écrire : typewriter   (*see* machine)

effacer [eh-fa-SAY] : to erase

j'efface	nous effaçons
tu effaces	vous effacez
il, elle efface	ils, elles effacent

Oh, une faute! Je dois effacer ce mot.
Oh, a mistake! I have to erase this word.

effrayant [eh-fray-YAHN] : frightening
   effrayante (f.) [eh-fray-YAHNT]

Le tonnerre est effrayant.
Thunder is frightening.

égal [ay-GAL] : equal
    égale (f.)
    égaux (pl.) [ay-GOH]
Tu veux la glace ou le gâteau? Oh, cela m'est égal.
Do you want ice cream or cake? Oh, it doesn't make any difference. (Oh, it's all the same to me.)

l'église [ay-GLEEZ] f. : church
Il y a une grande église dans la ville.
There is a big church in the city.

électrique [ay-lehk-TREEK] : electric
Regarde! On vend des machines à écrire électriques.
Look! They sell electric typewriters.

l'éléphant [ay-lay-FAHN] m. : elephant
Il y a un grand éléphant dans le jardin zoologique.
There is a big elephant in the zoo.

l'élève [ay-LEV] m. or f. : pupil
    les élèves (pl.) [leh-zay-LEV]
Les élèves sont dans la salle de classe.
The pupils are in the classroom.

elle [EHL] : she, her, it
    elles (pl.) : they
Elles sont assises.
They are seated.

Donnez le crayon à elle, pas à moi.
Give the pencil to her, not to me.

Où est ma chaussure? Elle est sous le lit.
Where is my shoe? It's under the bed.

emplettes: faire des emplettes : to go shopping   (*see* faire)

51

employer [ahŋ-plwa-YAY] : to use

j'emploie	nous employons
tu emploies	vous employez
il, elle emploie	ils, elles emploient

Elle emploie les ciseaux pour couper le ruban.
She uses scissors to cut the ribbon.

emprunter [ahŋ-pruhŋ-TAY] : to borrow

j'emprunte	nous empruntons
tu empruntes	vous empruntez
il, elle emprunte	ils, elles empruntent

Je peux emprunter la gomme?

May I borrow the eraser?

en [AHŋ] : in, into
En juillet nous allons aux Etats-Unis.
In July we are going to the United States.

encore [ahŋ-KUHR] : again; more; still
Lisez la lettre encore une fois.
Read the letter once again.

Tu désires encore du pain?
Do you want more bread?

Es-tu encore à la maison?
Are you still at home?

l'enfant [ahŋ-FAHŋ]   m. or f. : child
   les enfants   (pl.) [leh-zahŋ-FAHŋ] : children
Les enfants sont au lit.
The children are in bed.

enfin [ahŋ-FAIŋ] : finally
Il fait beau, enfin!
It is good weather, finally!

ennuyé [ahŋ-new/ee-YAY] : annoyed
   ennuyée   (f.)
Maman est ennuyée quand je fais trop de bruit.
Mother is annoyed when I make too much noise.

enseigner [ahǹ-seh-NYAY] : to teach

j'enseigne	nous enseignons
tu enseignes	vous enseignez
il, elle enseigne	ils, elles enseignent

Qui enseigne la musique dans cette classe?
Who teaches music to this class?

ensemble [ahǹ-SAHǸBL] : together
Nous allons à l'épicerie ensemble.
We are going to the grocery store together.

ensuite [ahǹ-SEW/EET] : then
Je lis le livre; ensuite je rends le livre à la bibliothèque.
I read the book; then I return the book to the library.

entendre [ahǹ-TAHǸDR] : to hear

j'entends	nous entendons
tu entends	vous entendez
il, elle entend	ils, elles entendent

J'entends le téléphone qui sonne.
I hear the telephone ringing.

    bien entendu : of course   (*see* bien)

entier [ahǹ-TYAY] : whole
    entière (f.) [ahǹ-TYEHR]
Bien sûr je voudrais manger le gâteau entier!
Of course I would like to eat the whole cake!

entre [AHǸTR] : between
Quel est le numéro entre quatorze et seize?
What is the number between fourteen and sixteen?

entrer [ahǹ-TRAY] : to enter, to come into, to go into

j'entre	nous entrons
tu entres	vous entrez
il, elle entre	ils, elles entrent

Ils entrent dans la maison.
They go into the house.

    défense d'entrer : No admittance   (*see* défense
de . . .)

l'enveloppe [ahŋ-VLUHP] f. : envelope
Le facteur me donne une enveloppe.
The mailman gives me an envelope.

envoyer [ahŋ-vwa-YAY] : to send

j'envoie	nous envoyons
tu envoies	vous envoyez
il, elle envoie	ils, elles envoient

Mon oncle va m'envoyer un cadeau.
My uncle is going to send me a present.

épais [ay-PEH] : thick
  épaisse (f.) [ay-PEHS]
La peau du citron est très épaisse.
The lemon's skin is very thick.

l'épaule [ay-POHL] f. : shoulder
La balle frappe l'épaule de Claude.
The ball hits Claude's shoulder.

l'épicerie [ay-pee-SREE] f. : grocery store
On va à l'épicerie pour acheter du sucre.
You go to the grocery store to buy sugar.

l'épicier [ay-pee-SYAY] m. : grocer
L'épicier vend du sel et de la confiture.
The grocer sells salt and jam.

les épinards [leh-zay-pee-NAR] m., pl. : spinach
Les épinards sont verts.
Spinach is green.

l'épingle [ay-PAIŋGL] f. : pin
Quelle jolie épingle en forme de fleurs!
What a pretty flower pin!

épouser [ay-poo-ZAY] : to marry

j'épouse	nous épousons
tu épouses	vous épousez
il, elle épouse	ils, elles épousent

Le prince épouse la princesse.
The prince marries the princess.

l'équipe [ay-KEEP]   f. : team
Nous sommes tous membres de la même équipe.
We are all members of the same team.

es: tu es [EH]   (*see* être)

l'escalier [ehs-ka-LYAY]   m. : staircase
J'aime sauter la dernière marche de l'escalier.
I like to jump over the last step of the staircase.

l'espace [ehs-PAS]   m. : space
Les astronautes voyagent dans l'espace.
The astronauts travel in space.

espérer [ehs-pay-RAY] : to hope
     j'espère   nous espérons
     tu espères   vous espérez
     il, elle espère   ils, elles espèrent

J'espère recevoir une bonne note en histoire.
I hope to get a good mark in history.

essayer [eh-say-YAY] : to try
     j'essaye   nous essayons
     tu essayes   vous essayez
     il, elle essaye   ils, elles essayent

Elle essaye de porter le paquet lourd.
She tries to carry the heavy package.

l'essence [eh-SAHNS]   f. : gasoline
Papa dit: "Nous n'avons pas assez d'essence."
Daddy says, "We don't have enough gasoline."

est: il est, elle est [EH]   (*see* être)

l'est [EHST]   m. : east
Quand je vais de Paris à Strasbourg, je vais vers l'est.
When I go from Paris to Strasbourg, I go toward the east.

est-ce que [ehs-KUH] : (one form of asking a question)
Est-ce que tu viens avec moi? (*or:* Tu viens avec moi?) (*or:* Viens-tu avec
    moi?)
Are you coming with me?

et [AY] : and

André et son ami jouent ensemble.
Andrew and his friend are playing together.

l'étage [ay-TAZH]   m. : floor (of a building)

À quel étage est votre appartement?
On what floor is your apartment?

l'état [ay-TA]   m. : state

De quel état venez-vous?
From which state do you come?

l'été [ay-TAY]   m. : summer

Préférez-vous l'été ou l'hiver?
Do you prefer summer or winter?

éteindre [ay-TAIⁿDR] : **to turn off**

     j'éteins   nous éteignons
     tu éteins   vous éteignez
     il, elle éteint   ils, elles éteignent

J'éteins la lumière.
I turn off the light.

éternuer [ay-tehr-new-AY] : **to sneeze**

     j'éternue   nous éternuons
     tu éternues   vous éternuez
     il, elle éternue   ils, elles éternuent

Tu éternues. Tu as un rhume?
You're sneezing. Do you have a cold?

êtes: vous êtes [EHT]   (*see* être)

l'étoile [ay-TWAL]   f. : star

Combien d'étoiles y a-t-il dans le ciel?
How many stars are there in the sky?

étonnant [ay-tuh-NAHⁿ] : surprising
     étonnante   (f.) [ay-tuh-NAHⁿT]

Il est étonnant de recevoir une lettre d'une actrice.
It is surprising to receive a letter from an actress.

étranger [ay-trah̸-ZHAY] m. : stranger
    étrangère (f.) [ay-trah̸-ZHEHR]
Maman dit: "Ne parlez pas aux étrangers."
Mother says, "Don't speak to strangers."

être [EHTR] : to be
    je suis   nous sommes
    tu es   vous êtes
    il, elle est   ils, elles sont
Papa, où sommes-nous?
Dad, where are we?

étroit [ay-TRWA] : narrow, tight
    étroite (f.) [ay-TRWAT]
Le tiroir est trop étroit pour les papiers.
The drawer is too narrow for the papers.

l'étudiant [ay-tew-DYAH̸] m. : student
    l'étudiante (f.) [ay-tew-DYAH̸T]
Mon cousin est étudiant à l'université.
My cousin is a student at the university.

étudier [ay-tew-DYAY] : to study
    j'étudie   nous étudions
    tu étudies   vous étudiez
    il, elle étudie ils, elles étudient
Je dois étudier ce soir. J'ai un examen demain.
I have to study this evening. I have an examination tomorrow.

eux [EOH] : them
Je vais à l'école avec eux.
I go to school with them.

l'examen [eh-gza-MAI̸] m. : examination, test
Tu as une bonne note à l'examen?
Do you have a good mark on the examination?

excellent [eh-kseh-LAH̸] : excellent
    excellente (f.) [eh-kseh-LAH̸T]
Le professeur dit: "Ce travail est excellent."
The teacher says, "This work is excellent."

excusez-moi [eh-kskew-zay-MWA] : excuse me
   excuse-moi
Excusez-moi. Voici vos paquets.
Excuse me. Here are your packages.

expliquer [eh-ksplee-KAY] : to explain
   j'explique   nous expliquons
   tu expliques   vous expliquez
   il, elle explique   ils, elles expliquent
Jeanne, tu peux m'expliquer cette phrase?
Joan, can you explain this sentence to me?

exprès [eh-KSPREH] : on purpose, intentionally
Mon frère me taquine exprès.
My brother teases me on purpose.

extraordinaire [eh-kstra-uhr-dee-NEHR] : unusual;
   wonderful; extraordinary
Nous allons faire un voyage extraordinaire en fusée.
We are going to take an unusual trip in a rocket ship.

F

fâché [fah-SHAY] : angry, displeased
   fâchée (f.)
Quand je taquine ma soeur, Maman est fâchée.
When I tease my sister, Mom is angry.

facile [fa-SEEL] : easy

Il est facile de faire mes devoirs.
It is easy to do my homework.

le facteur [fak-TUHR] m. : mail carrier,
   postman
Le facteur apporte des lettres et des paquets.
The mail carrier brings letters and packages.

faible [FEHBL] : weak
Le pauvre garçon est faible parce qu'il est malade.
The poor boy is weak because he is sick.

faim: avoir faim [a-vwar-FAIM] : to be hungry
Avez-vous faim? Oui, j'ai faim.
Are you hungry? Yes, I'm hungry.   (*see* avoir)

faire [FEHR] : to make; to do

je fais	nous faisons
tu fais	vous faites
il, elle fait	ils, elles font

Il fait ses devoirs.
He does his homework.

faire des emplettes : to go shopping
Maman fait des emplettes.
Mom goes shopping.

faire beau : to be nice weather
Il fait beau aujourd'hui, n'est-ce pas?
It's nice weather today, isn't it?

faire du vent : to be windy
Il fait du vent aujourd'hui.
It's windy today.

faire un voyage : to take a trip
Je vais faire un voyage en deux semaines.
I am going to take a trip in two weeks.

faire une promenade : to take a walk
Le soir papa fait une promenade avec maman.
In the evening Dad and Mom take a walk.

faire attention : to pay attention
Quand le professeur dit: "Faites attention," je ferme le livre.
When the teacher says, "Pay attention," I close the book.

faire la cuisine : to cook
Qui fait la cuisine?
Who is cooking?

l'addition
Cinq et huit font treize.
Five and eight are thirteen.

faire un pique-nique   (*see* pique-nique)

fais: je (tu) fais [FEH]   (*see* faire)

faisons: **nous faisons** [fₑ-ZOHN] (*see* faire)

fait: **tout à fait** : completely (*see* tout)

fait: **il (elle) fait** [FEH] (*see* faire)

faites: **vous faites** [FEHT] (*see* faire)

la famille [fa-MEEY] f. : family
Combien de personnes y a-t-il dans votre famille?
How many people are there in your family?

fatigué [fa-tee-GAY] : tired
    fatiguée (f.)
Après deux heures de travail dans le jardin, je suis fatigué.
After two hours of work in the garden, I am tired.

fausse (*see* faux)

faut: **il faut** [FOH] : it is necessary; one must; you have to
Il faut aller à l'école.
It is necessary to go to school.
(We have to go to school.)
(Everyone must go to school.)
(You have to go to school.)

la faute [FOHT] f. : error, mistake
Je fais des fautes quand j'écris en français.
I make mistakes when I write in French.

le fauteuil [foh-TUHY] m. : armchair
J'aime m'asseoir dans le fauteuil.
I like to sit in the armchair.

faux [FOH] : false
    fausse (f.) [FOHS]
Il a six ans, vrai ou faux?
He is six years old, true or false?

favori [fa-voh-REE] : favorite
    favorite (f.) [fa-voh-REET]
Quel est ton jouet favori?
What is your favorite toy?

l'animal favori [a-nee-mal-fa-voh-REE] : pet
Mon chien est mon animal favori.
My dog is my pet.

la fée [FAY] f. : fairy

le conte de fées [kohnt-dé-FAY] : fairy tale
Lisez-moi ce conte de fées.
Read this fairy tale to me.

la femme [FAM] f. : woman, wife
Ces deux femmes vont faire des emplettes.
These two women are going shopping.

la fenêtre [fé-NEHTR] f. : window
Le chien aime regarder par la fenêtre.
The dog likes to look out the window.

le fer [FEHR] m. : iron; iron (metal)
Le fer ne marche pas. Je ne peux pas repasser cette robe.
The iron is not working. I can't iron this dress.

en fer [ahn-FEHR] : made of iron
Le fourneau est en fer.
The stove is made of iron.

la ferme [FEHRM] f. : farm
Il y a des vaches et des chevaux à la ferme.
There are cows and horses on the farm.

fermer [fehr-MAY] : to close

je ferme	nous fermons
tu fermes	vous fermez
il, elle ferme	ils, elles ferment

Fermez la fenêtre, s'il vous plaît.
Please close the window.

le fermier [fehr-MYAY] m. : farmer
Mon grand-père est fermier.
My grandfather is a farmer.

féroce [fay-RUHS] : ferocious, fierce, wild
Qui a peur d'un tigre féroce?
Who is afraid of a ferocious tiger?

la fête [FEHT]   f. : holiday; birthday; party
Le jour de la fête est le dix-huit juillet?
The party is July 18th?

    Bonne fête [buhn-FEHT] : Happy Birthday

le feu [FEOH]   m. : fire; light (traffic)
Le feu est chaud.
The fire is hot.

On traverse la rue quand on voit le feu vert.
You cross the street when you see the green light.

la feuille [FUHY]   f. : leaf, sheet of paper
Les feuilles sont vertes en été.
The leaves are green in summer.

Donne-moi une feuille de papier, s'il te plaît.
Give me a sheet of paper, please.

février [fay-VRYAY]   m. : February
Combien de jours y a-t-il en février?
How many days are there in February?

la ficelle [fee-SEHL]   f. : string
Je cherche une ficelle pour mon cerf-volant.
I am looking for a string for my kite.

la fièvre [FYEHVR]   f. : fever
Je dois rester au lit. J'ai de la fièvre.
I have to stay in bed. I have a fever.

la figure [fee-GEWR]   f. : face
Elle se lave la figure.
She is washing her face.

la fille [FEEY]   f. : girl; daughter
La petite fille joue avec sa poupée.
The little girl plays with her doll.

Je vous présente ma fille, Aimée.
I should like to introduce my daughter, Amy.

le film [FEELM]   m. : film, movie
On joue un bon film au cinéma?
Are they playing a good film at the movies?

le fils [FEES] m. : son
Je vous présente mon fils, Georges.
I should like to introduce my son, George.

la fin [FAIN] f. : end
C'est la fin de la leçon.
It is the end of the lesson.

finir [fee-NEER] : to finish
    je finis   nous finissons
    tu finis   vous finissez
    il, elle finit   ils, elles finissent
Je vais finir mon travail avant de sortir.
I am going to finish my work before going out.

la fleur [FLUHR] f. : flower
Nous avons beaucoup de fleurs dans le jardin
We have many flowers in the garden.

le foin [FWAIN] m. : hay
Le fermier donne du foin aux chevaux.
The farmer gives hay to the horses.

la foire [FWAR] f. : fair
Nous allons à la foire pour nous amuser.
We are going to the fair to have a good time.

la fois [FWA] f. : time
On frappe trois fois à la porte.
They knock three times at the door.

Répétez encore une fois.
Repeat once again.

folle   (*see* fou)

foncé [fohn-SAY] : dark
    foncée (f.)
Elle porte une robe bleu foncé.
She is wearing a dark blue dress.

font: ils (elles) font [FOHN]   (*see* faire)

le football [fuht-BUHL] m. : soccer
Savez-vous jouer au football?
Do you know how to play soccer?

la forêt [fuh-REH] f. : forest, woods
Il y a cent arbres dans la forêt!
There are a hundred trees in the forest!

former [fuhr-MAY] : to form, to make
    je forme   nous formons
    tu formes   vous formez
    il, elle forme   ils, elles forment
Je forme une balle avec la neige.
I make a snowball with the snow.

en forme de (d') [ah*n*-fuhrm-d*e*] : in the form of, shaped like
Le petit gâteau est en forme d'étoile.
The cookie is in the form of a star.

formidable [fuhr-mee-DABL] : Great!, Marvelous!, Wonderful!
Tu vas au cirque? Formidable!
You are going to the circus? Great!

fort [FUHR] : strong
    forte (f.) [FUHRT]
Mon père est très fort.
My father is very strong.

fort [FUHR] : loudly
Il joue trop fort au tambour.
He plays the drum too loudly.

fou [FOO] : mad, crazy
    folle (f.) [FUHL]
Le chien est fou.
The dog is mad.

la fourchette [foor-SHEHT] f. : fork
Je mange la viande avec une fourchette.
I eat meat with a fork.

la fourmi [foor-MEE] f. : ant
La fourmi est très petite.
The ant is very small.

64

le fourneau [foor-NOH] m. : stove
Attention! Le fourneau est chaud.
Careful! The stove is hot.

frais [FREH] : cool; fresh
    fraîche (f.) [FREHSH]
Il fait frais à la plage.
It is cool at the beach.

la fraise [FREHZ] f. : strawberry
Les fraises sont rouges.
Strawberries are red.

le franc [FRAHⱮ] m. : franc (French monetary unit)
Voici un billet de cinq francs.
Here is a five-franc note.

français [frahⱮ-SEH] : French
    française (f.) [frahⱮ-SEHZ]
Je lis un livre français.
I am reading a French book.

la France [FRAHⱮS] f. : France
Voici une carte de la France.
Here is a map of France.

frapper [fra-PAY] : to hit; to knock
Maman, on frappe à la porte.
Mommy, someone is knocking at the door.

le frère [FREHR] m. : brother
Je suis petit, mais mon frère est grand.
I am little, but my brother is big.

le froid [FR<u>W</u>AH] m. : cold
Quand il fait froid en hiver, j'ai froid.
When it is cold in winter, I am cold.

    il fait froid : it is cold [eel-feh-FR<u>W</u>AH]   (*see* faire)
    avoir froid : to be cold [a-V<u>W</u>AR-FR<u>W</u>AH]   (*see* avoir)

le fromage [fruh-MAHZH] m. : cheese
Ma soeur prend du fromage comme dessert.
My sister has cheese for dessert.

les fruits [FREW/EE]   m., pl. : fruit
Voici des fruits. Préférez-vous une poire ou une banane?
Here is some fruit. Do you prefer a pear or a banana?

fumer [few-MAY] : to smoke

je fume	nous fumons
tu fumes	vous fumez
il, elle fume	ils, elles fument

Papa dit qu'il est dangereux de fumer.
Dad says that it is dangerous to smoke.

    défense de fumer : no smoking   (*see* défense . . .)

la fusée [few-ZAY]   f. : rocket ship
On va à la lune en fusée.
They are going to the moon in a rocket ship.

le fusil [few-ZEE]   m. : gun
Le chasseur porte un fusil.
The hunter carries a gun.

G

gagner [ga-NAY] : to earn; to win

je gagne	nous gagnons
tu gagnes	vous gagnez
il, elle gagne	ils, elles gagnent

C'est notre équipe qui gagne!
Our team wins!

gai [GAY] : gay, cheerful
    gaie (f.)
Ma soeur est toujours gaie.
My sister is always cheerful.

le gant [GAHN]   m. : glove
Elle porte des gants blancs.
She is wearing white gloves.

le garage [ga-RAZH]   m. : garage
Où est la voiture? Elle n'est pas dans le garage.
Where is the car? It isn't in the garage.

le garçon [gar-SOHN]　m. : boy; waiter
Le garçon joue avec sa soeur.
The boy is playing with his sister.

garder [gar-DAY] : to guard; to keep

je garde	nous gardons
tu gardes	vous gardez
il, elle garde	ils, elles gardent

L'agent de police garde la banque.
The policeman is guarding the bank.

la gare [GAR]　f. : station
Le train est à la gare.
The train is in the station.

le gâteau [gah-TOH]　m. : cake

　　le petit gâteau [ptee-gah-TOH] : cookie

Voici un petit gâteau pour Thérèse et un morceau de gâteau pour Guillaume.
Here is a cookie for Theresa and a piece of cake for William.

gauche [GOHSH] : left

　　la main gauche [main-GOHSH] : left hand
Je lève la main gauche.
I raise my left hand.

　　à gauche [a-GOHSH] : to the left
L'arbre est à gauche de la maison.
The tree is to the left of the house.

le gaz [GAZ]　m. : gas
Tu as un fourneau à gaz? Nous avons un fourneau électrique!
You have a gas stove? We have an electric stove!

le géant [zhay-AHN]　m. : giant
Lis-moi le conte "Jacques et le géant."
Read me the story of "Jack and the Giant."

le genou [ZHNOO]　m. : knee
　　les genoux (pl.)
Tu as mal au genou? C'est triste.
You have a sore knee? That's too bad!

les gens [ZHAHℵ]   m., pl. : people
Beaucoup de gens sont dans le magasin.
Many people are in the store.

gentil [zhahℵ-TEE] : gentle, kind, nice
      gentille (f.) [zhahℵ-TEEY]
La maîtresse est gentille. Elle ne gronde pas.
The teacher is nice. She doesn't scold.

la glace [GLAS]   f. : ice cream; ice; mirror
Tu aimes la glace à la vanille?
Do you like vanilla ice cream?

Allons patiner sur la glace.
Let's go ice skating.

Est-ce que vous avez une glace?
Do you have a mirror?

      le patin à glace : ice skate   (*see* patin)

glisser [glee-SAY] : to slide; to slip
    je glisse   nous glissons
    tu glisses   vous glissez
    il, elle glisse   ils, elles glissent

Nous glissons sur la glace en hiver.
We slip on the ice in winter.

la gomme [GUHM]   f. : eraser
Je dois effacer cette phrase avec la gomme.
I have to erase this sentence with the eraser.

la gorge [GUHRZH]   f. : throat
La maîtresse dit doucement: "J'ai mal à la gorge."
The teacher says softly, "I have a sore throat."

le goûter [goo-TAY]   m. : snack
Bonjour, Maman. Tu as un goûter pour nous?
Hello, Mother. Do you have a snack for us?

grand [GRAHℵ] : big, tall, high, large; great
      grande (f.) [GRAHℵD]
Voici un grand arbre et un petit arbre.
Here is a big tree and a little tree.

Madame Curie est une grande savante.
Madame Curie is a great scientist.

la grand-mère [grahⁿ-MEHR] f. : grandmother
Dimanche nous allons chez ma grand-mère.
We are going to my grandmother's house on Sunday.

les grands-parents   (*see* grand-père)

le grand-père [grahⁿ-PEHR] m. : grandfather
Mon grand-père aime conduire la voiture.
My grandfather likes to drive the car.

    les grands-parents [grahⁿ-pa-RAHⁿ] m. and f., pl. : grand-
       parents

le gratte-ciel [gra-TSYEHL] m. : skyscraper
La ville de New York a beaucoup de gratte-ciel.
New York City has many skyscrapers.

la grenouille [gruh-NOOY] f. : frog
J'essaye d'attraper une grenouille.
I am trying to catch a frog.

grillé: le pain grillé : toast   (*see* pain)

grimper [graiⁿ-PAY] : to climb
    je grimpe   nous grimpons
    tu grimpes   vous grimpez
    il, elle grimpe   ils, elles grimpent
Le chat grimpe sur l'arbre.
The cat climbs the tree.

gris [GREE] : gray
    grise (f.) [GREEZ]
La souris est grise.
The mouse is gray.

gronder [groh*-DAY*] : to scold

je gronde	nous grondons
tu grondes	vous grondez
il, elle gronde	ils, elles grondent

Il a honte parce que sa mère le gronde.
He is ashamed because his mother is scolding him.

gros [GROH] : big, fat

    grosse (f.) [GROHS]

L'éléphant est gros.
The elephant is big.

la guerre [GEHR] f. : war

Mon oncle est soldat à la guerre.
My uncle is a soldier in the war.

la guitare [gee-TAR] f. : guitar

Je sais jouer de la guitare.
I know how to play the guitar.

H

s'habiller [sa-bee-YAY] : to get dressed, to dress

je m'habille	nous nous habillons
tu t'habilles	vous vous habillez
il, elle s'habille	ils, elles s'habillent

Je me lève, je m'habille, je vais à l'école.
I get up, I get dressed, I go to school.

habiter [a-bee-TAY] : to live (dwell)

j'habite	nous habitons
tu habites	vous habitez
il, elle habite	ils, elles habitent

Où habitez-vous?
Where do you live?

haricots: **les haricots verts** [leh-a-ree-koh-VEHR] m., pl. : string beans

Nous avons des haricots verts pour le dîner.
We have string beans for dinner.

haut [OH] : high; tall; loud
   haute (f.) [OHT]
La Tour Eiffel est très haute.
The Eiffel Tower is very tall.

   à haute voix [a-oht-VWA] : in a loud voice, aloud
La maîtresse dit: "Parlez à haute voix."
The teacher says, "Speak in a loud voice."

   en haut [ahŋ-OH] : upstairs
Où es-tu? En haut.
Where are you? Upstairs.

Hélas! [ay-LAHS] : Alas!—What a pity!
Hélas! Tu ne peux pas venir avec moi.
What a pity! You can't come with me.

l'hélicoptère [lay-lee-kuhp-TEHR] m. : helicopter
Qu'est-ce que c'est? Un hélicoptère.
What is it? A helicopter.

l'herbe [LEHRB] f. : grass
L'herbe est verte.
Grass is green.

l'heure [LEUHR] f. : hour; o'clock
Quelle heure est-il?
What time is it?

C'est l'heure du dîner. Il est sept heures et demie.
It is dinner time. It is seven thirty. (It is half past seven.)

   de bonne heure [dø-buh-NEUHR] : early
Le soleil se lève de bonne heure.
The sun rises early.

   la demi-heure (*see* demi)
   tout à l'heure : in a little while   (*see* tout)

heureux [uh-REOH] : happy, glad, delighted
   heureuse (f.) [uh-REOHZ]
Tout le monde est heureux à une fête.
Everyone is happy at a party.

le hibou [lᵉ-ee-BOO]   m. : owl
  hiboux   (pl.)
On entend le hibou pendant la nuit.
You hear the owl during the night.

hier [YEHR] : yesterday
C'est aujourd'hui le dix mai; hier, le neuf mai.
Today is May 10; yesterday (was) May 9.

l'histoire [lees-TWAR]   f. : story; history
Tu aimes l'histoire "Les trois ours?"
Do you like the story of "The Three Bears?"

l'hiver [lee-VEHR]   m. : winter
En hiver il fait froid.
It is cold in winter.

l'homme [LUHM]   m. : man
L'homme vient pour réparer le téléviseur.
The man comes to fix the television set.

honneur: en l'honneur de [ahⁿ-luh-NUHR-dᵉ] : in honor of
Nous dînons au restaurant en l'honneur de ma fille.
We are dining in a restaurant in honor of my daughter.

honte: avoir honte [OHⁿT] : to be ashamed   (*see* avoir)
Il a honte parce qu'il est méchant.
He is ashamed because he is naughty.

l'hôpital [loh-pee-TAL]   m. : hospital
L'infirmière travaille à l'hôpital.
The nurse works at the hospital.

l'horloge [luhr-LUHZH]   f. : clock
L'horloge sonne deux fois. Il est deux heures.
The clock strikes twice. It is two o'clock.

l'hôtel [loh-TEHL]   m. : hotel
Quel est le nom de cet hôtel?
What is the name of this hotel?

l'hôte/sse (de l'air) [loht-dᵉ-LEHR]   m./f. : flight attendant
L'hôte (de l'air) nous sert un bon repas.

The flight attendant serves us a good meal.

l'huile [LEW/EEL] f. : oil
Maman, tu mets de l'huile dans la salade?
Mother, are you putting oil in the salad?

huit [EW/EET] [EW/EE] : eight
J'ai huit insectes [EW/EET] (before a vowel)
I have eight insects.
Je vois huit cuillers. [EW/EE] (before a consonant)
I see eight spoons.

humide [ew-MEED] : humid, moist, damp
Mon maillot est humide.
My bathing suit is damp.

I

ici [ee-SEE] : here
Viens ici, Pierrot.
Come here, Pierrot.

l'idée [ee-DAY] f. : idea
Quelle bonne idée d'aller nager!
What a good idea it is to go swimming!

l'île [EEL] f. : island
La Corse est une île française.
Corsica is a French island.

il [EEL] m. : he; it
    ils (pl.) they
    Ils sont assis.   Il est assis.
    They are seated.   He is seated.
Voici le crayon. Il est jaune.
Here is the pencil. It is yellow.

    il y a [eel-YA] : there is, there are   (*see* avoir)

    il n'y a pas de quoi [eel-nee-ya-pa-dé-KWAH] : You're welcome

l'image [ee-MAHZH] f. : picture
Il y a beaucoup d'images dans ce livre.
There are many pictures in this book.

l'imperméable [aiᴎ-pehr-may-ABL]   m. : raincoat
Il porte son imperméable parce qu'il pleut.
He is wearing his raincoat because it is raining.

important [aiᴎ-puhr-TAHᴎ] : important
Il est important de manger des légumes.
It is important to eat vegetables.

importe: N'importe! [naiᴎ-PUHRT] : No matter!—Never mind
Le train n'est pas à la gare? N'importe. Il vient bientôt.
The train is not at the station? Never mind! It will come soon.

impossible [aiᴎ-puh-SEEBL] : impossible
Il est impossible de rouler ce rocher.
It is impossible to roll this rock.

indiquer [aiᴎ-dee-KAY] : to point to, to indicate

j'indique	nous indiquons
tu indiques	vous indiquez
il, elle indique	ils, elles indiquent

L'agent de police indique qu'il faut aller par cette route.
The policeman indicates that we must go by this road.

l'infirmière [aiᴎ-feer-MYEHR]   f. : nurse
Ma voisine est infirmière.
My neighbor is a nurse.

l'ingénieur [aiᴎ-zhay-NYUHR]   m. : engineer
Je voudrais devenir ingénieur.
I would like to become an engineer.

l'insecte [aiᴎ-SEHKT]   m. : insect
Je déteste les insectes!
I hate insects!

intelligent [aiᴎ-teh-lee-ZHAHᴎ] : intelligent
     intelligente (f.) [aiᴎ-teh-lee-ZHAHᴎT]
Le professeur dit: "Quelle classe intelligente!"
The teacher says, "What an intelligent class!"

intéressant [ai-tay-reh-SAHN] : interesting
    intéressante (f.) [ai-tay-reh-SAHNT]

Tu trouves que le film est intéressant?
Do you think the film is interesting?

inviter [ai-vee-TAY] : to invite
    j'invite   nous invitons
    tu invites   vous invitez
    il, elle invite   ils, elles invitent

Ma tante m'invite chez elle.
My aunt invites me to her house.

J

jamais [zha-MEH] : never
Je ne veux jamais jouer avec toi!
I never want to play with you!

la jambe [ZHAHNB] f. : leg
L'homme a deux jambes; l'animal a quatre pattes.
Man has two legs; animals have four paws.

le jambon [zhahn-BOHN] m. : ham
Vous prenez du jambon dans votre sandwich?
Will you have some ham in your sandwich?

janvier [zhahn-VYAY] m. : January
Le six janvier est un jour de fête en France.
January sixth is a holiday in France.

le jardin [zhar-DAIN] m. : garden

Le jardin est plein de fleurs au mois de juin.
The garden is full of flowers in June.

    le jardin zoologique [zhar-dain-zuh-uh-luh-ZHEEK] : zoo
Les animaux féroces sont au jardin zoologique.
Ferocious animals are at the zoo.

jaune [ZHOHN] : yellow
Le maïs est jaune.
Corn is yellow.

je [jø] : I

Je parle à mes amis.
I am speaking to my friends.

jeter [jø-TAY] : to throw

je jette	nous jetons
tu jettes	vous jetez
il, elle jette	ils, elles jettent

Il jette une pierre dans l'eau.
He throws a stone into the water.

le jeu [ZHEOH] m. : game
     les jeux (pl.)

Quel jeu préfères-tu?
Which game do you prefer?

jeudi [zheoh-DEE] m. : Thursday

Jeudi est mon anniversaire.
My birthday is Thursday.

jeune [ZHEUHN] : young

Toujours on me dit: "Tu es trop jeune!"
They always say to me, "You're too young!"

les jeux : games   (*see* jeu)

jeux: le terrain de jeux : playground   (*see* terrain)

joli [zhuh-LEE] : pretty, good-looking
     jolie (f.)

Quel joli chandail! Il est neuf?
What a pretty sweater! Is it new?

jouer [zhoo-AY] : to play

je joue	nous jouons
tu joues	vous jouez
il, elle joue	ils, elles jouent

Jouons à la balle.
Let's play ball.

Laure joue du piano.
Laura plays the piano.

jouer aux dames [zhoo-ay-oh-DAM] : to play checkers

Mon ami et moi, nous jouons aux dames.
My friend and I play checkers.

jouer aux échecs [zhoo-ay-zay-SHEHK] : to play chess

Mon père et mon oncle jouent aux échecs.
My father and my uncle play chess.

le jouet [zhoo-AY] m. : toy

Quelle sorte de jouets as-tu?
What kind of toys do you have?

le jour [ZHOOR] m. : day

Quel jour de la semaine est-ce?
What day of the week is it?

un jour de congé [zhoor-dǝ-kohǝ-ZHAY] : a day off

Le jeudi est un jour de congé pour les élèves français.
Thursday is a day off for French students.

le Jour de l'An [zhoor-dǝ-LAHN] : New Year's Day

Le premier janvier est le Jour de l'An.
January 1st is New Year's Day.

tous les jours [too-leh-ZHOOR] : every day

Je lis tous les jours.
I read every day.

le journal [zhoor-NAL] m. : newspaper

    les journaux (pl.) [zhoor-NOH]

Après le dîner mon oncle lit le journal.
After dinner my uncle reads the newspaper.

la journée [zhoor-NAY] f. : day

Je vais passer la journée chez ma cousine.
I am going to spend the day at my cousin's house.

Joyeux Anniversaire : Happy Birthday   (*see* anniversaire)

juillet [zhew/ee-YAY] m. : July

Le quatorze juillet est la fête nationale française.
July 14th is the French national holiday.

juin [ZHWAI͡X] m. : June

Combien de jours y a-t-il en juin?
How many days are there in June?

la jupe [ZHEWP] f. : skirt

Je ne peux pas choisir. Quelle jupe préfères-tu?
I can't choose. Which skirt do you prefer?

le jus [ZHEW] m. : juice

    le jus d'orange [zhew-duh-RAH͡XZH] : orange juice

J'aime le jus d'orange.
I like orange juice.

jusqu'à [zhew-SKA] : until

Nous sommes à l'école jusqu'à trois heures.
We are in school until three o'clock.

juste [ZHEWST] : fair; correct

Mais c'est mon tour. Ce n'est pas juste!
But it's my turn. It isn't fair!

K

le kangourou [kah͡x-goo-ROO] m. : kangaroo

Le kangourou est un animal bizarre.
The kangaroo is a strange animal.

le kilomètre [kee-loh-MEHTR] m. : kilometer

J'habite à cinq kilomètres de l'école.
I live five kilometers from the school.

L

l' : the   (*see* le)

l' : it; him   (*see* le)

la : the   (*see* le)

la : it; her   (*see* le)

là [LA] : there

là-bas [la-BA] : down there; over there
Tu vois ton frère qui arrive, là-bas?
Do you see your brother coming, down there?

le lac [LAK] m. : lake
Je vais à la pêche au bord du lac.
I go fishing at the lake shore.

laid [LEH] : ugly
    laide (f.) [LEHD]
Je n'aime pas ce chapeau; il est laid.
I don't like this hat; it's ugly.

la laine [LEHN] f. : wool
    en laine [ahy-LEHN] : made of wool, woolen
Mon manteau est en laine.
My coat is made of wool.

laisser [leh-SAY] : to leave; to let; to permit

je laisse	nous laissons
tu laisses	vous laissez
il, elle laisse	ils, elles laissent

Je laisse souvent mes livres chez Michel.
I often leave my books at Michael's house.

Mon frère me laisse laver la voiture.
My brother lets me wash the car.

le lait [LEH] noun, m. : milk
Je bois du lait et papa boit du café au lait.
I drink milk and Daddy drinks coffee with milk.

la laitue [leh-TEW] f. : lettuce
On prépare une salade avec la laitue.
We make a salad with lettuce.

la lampe [LAHNP] f. : lamp
La lampe est dans le salon.
The lamp is in the living room.

lancer [lahŋ-SAY] : to throw

je lance	nous lançons
tu lances	vous lancez
il, elle lance	ils, elles lancent

Il me lance un oreiller!
He's throwing a pillow at me!

la langue [LAHŊG] f. : tongue
Je me brûle la langue avec la soupe chaude.
I burn my tongue with hot soup.

le lapin [la-PAIŊ] m. : rabbit
Le lapin est mignon.
The rabbit is cute.

large [LARZH] : broad, wide
Le boulevard est une rue large.
The boulevard is a wide street.

la larme [LARM] f. : tear
Grand-père dit: "Assez de larmes!"
Grandpa says, "Enough tears!"

le lavabo [la-va-BOH] m. : washstand, bathroom sink
Le lavabo est dans la salle de bain.
The washstand is in the bathroom.

laver [la-VAY] : to wash (something or someone)

je lave	nous lavons
tu laves	vous lavez
il, elle lave	ils, elles lavent

Nous lavons le chien.
We are washing the dog.

se laver [sŧ-la-VAY] : to wash (oneself)

je me lave	nous nous lavons
tu te laves	vous vous lavez
il, elle se lave	ils, elles se lavent

Je me lave les mains avant de manger.
I wash my hands before eating.

la machine à laver : washing machine   (*see* machine)

le [lǝ]   m. : the
    l'   (before a vowel)
    la [LA]   (f.)
    les [LEH]   (pl., m. and f.)

Le chat, la souris, l'ours et l'éléphant sont des animaux.
The cat, the mouse, the bear and the elephant are animals.

le [lǝ]   m. : it; him
    l'   (before a vowel)
    la [LA]   (f.)
    les [LEH]   (pl., m. and f.) : them

Je l'aime.
I like him (her) (it).

Je la vois.
I see her (it).

Je les vois.
I see them.

la leçon [lǝ-SOHΧ]   f. : lesson

La leçon d'aujourd'hui est difficile, n'est-ce pas?
Today's lesson is difficult, isn't it?

léger [lay-ZHAY] : light
    légère [lay-ZHEHR]   (f.)

Cette boîte est légère.
This box is light.

le légume [lay-GEWM]   m. : vegetable

Les légumes sont délicieux avec la viande.
Vegetables are delicious with meat.

lentement [lahχt-MAHΧ] : slowly

Grand-père marche lentement.
Grandfather walks slowly.

le léopard [lay-oh-PAR]   m. : leopard

Le léopard est dans la forêt.
The leopard is in the forest.

les : the   (*see* le, article)

les : them   (*see* le, pronoun)

la lettre [LEHTR] f. : letter
Je mets la lettre dans l'enveloppe.
I put the letter in the envelope.

   la boîte aux lettres : mailbox
   (*see* boîte)

leur [LEUHR] m., f. : their
   leurs (pl.)
Mes cousins partent. Où sont leurs valises?
My cousins are leaving. Where are their valises?

leur [LEUHR] : to them, them
Je leur donne une carte.
I give them a card.

se lever [s∉-l∉-VAY] : to get up, to stand up
je me lève	nous nous levons
tu te lèves	vous vous levez
il, elle se lève	ils, elles se lèvent

Lève-toi, Edouard. Tu es en retard.
Get up, Edward. You're late.

lever [l∉-VAY] : to raise
je lève	nous levons
tu lèves	vous levez
il, elle lève	ils, elles lèvent

L'agent de police lève la main droite.
The policeman raises his right hand.

la lèvre [LEHVR] f. : lip
Regarde! La poupée ouvre les lèvres.
Look! The doll is opening its lips.

le lion [LYOH∦] m. : lion
Le lion n'est pas un animal doux.
The lion is not a gentle animal.

lire [LEER] : to read
je lis	nous lisons
tu lis	vous lisez
il, elle lit	ils, elles lisent

Nous allons lire dans la bibliothèque.
We are going to read in the library.

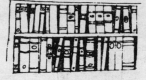

le lit [LEE] m. : bed
Le chat est dans mon lit.
The cat is in my bed.

le livre [LEEVR] m. : book
Nous cherchons des livres intéressants.
We are looking for some interesting books.

loin (de) [LWAIN] : far, (from) distant (from)
Est-ce que Paris est loin de Washington?
Is Paris far from Washington?

long [LOHN] : long
     longue (f.) [LOHNG]
Elle porte une robe longue.
She is wearing a long dress.

le loup [LOO] m. : wolf
Qui a peur du méchant loup?
Who is afraid of the bad wolf?

lourd [LOOR] : heavy
     lourde (f.) [LOORD]
La valise est très lourde.
The valise is very heavy.

la luge [LEWZH] f. : sled
Je m'amuse avec la luge.
I have a good time with the sled.

lui [LEW/EE] : to him, to her; him, her
Elle lui donne un café.
She is giving him a cup of coffee.

la lumière [lew-MYEHR] f. : light
La lune ne donne pas beaucoup de lumière.
The moon does not give much light.

lundi [luhN-DEE] m. : Monday
Que faites-vous le lundi?
What do you do on Mondays?

la lune [LEWN]   f. : moon
L'astronaute marche sur la lune.
The astronaut walks on the moon.

les lunettes [lew-NEHT]   f., pl. : glasses
Attention! Tu vas casser tes lunettes.
Be careful! You are going to break your glasses.

M

ma [MA] : my   (*see* mon)

la machine [ma-SHEEN]   f. : machine
    la machine à écrire [ma-shee-na-ay-KREER] : typewriter
Dorothée désire une machine à écrire pour son anniversaire.
Dorothy wants a typewriter for her birthday.

    la machine à laver [ma-shee-na-la-VAY] : washing machine
Maman désire une machine à laver.
Mother wants a washing machine.

madame [ma-DAM]   f. : Mrs.
    mesdames [meh-DAM]   (pl.) : ladies
Dis "Bonjour, Madame" à ta maîtresse.
Say "Good morning" to your teacher.

mademoiselle [ma-dmwa-ZEHL]   f. : Miss
    mesdemoiselles [meh-dmwa-ZEHL]   (pl.) : young ladies
Mademoiselle Duval? Elle est un bon professeur.
Miss Duval? She is a good teacher.

le magasin [ma-ga-ZAIN]   m. : store
Je vais au magasin avec mon amie.
I'm going to the store with my friend.

le magnétophone [ma-nay-tuh-FUHN]   m. : tape recorder
Le professeur emploie un magnétophone dans la classe.
The teacher uses a tape recorder in class.

mai [MAY]   m. : May
Il y a trente et un jours au mois de mai.
There are thirty-one days in May.

maigre [MEHGR] : thin, skinny
Vous êtes trop maigre. Il faut manger.
You are too thin. You must eat.

le maillot [ma-YOH] m. : bathing suit
Tu aimes mon nouveau maillot?
Do you like my new bathing suit?

la main [MAI𝗡] f. : hand
J'ai les mains sales!
My hands are dirty!

    la main droite [main-DRWAT] : right hand   (*see* droit)

    la main gauche [main-GOHSH] : left hand   (*see* gauche)

maintenant [main-TNAH𝗡] : now
Tu dois prendre un bain maintenant!
You have to take a bath now!

mais [MEH] : but
Je veux aller au parc mais papa dit "non."
I want to go to the park but Daddy says "no."

le maïs [ma-EES] m. : corn
MMM, le maïs est bon!
MMM, the corn is good!

la maison [meh-ZOH𝗡] f. : house, home

(1) **la porte**:door (2) **la fenêtre**:window (3) **le tapis**:rug (4) **le salon**:living room (5) **la salle à manger**:dining room (6) **la cuisine**:kitchen (7) **la chambre**:bedroom (8) **le plafond**:ceiling (9) **le plancher**:floor (10) **le mur**:wall (11) **le lit**:bed (12) **le téléviseur**:television set (13) **le téléphone**:telephone (14) **la lampe**:lamp (15) **la radio**:radio (16) **le fauteuil**:armchair (17) **le canapé**:sofa (18) **la chaise**:chair (19) **la table**:table (20) **l'image**:picture

Voici la maison de mon oncle.
Here is my uncle's house.

> **la maison de poupée** [meh-zohn-dø-poo-PAY] : dollhouse
> (*see* poupée)

la maîtresse [meh-TREHS] f. : teacher
  le maître [MEHTR] m.
La maîtresse est gentille.
The teacher is kind.

mal: avoir mal à [a-vwar-mal-la] : to have a sore . . . ; to have
  a pain in the. . . ; to hurt   (*see* avoir)
Je suis malade. J'ai mal à la tête.
I am sick. I have a headache.

Pierre a mal au pied.
Peter has a sore foot.

malade [ma-LAD] : sick
Qu'as-tu? Je suis malade.
What's the matter? I am sick.

malheureux [ma-luh-REOH] : unhappy
  malheureuse (f.) [ma-luh-REOHZ]
Il est malheureux parce qu'il ne peut pas jouer à la balle.
He is unhappy because he can't play ball.

la malle [MAL] f. : trunk, suitcase
Il est difficile de porter cette malle.
It is difficult to carry this trunk.

maman [ma-MAHN] f. : Mother, Mom, Mama, Mommy
Maman, où sont mes chaussettes?
Mom, where are my socks?

le manège [ma-NEZH] m. : merry-go-round
Regarde les chevaux du manège!
Look at the horses on the merry-go-round!

manger [mahn-ZHAY] : to eat
  je mange   nous mangeons
  tu manges   vous mangez
  il, elle mange ils, elles mangent

Le dimanche nous mangeons la dinde.
On Sundays we eat turkey.

le manteau [mahn-TOH]   m. : coat
Elle porte un manteau chaud en hiver.
She wears a warm coat in winter.

la marche [MARSH]   f. : step
Il y a beaucoup de marches devant ce bâtiment.
There are many steps in front of this building.

le marché [mar-SHAY]   m. : market, store
Qu'est-ce qu'on vend au marché?
What do they sell at the market?

    bon marché   (*see* bon marché)

    le supermarché [sew-pehr-mar-SHAY] : supermarket
Le supermarché est un grand marché.
The supermarket is a large market.

marcher [mar-SHAY] : to walk, to work (things), to operate

je marche	nous marchons
tu marches	vous marchez
il, elle marche	ils, elles marchent

Nous marchons dans la rue.
We are walking on the street.

Cette lampe ne marche pas.
This lamp is not working.

mardi [mar-DEE]   m. : Tuesday
Est-ce que mardi est un jour de congé?
Is Tuesday a day off?

marelle: jouer à la marelle [zhoo-ay-a-la-ma-REHL] : to play hopscotch   (*see* jouer)
Je ne sais pas jouer à la marelle.
I don't know how to play hopscotch.

le mari [ma-REE]   m. : husband
Le mari de ma tante est mon oncle.
My aunt's husband is my uncle.

la marionnette [ma-ryoh-NEHT]   f. : marionette
Les marionnettes sont drôles.
The marionettes are funny.

marron [ma-ROHƝ] : brown
Le tapis est marron.
The rug is brown.

mars [MARS]   m. : March
Il fait du vent en mars.
It is windy in March.

le marteau [mar-TOH]   m. : hammer
Albert travaille avec un marteau.
Albert is working with a hammer.

le matin [ma-TAIƝ]   m. : morning
Que mangez-vous le matin?
What do you eat in the morning?

mauvais [moh-VEH] : bad
    mauvaise (f.) [moh-VEHZ]
Il fait mauvais aujourd'hui.
The weather is bad today.

me [mǝ] : me; to me; myself
Je m'habille le matin.
I get dressed in the morning.

Il me donne du pain.
He gives me some bread.

le mécanicien [may-ka-nee-SYAIƝ]   m. : mechanic
Je voudrais devenir mécanicien.
I would like to become a mechanic.

méchant [may-SHAHƝ] : naughty
    méchante (f.) [may-SHAHƝT]
Robert ne peut pas sortir. Il est méchant.
Robert cannot go out. He is naughty.

le médecin [may-TSAIƝ]   m. : doctor
Le médecin entre dans l'hôpital.
The doctor enters the hospital.

le médicament [may-dee-ka-MAHᵪ] : medicine
Je n'aime pas ce médicament!
I don't like this medicine!

meilleur [may-YEUHR] : better
    meilleure (f.)
Je pense que les cerises sont meilleures que les fraises.
I think that cherries are better than strawberries.

mélanger [may-lahᵪ-ZHAY] : to mix
    je mélange   nous mélangeons
    tu mélanges   vous mélangez
    il, elle mélange ils, elles mélangent
Quand on joue aux dominos, on mélange les dominos.
When you play dominoes, you mix the dominoes.

le membre [MAHᵪBR] m. : member
Il est membre de notre équipe.
He is a member of our team.

même [MEHM] : same; even
Mon amie et moi, nous portons la même robe.
My friend and I are wearing the same dress.
Elle pleure même quand elle est heureuse.
She cries even when she is happy.

    moi-même [mwa-MEHM] : myself
Je veux faire le gâteau moi-même!
I want to make the cake myself!

mener [mɇ-NAY] : to lead
    je mène   nous menons
    tu mènes   vous menez
    il, elle mène ils, elles mènent
Il mène son chien dehors.
He leads his dog outside.

le mensonge [mahᵪ-SOHᵪZH] m. : lie
Il dit des mensonges!
He tells lies!

le menton [mahᵪ-TOHᵪ] m. : chin

Voici le menton de la poupée.
Here is the doll's chin.

la mer [MEHR] f. : sea
Est-ce qu'il y a beaucoup de poissons dans la mer?
Are there many fish in the sea?

merci [mehr-SEE] : thank you
Quand ma grand-mère me donne un petit gâteau je dis: "Merci."
When my grandmother gives me a cookie I say, "Thank you."

mercredi [mehr-krɇ-DEE] m. : Wednesday
C'est aujourd'hui mercredi—on sert du poulet.
Today is Wednesday—they are serving chicken.

la mère [MEHR] f. : mother
C'est l'anniversaire de ma mère aujourd'hui.
Today is my mother's birthday.

mes   (*see* mon)

mesdames   (*see* madame)

mesdemoiselles   (*see* mademoiselle)

messieurs   (*see* monsieur)

met: il, elle met   (*see* mettre)

le métro [may-TROH] m. : subway
Pour aller au musée nous prenons le métro.
We take the subway to go to the museum.

mets: je (tu) mets   (*see* mettre)

mettent: ils, elles mettent   (*see* mettre)

mettez: vous mettez   (*see* mettre)

mettons: nous mettons   (*see* mettre)

mettre [MEHTR] : to put, to put on; to set

je mets	nous mettons
tu mets	vous mettez
il, elle met	ils, elles mettent

Ma soeur met ses gants.
My sister puts on her gloves.

Ma mère met le couvert.
My mother sets the table.

    mettre une lettre à la poste [meh-trewn-le-tra-la-PUHST] : to mail
Ma soeur met une lettre à la poste.
My sister mails a letter.

midi [mee-DEE] m. : noon
Il est midi. C'est l'heure du déjeuner.
It is noon. It's time for lunch.

mignon [mee-NYOHX] : cute, darling
    mignonne (f.) [mee-NYUHN]
L'oiseau est mignon.
The bird is cute.

milieu: au milieu de [oh-mee-LYEOH-dɛ] : in the middle of
Maman met les bonbons au milieu de la table.
Mom puts the candy in the middle of the table.

mille [MEEL] : thousand
Combien coûte une auto? Mille francs?
How much does a car cost? A thousand francs?

le mille [MEEL] m. : mile
Mon ami demeure un mille d'ici.
My friend lives one mile from here.

le million [mee-LYOHX] m. : million
Combien de disques as-tu? Un million!
How many records do you have? A million!

minuit [mee-NEW/EE] m. : midnight
Il est minuit. Pourquoi ne dors-tu pas?
It is midnight. Why aren't you sleeping?

la minute [mee-NEWT] f. : minute
Combien de minutes y a-t-il dans une heure?
How many minutes are there in an hour?

le miroir [mee-RWAR] m. : mirror
La petite fille se regarde dans le miroir.
The little girl is looking at herself in the mirror.

moi [MWAH] : me, to me
Qui frappe à la porte? C'est moi, Michel.
Who is knocking at the door? It's me, Michael.

    moi-même [mwa-MEHM] : myself   (*see* même)

moins [MWAIN] : less; to (in time expressions)
Nous partons à deux heures moins vingt.
We are leaving at twenty minutes to two.

le mois [MWA] m. : month
Nous avons deux mois de vacances.
We have two months of vacation.

la moitié [mwa-TYAY] f. : half
Donnez-moi la moitié de la poire, s'il vous plaît.
Give me half of the pear, please.

le moment [muh-MAHN] m. : moment
J'entre dans la poste pour un moment.
I am going into the post office for a moment.

mon [MOHN] : my
    ma   (f.) [MA]
    mes   (pl., m., f.) [MEH]
Mon frère est beau.
My brother is handsome.

Ma soeur est jolie.
My sister is pretty.

Mes cousins sont toujours gais.
My cousins are always cheerful.

le monde [MOHND] m. : world
Combien de nations y a-t-il dans le monde?
How many nations are there in the world?

    tout le monde [too-lǝ-MOHND] : everyone, everybody
    (*see* tout)

la monnaie [muh-NAY] f. : change (money)
Le boucher dit: "Voici la monnaie de trente francs."
The butcher says, "Here is the change from 30 francs."

monsieur [muh-SYEOH] m. : Mr., man
     messieurs (pl.) [meh-SYEOH] : men
L'épicier s'appelle monsieur Montand.
The grocer's name is Mr. Montand.

la montagne [mohx-TAN] f. : mountain
Les montagnes près de l'Espagne sont les Pyrénées.
The mountains near Spain are the Pyrenees.

monter [mohx-TAY] : to go up; to ride
Le cerf-volant monte dans le ciel.
The kite goes up into the sky.

Il monte à cheval.
He rides a horse.

Je monte à bicyclette.
I go bicycle riding.

la montre [MOHXTR] f. : watch
Hélas, ma montre ne marche pas.
What a shame, my watch doesn't work.

montrer [mohx-TRAY] : to show
je montre	nous montrons
tu montres	vous montrez
il, elle montre	ils, elles montrent

Montre-moi ton nouveau stylo.
Show me your new pen.

le morceau [muhr-SOH] m. : piece
Je désire un morceau de fromage.
I want a piece of cheese.

mordre [MUHRDR] : to bite
je mords	nous mordons
tu mords	vous mordez
il, elle mord	ils, elles mordent

Les chats ne mordent pas.
Cats do not bite.

mort [MUHR] : dead
     morte (f.) [MUHRT]

Tu pleures? Oui, ma tortue est morte.
You're crying? Yes, my turtle is dead.

le mot [MOH] m. : word
Je pense à un mot qui commence avec la lettre "a".
I'm thinking of a word that begins with the letter "a."

la mouche [MOOSH] f. : fly
Il y a des mouches dans la cuisine!
There are flies in the kitchen!

le mouchoir [moo SHWAR] m. : handkerchief
J'emploie un mouchoir quand j'éternue.
I use a handerchief when I sneeze.

mouillé [moo-YAY] : wet
    mouillée (f.)
Mon cahier tombe dans l'eau. Oh, il est mouillé!
My notebook is falling into the water. Oh, it is wet!

le moustique [moos-TEEK] m. : mosquito
Papa, attrape le moustique! Il va me piquer.
Daddy, catch the mosquito! It's going to bite me.

le mouton [moo-TOHṄ] m. : sheep
Le mouton est dans le champ.
The sheep is in the field.

le mur [MEWR] m. : wall
Il y a une image d'une fusée au mur de ma chambre.
There is a picture of a rocket ship on my bedroom wall.

mûr [MEWR] : ripe
    mûre (f.)
Quand la banane est jaune, elle est mûre.
When the banana is yellow, it is ripe.

le musée [mew-ZAY] m. : museum
Le musée est ouvert de deux heures jusqu'à cinq heures.
The museum is open from 2:00 to 5:00 o'clock.

le musicien [mew-zee-SYAIṄ] m. : musician
Le garçon désire devenir musicien.
The boy wants to become a musician.

la musique [mew-ZEEK]   f. : music
Est-ce que vous savez lire les notes de musique?
Do you know how to read musical notes?

nager [na-ZHAY] : to swim

je nage	nous nageons
tu nages	vous nagez
il, elle nage	ils, elles nagent

Je vais nager en été.
I go swimming in summer.

la nappe [NAP]   f. : tablecloth
Ma tante met la nappe sur la table.
My aunt puts the tablecloth on the table.

la nation [na-SYOHN]   f. : nation
Il y a beaucoup de nations dans le monde.
There are many nations in the world.

    les Nations Unies [na-syohn-zew-NEE] : United Nations
Le bâtiment des Nations Unies est intéressant.
The United Nations building is interesting.

national [na-syoh-NAL] : national
    nationale (f.)
Le quatre juillet est la fête nationale des Etats-Unis.
The Fourth of July is the national holiday of the United States.

ne . . . jamais [nø . . . zha-MEH] : never   (*see* jamais)
Je vais à l'école. Ma soeur ne va jamais à l'école.
I go to school. My sister never goes to school.

ne . . . pas [nø . . . .pa] : not
Je vais à l'école. Mon grand-père ne va pas à l'école.
I go to school. My grandfather does not go to school.

ne . . . plus [nø . . .plew] : no longer
Je vais à l'école.
I go to school.
Mon frère ne va plus à l'école.
My brother no longer goes to school.

né [NAY] : born
    née (f.)
Je suis né le deux mars.
I was born on March 2nd.

la neige [NEHZH] f. : snow
J'aime jouer dans la neige.
I like to play in the snow.

    le bonhomme de neige [buh-nuhm-d∉-NEHZH] : snowman
       (*see* bonhomme)

neige: il neige [eel-NEHZH] : it is snowing
Regardez par la fenêtre. Il neige!
Look out the window. It's snowing!

neiger [neh-ZHAY] : to snow
Il va neiger demain?
Is it going to snow tomorrow?

n'est-ce pas? [nehs-PA] : Isn't that true? Isn't that so? Don't you
    agree? Aren't you? (etc.)
Il fait mauvais, n'est-ce pas?
The weather is bad, isn't it?

Mon professeur est beau, n'est-ce pas?
My teacher is handsome, don't you agree?

nettoyer [neh-twa-YAY] : to clean
    je nettoie   nous nettoyons
    tu nettoies   vous nettoyez
    il, elle nettoie ils, elles nettoient

Tu aides ta mère à nettoyer la maison?
Do you help your mother clean the house?

neuf [NEUHF, NEUHV] : nine
Combien font neuf et deux? [NEUHF]
How much are nine and two?

$$9+2=?$$

J'ai neuf ans. [NEUHV]
I am nine years old.

neuf [NEUHF] : new
    neuve (f.) [NEUHV]

Ma bicyclette est neuve.
My bicycle is new.

le neveu [nǝ-VEOH] m. : nephew
Il est le neveu de monsieur Duval.
He is Mr. Duval's nephew.

le nez [NAY] m. : nose
Le nez de ma poupée est mignon.
My doll's nose is cute.

le nid [NEE] m. : nest
Combien d'oeufs vois-tu dans le nid?
How many eggs do you see in the nest?

la nièce [NYEHS] f. : niece
Elle est la nièce de l'avocat.
She is the lawyer's niece.

N'importe! [naiɲ-PUHRT] : No matter!
Vous n'avez pas de stylo? N'importe. Voici un crayon.
You don't have a pen? No matter! Here is a pencil.

noir [NWAR] : black
    noire (f.)
Je porte mes souliers noirs.
I am wearing my black shoes.

    le tableau noir [ta-bloh-NWAR] : chalkboard, blackboard
    (see tableau)

le nom [NOHɲ] m. : name
Quel est le nom de ce bâtiment?
What is the name of this building?

le nombre [NOHɲBR] m. : number (quantity)
Tu as un grand nombre de livres!   (see numéro)
You have a great number of books!

non [NOHɲ] : no
Lève-toi! Non, je ne veux pas me lever!
Get up! No, I don't want to get up!

le nord [NUHR] m. : north
Quand je vais de Marseille à Paris, je vais vers le nord.

When I go from Marseilles to Paris, I go toward the north.

nos [NOH]   (*see* notre)

la note [NUHT]   f. : mark (in school); musical note
Tu as de bonnes notes?
Do you have good marks?

notre [NUHTR] : our
      nos   (pl., m., f.) [NOH]
Notre maîtresse nous gronde aujourd'hui.
Our teacher is scolding us today.

nous [NOO] : we; us, to us
Nous allons à la plage.
We are going to the beach.

nouveau [noo-VOH] : new
      nouveaux   (pl., m.)
      nouvel   (m. before a vowel) [noo-VEHL]
      nouvelle   (f.) [noo-VEHL]
Regarde ma nouvelle tortue!
Look at my new turtle!

novembre [nuh-VAHNBR]   m. : November
Novembre n'est pas le dernier mois de l'année.
November is not the last month of the year.

le nuage [NEWAZH]   m. : cloud
Le soleil est derrière un nuage.
The sun is behind a cloud.

la nuit [NEW/EE]   f. : night, at night
La nuit on peut voir des étoiles.
At night you can see the stars.

le numéro [new-may-ROH]   m. : number
Quel est votre numéro de téléphone?
What is your telephone number?   (*see* nombre)

le nylon [nee-LOHN]   m. : nylon
Ma soeur porte des bas de nylon.
My sister wears nylon stockings.

O

obéir [oh-bay-EER] : to obey

j'obéis	nous obéissons
tu obéis	vous obéissez
il, elle obéit	ils, elles obéissent

Quand je suis sage, j'obéis à mes parents.
When I am well-behaved, I obey my parents.

occupé [uh-kew-PAY] : busy, occupied
  occupée (f.)

Mon frère est occupé maintenant; il fait ses devoirs.
My brother is busy now; he is doing his homework.

l'océan [uh-say-AHN] m. : ocean

L'océan Atlantique est à l'ouest de la France?
Is the Atlantic Ocean to the west of France?

octobre [uhk-TUHBR] m. : October

Il fait frais en octobre.
It is cool in October.

l'oeil [EUHY] m. : eye
  les yeux [leh-ZYEOH] (pl.)

De quelle couleur sont vos yeux?
What color are your eyes?

l'oeuf [UHF] m. : egg
  les oeufs [les-ZEOH] (pl.)

Maman demande: "Tu veux un oeuf ce matin?"
Mother asks, "Do you want an egg this morning?

l'oignon [uh-NYOHN] m. : onion

Je vais au marché pour acheter des oignons.
I am going to the store to buy some onions.

l'oiseau [wah-ZOH] m. : bird

L'oiseau chante très bien.
The bird sings very well.

l'ombre [OHNBR] f. : shadow

L'ombre danse avec moi.
My shadow dances with me.

99

on [OHⁿ] : one; people; you; we; they; somebody
Quand on regarde par la fenêtre, on voit la Tour Eiffel.
When you look out of the window, you see the Eiffel Tower.

l'oncle [OHⁿKL]   m. : uncle
Mon oncle est le frère de ma mère.
My uncle is my mother's brother.

l'ongle [OHⁿGL]   m. : (finger) nail
J'ai honte. Mes ongles sont sales.
I am ashamed. My fingernails are dirty.

ont: ils, elles ont [OHⁿ]   *(see* avoir)

onze [OHⁿZ] : eleven
Le fermier a onze poulets.
The farmer has eleven chickens.

l'or [UHR]   m. : gold
        en or [ahⁿ-NUHR] : made of gold
Je voudrais avoir une bague en or.
I would like to have a gold ring.

l'orage [uh-RAZH]   m. : storm
Il n'y a pas de classes à cause de l'orage.
There are no classes because of the storm.

orange [uh-RAHⁿZH] : orange
J'ai besoin d'une jupe orange.
I need an orange skirt.

l'orange [uh-RAHⁿZH]   f. : orange
De quelle couleur est l'orange?
What color is the orange?

l'ordinateur [uhr-dee-na-TEUHR]   m. : computer
As tu un ordinateur?
Do you have a computer?

l'oreille [uh-RAY]   f. : ear
Les oreilles du loup sont longues.
The wolf's ears are long.

l'oreiller [uh-ray-YAY]   m. : pillow

Où est l'oreiller de Raoul?
Where is Ralph's pillow?

l'orteil [uhr-TEHY] m. : toe
Le bébé regarde ses orteils.
The baby looks at his toes.

oser [oh-ZAY] : to dare (to)

j'ose	nous osons
tu oses	vous osez
il, elle ose	ils, elles osent

Tu oses me battre?
You dare to hit me?

ôter [oh-TAY] : to take off, to remove

j'ôte	nous ôtons
tu ôtes	vous ôtez
il, elle ôte	ils, elles ôtent

Ôte le chapeau dans la maison.
Take off your hat in the house.

ou [oo] : or
Que désirez-vous, des pêches ou des pommes?
What would you like, peaches or apples?

où [oo] : where
Où sont mes lunettes?
Where are my glasses?

oublier [oo-BLYAY] : to forget

j'oublie	nous oublions
tu oublies	vous oubliez
il, elle oublie	ils, elles oublient

Elle oublie toujours son billet.
She always forgets her ticket.

l'ouest [WEHST] m. : west
Quand je vais de Lyon à Bordeaux, je vais vers l'ouest.
When I go from Lyons to Bordeaux, I go toward the west.

oui [WEE] : yes
Veux-tu des bonbons? Oui, bien sûr!

Do you want some candy? Yes, of course!

l'ours [OORS]   m. : bear
Les ours jouent dans l'eau.
The bears are playing in the water.

ouvert [oo-VEHR] : open
   ouverte (f.) [oo-VEHRT]
La fenêtre est ouverte.
The window is open.

ouvrir [oo-VREER] : to open

j'ouvre	nous ouvrons
tu ouvres	vous ouvrez
il, elle ouvre	ils, elles ouvrent

J'ouvre mon pupitre pour chercher une gomme.
I open my desk to look for an eraser.

P

la page [PAHZH]   f. : page
La carte de la France est à la page dix.
The map of France is on page ten.

le pain [PAIX]   m. : (loaf of) bread
On voit beaucoup de pains dans la boulangerie.
You see many loaves of bread in the bakery.

   le petit pain [ptee-PAIX] : roll
Un petit pain, s'il vous plaît.
A roll, please.

   le pain grillé [paix-gree-YAY] : toast
Ma soeur préfère le pain grillé.
My sister prefers toast.

la paire [PEHR]   f. : pair
Je voudrais acheter une paire de gants.
I would like to buy a pair of gloves.

le palais [pa-LEH]   m. : palace
Le roi arrive au palais.
The king arrives at the palace.

le pamplemousse [pahм-plм-MOOS]   m. : grapefruit
Le pamplemousse n'est pas doux.
The grapefruit is not sweet.

le panier [pa-NYAY]   m. : basket
Il y a des pommes dans le panier.
There are apples in the basket.

le pantalon [pahм-ta-LOHм]   m. : pants, trousers
Le pantalon du garçon est sale.
The boy's pants are dirty.

papa [pa-PA]   m. : Father, Dad, Papa, Daddy
Papa, j'ai peur!
Daddy, I'm afraid!

le papier [pa-PYAY]   m. : paper
Il y a du papier dans mon cahier.
There is some paper in my notebook.

le paquebot [pak-BOH]   m. : steamship, ocean liner
Le paquebot traverse l'océan Atlantique.
The steamship crosses the Atlantic Ocean.

le paquet [pa-KEH]   m. : package
Qu'est-ce qu'il y a dans le paquet?
What's in the package?

par [PAR] : by, through, out of
Mon grand-père regarde par la fenêtre.
My grandfather looks out of the window.

le parachute [pa-ra-SHEWT]   m. : parachute
Est-ce qu'il est dangereux de sauter en parachute?
Is it dangerous to jump with a parachute?

le parapluie [pa-ra-PLEW/EE]   m. : umbrella
N'oublie pas ton parapluie.
Don't forget your umbrella.

le parc [PARK]   m. : park
Le parc est tout près d'ici.
The park is near by.

parce que [pars-k‿] : because
Je ne vais pas au cinéma parce que je n'ai pas d'argent.
I am not going to the movies because I don't have any money.

pardon [par-DOHƝ] : I beg your pardon, pardon me, excuse me,
   forgive me
Pardon! C'est votre sac, n'est-ce pas?
Excuse me! It's your pocketbook, isn't it?

pareil [pa-RAY] : similar, alike
   pareille (f.)
Nos cravates sont pareilles.
Our ties are similar.

les parents [pa-RAHƝ] m. : parents
Mes parents vont au travail le matin.
My parents go to work in the morning.

paresseux [pa-reh-SEOH] : lazy
   paresseuse [pa-reh-SEOHZ] (f.)
Ma maîtresse dit que je suis paresseuse.
My teacher says I am lazy.

parler [par-LAY] : to speak, to talk

je parle	nous parlons
tu parles	vous parlez
il, elle parle	ils, elles parlent

Nous parlons du film à la télévision.
We are talking about the movie on television.

partager [par-ta-ZHAY] : to share

je partage	nous partageons
tu partages	vous partagez
il, elle partage	ils, elles partagent

Partageons le gâteau.
Let's share the cake!

partir [par-TEER] : to leave, to go

je pars	nous partons
tu pars	vous partez
il, elle part	ils, elles partent

Ma tante part à cinq heures.
My aunt is leaving at 5 o'clock.

partout [par-TOO] : all over, everywhere
Je cherche ma montre partout.
I look everywhere for my watch.

pas: ne . . . pas   (*see . . .* pas)

passer [pa-SAY] : to pass, to spend (time)

je passe	nous passons
tu passes	vous passez
il, elle passe	ils, elles passent

Elle passe deux semaines à la campagne.
She spends two weeks in the country.

la pastèque [pas-TEHK] f. : watermelon
La pastèque est un fruit délicieux.
Watermelon is a delicious fruit.

le patin [pa-TAIЙ] m. : skate

    le patin (à glace) [pa-taiɲ-(a-GLAS)] : ice skate

    le patin à roulettes [pa-taiɲ-a-roo-LEHT] : roller skate

Avez-vous des patins à glace ou des patins à roulettes?
Do you have ice skates or roller skates?

patiner [pa-tee-NAY] : to skate

je patine	nous patinons
tu patines	vous patinez
il, elle patine	ils, elles patinent

Allons patiner!
Let's go skating!

la patte [PAT] f. : paw
Le chien a quatre pattes.
The dog has four paws.

pauvre [POHVR] : poor
Ce garçon pauvre n'a pas beaucoup d'argent.
This poor boy does not have much money.

payer [pay-YAY] : to pay, to pay for

  je paye   nous payons
  tu payes   vous payez
  il, elle paye ils, elles payent

Maman paye la viande au boucher.
Mother pays the butcher for the meat.

le pays [pay-EE] m. : country

Quel est le nom du pays à l'est de la France?
What is the name of the country to the east of France? (*see* campagne)

la peau [POH] f. : skin

Le soleil me brûle la peau quand je prends un bain de soleil.
The sun burns my skin when I take a sun bath.

la pêche [PEHSH] f. : peach; fishing

On mange des pêches en été.
People eat peaches in summer.

aller à la pêche [a-lay-a-la-PEHSH] : to go fishing

Nous allons à la pêche.
We are going fishing. (*see* aller)

le peigne [PEHN] m. : comb

Où est mon peigne?
Where is my comb?

se peigner [se-peh-NAY] : to comb (one's hair)

  je me peigne   nous nous peignons
  tu te peignes   vous vous peignez
  il, elle se peigne ils, elles se peignent

Avant de sortir de la maison, je me peigne.
I comb my hair before leaving the house.

peindre [PAINDR] : to paint

  je peins nous peignons
  tu peins vous peignez
  il, elle peint ils, elles peignent

Ma soeur est artiste. Elle aime peindre.
My sister is an artist. She likes to paint.

la pelle [PEHL] f. : shovel

Mon frère joue avec une pelle.
My brother plays with a shovel.

pendant [pahɲ-DAHɲ] : during
Je dors pendant la nuit.
I sleep during the night.

penser [pahɲ-SAY] : to think

je pense	nous pensons
tu penses	vous pensez
il, elle pense	ils, elles pensent

Je pense que je vais chez mon ami. D'accord?
I think I'll go to my friend's house. All right?

perdre [PEHRDR] : to lose

je perds	nous perdons
tu perds	vous perdez
il, elle perd	ils, elles perdent

Jacques perd toujours son chapeau.
Jack always loses his hat.

le père [PEHR] m. : father
Mon père est facteur.
My father is a mailman.

la permission [pehr-mee-SYOHɲ] f. : permission
Tu as la permission d'aller à la campagne?
Do you have permission to go to the country?

le perroquet [peh-ruh-KAY] m. : parrot
Un perroquet est mon animal favori.
My pet is a parrot.

la perruche [peh-REWSH] f. : parakeet
Nous avons deux jolies perruches.
We have two pretty parakeets.

la personne [pehr-SUHN] f. : person
les personnes f., pl. : people
Il y a sept personnes dans ma famille.
There are seven people in my family.

petit [PTEE] : small, little; short
petite (f.) [PTEET]
L'oiseau est petit.
The bird is small.

le petit déjeuner [ptee-day-zheuh-NAY] : breakfast   (*see* déjeuner)

la petite-fille [pteet-FEEY] f. : grand-daughter
Je suis la petite-fille de l'ingénieur.
I am the engineer's grand-daughter.

le petit-fils [ptee-FEES] m. : grandson
Je suis le petit-fils du boucher.
I am the butcher's grandson.

le petit pain [ptee-PAIN] : roll   (*see* pain)

les petits pois [ptee-PWA] m., pl. : peas

un peu [PEOH] : a little
Voulez-vous de la soupe? Un peu, s'il vous plaît.
Do you want any soup? A little, please.

peur: avoir peur [PEUHR] : to be afraid, to be frightened, to fear
Avez-vous peur de l'orage?
Are you afraid of the storm?   (*see* avoir)

peut: il, elle peut   (*see* pouvoir)

peut-être [peoh-TEHTR] : maybe, perhaps
Nous montons à cheval ce matin? Peut-être.
Are we going horseback riding this morning? Maybe.

peuvent: ils, elles peuvent   (*see* pouvoir)

peux: je (tu) peux   (*see* pouvoir)

la pharmacie [far-ma-SEE] f. : pharmacy, drug store
La pharmacie se trouve près du parc.
The pharmacy is located close to the park.

le phono [foh-NOH]   (*see* phonographe)

le phonographe [foh-noh-GRAF] m. : phonograph, record-player
J'ai un nouveau phonographe (phono).
I have a new phonograph.   (*see* tourne-disques)

la photo [fuh-TOH]   f. : photograph, picture
Regarde ma photo! Elle est drôle, n'est-ce pas?
Look at my picture. It's funny, isn't it?

la phrase [FRAZ]   f. : sentence
J'écris une phrase dans mon cahier.
I am writing a sentence in my notebook.

le piano [pya-NOH]   m. : piano
    jouer du piano : to play the piano
Qui joue du piano dans votre famille?
Who plays the piano in your family?

la pièce   [PYEHS]   f. : room
Il y a deux pièces dans notre appartement.
There are two rooms in our apartment.

le pied [PYAY]   m. : foot
    aller à pied [a-lay-a-PYAY]   to walk, to go on foot
Nous allons au musée à pied.
We walk to the museum.

    avoir mal au pied [a-vwar-ma-loh-PYAY] : to have a sore foot
      (*see* avoir)

la pierre [PYEHR]   f. : stone
Il y a beaucoup de pierres dans le terrain de jeux.
There are many stones in the playground.

le pilote (d'avion) [pee-luht-da-VYOHN]   m. : (airplane) pilot
Mon cousin est pilote d'avion.
My cousin is an airplane pilot.

le pique-nique [peek-NEEK]   m. : picnic
    faire un pique-nique [feh-ruhn-peek-NEEK]   (*see* faire)
Nous faisons un pique-nique à la campagne.
We have a picnic in the country.

piquer [pee-KAY] : to bite (insect); to sting
    il, elle pique   ils, elles piquent

Les moustiques aiment me piquer.
The mosquitoes like to bite me.

la piscine [pee-SEEN]   f.   :   swimming pool
J'ai la permission d'aller à la piscine avec vous.
I have permission to go to the pool with you.

le placard [pla-KAR]   m.   :   closet
Le placard est fermé.
The closet is closed.

la place [PLAS]   f.   :   place; seat; setting (table)
Ma cousine met un couteau à chaque place.
My cousin puts a knife at each setting.

Je vais au tableau noir et je retourne à ma place.
I go to the blackboard and I return to my seat.

le plafond [pla-FOHN]   m.   :   ceiling
Le plafond du château est très intéressant.
The ceiling of the chateau is very interesting.

la plage [PLAZH]   f.   :   beach
Nous allons à la plage en été.
We go to the beach in summer.

se plaindre [se-PLAINDR]   :   to complain

je me plains	nous nous plaignons
tu te plains	vous vous plaignez
il, elle se plaint	ils, elles se plaignent

Mon amie dit que je me plains toujours!
My friend says that I always complain!

le plaisir [pleh-ZEER]   m.   :   pleasure
Tu viens avec nous? Avec plaisir!
Are you coming with us? With pleasure!

plaît: s'il vous plaît [seel-voo-PLEH]   :   please
     s'il te plaît (familiar)
Donnez-moi un crayon, s'il vous plaît, monsieur Duval.
Please give me a pencil, Mr. Duval.

Donne-moi un crayon, s'il te plaît, Pierrot.
Please give me a pencil, Petey.

le plancher [plahy-SHAY] m. : floor
Le stylo tombe sur le plancher.
The pen falls to the floor.

la planète [pla-NEHT] f. : planet
Savez-vous les noms de toutes les planètes?
Do you know the names of all the planets?

la plante [PLAHNT] f. : plant
Il y a cinq plantes dans la salle de classe.
There are five plants in the classroom.

plat [PLA] : flat
  plate (f.) [PLAT]
Le champ est plat.
The field is flat.

plein [PLAIN] : full
  pleine [PLEHN] (f.)
La valise est pleine de vêtements.
The valise is full of clothes.

pleurer [pleuh-RAY] : to cry, to weep

je pleure	nous pleurons
tu pleures	vous pleurez
il, elle pleure	ils, elles pleurent

Je pleure quand on me taquine.
I cry when somebody teases me.

pleut: Il pleut [eel-PLEUH] : It is raining. It rains.
Il pleut beaucoup au mois d'avril.
It rains a lot in the month of April.
    (*see* pleuvoir)

pleuvoir [pleuh-VWAR] : to rain
Vous pensez qu'il va pleuvoir?
Do you think it's going to rain?

plus [PLEW] : more, . . . er (comparative of adjectives)
Mon amie est plus grande que moi.
My friend is taller than I.

ne . . . plus   (*see* ne . . . plus)
plus tard : later   (*see* tard)

plusieurs [plew-ZYEUHR] : several
Il y a plusieurs autos sur la route.
There are several cars on the road.

la poche [PUHSH] f. : pocket
J'ai des billes dans la poche.
I have some marbles in my pocket.

la poire [PWAR] f. : pear
Est-ce que la poire est mûre?
Is the pear ripe?

pois: les petits pois : m., pl. : peas   (*see* petit)

le poisson [pwah-SOHX] m. : fish
Il y a beaucoup de poissons dans ce lac.
There are many fish in this lake.

Le poisson rouge [pwah-sohɤ-ROOZH] : goldfish
J'ai cinq poissons rouges.
I have five goldfish.

poli [puh-LEE] : polite
Maman dit: "L'enfant poli ne parle pas la bouche pleine."
Mother says, "A polite child does not speak with a full mouth."

police: **l'agent de police** : policeman   (*see* agent . . .)

la pomme [PUHM] f. : apple
Je mange une pomme tous les jours.
I eat an apple every day.

la pomme de terre [puhm-dɤ-TEHR] f. : potato
Aimez-vous les pommes de terre?
Do you like potatoes?

la pompe à incendie [pohɤ-pa-aiɤ-sahɤ-DEE] f. : fire truck
La pompe à incendie fait beaucoup de bruit.
The fire truck makes a lot of noise.

le pompier [pohṅ-PYAY]   m. : fireman
Le pompier est très fort.
The fireman is very strong.

le pont [POHṄ]   m. : bridge
Où est le pont d'Avignon?
Where is the bridge of Avignon?

la porte [PUHRT]   f. : door
Fermez la porte, s'il vous plaît.
Please close the door.

porter [puhr-TAY] : to carry; to wear

je porte	nous portons
tu portes	vous portez
il, elle porte	ils, elles portent

Il porte ses livres.
He is carrying his books.

Elle porte un chapeau.
She is wearing a hat.

    se porter [sṿ-puhr-TAY] : to be (state of health), to feel
Comment vous portez-vous?
How are you?

la poste : post office   (*see* le bureau de poste)

    le bureau de poste : post office   (*see* le bureau)

    mettre une lettre à la poste : to mail a letter   (*see* mettre)

le poulet [poo-LAY]   m. : chicken
Qu'est-ce qu'on mange ce soir? Du poulet.
What are we eating this evening? Chicken.

la poupée [poo-PAY]   f. : doll
Ma poupée s'appelle Sylvie.
My doll's name is Sylvia.

    la maison de poupée [meh-sohṅ-dṿ-poo-PAY] : dollhouse

pour [POOR] : for, in order to, to
Elle va au magasin pour acheter des bas.
She is going to the store to buy stockings.

le pourboire [poor-BWAR] m. : tip
L'homme laisse un pourboire pour le garçon.
The man leaves a tip for the waiter.

pourquoi [poor-KWAH] : why?
Pourquoi êtes-vous en retard?
Why are you late?

pousser [poo-SAY] : to push; to grow
    je pousse   nous poussons
    tu pousses   vous poussez
    il, elle pousse ils, elles poussent

Il me pousse!
He's pushing me!
Les fleurs poussent dans le jardin.
Flowers are growing in the garden.

pouvez: vous pouvez [poo-VAY]   (*See* pouvoir)

pouvoir [poo-VWAR] : to be able, (can, may)
    je peux   nous pouvons
    tu peux   vous pouvez
    il, elle peut ils, elles peuvent

Je ne peux pas faire mes devoirs. Les leçons sont trop difficiles.
I can't do my homework. The lessons are too difficult.
Puis-je aller à la pêche?
May I go fishing?

pouvons: nous pouvons [poo-VOHƝ]   (*See* pouvoir)

préférer [pray-fay-RAY] : to prefer
    je préfère   nous préférons
    tu préfères   vous préférez
    il, elle préfère ils, elles préfèrent

Preférès-tu la ville ou la campagne?
Do you prefer the city or the country?

premier [prǝ-MYAY] : first
  première (f.) [prǝ-MYEHR]
Le petit déjeuner est le premier repas de la journée.
Breakfast is the first meal of the day.

prend: **il, elle prend** [PRAHṄ]   (*See* prendre)

prendre [PRAHṄDR] : to take; to have (food)

je prends	nous prenons
tu prends	vous prenez
il, elle prend	ils, elles prennent

Nous prenons un bain de soleil à la plage.
We take a sun bath at the beach.

Maman prend un croissant pour le petit déjeuner.
Mom has a croissant for breakfast.

prends: **je (tu) prends** [PRAHṄ]   (*see* prendre)

prenez: **vous prenez** [prɇ-NAY]   (*see* prendre)

prennent: **ils, elles prennent** [PREHN]   (*see* prendre)

prenons: **nous prenons** [prɇ-NOHṄ]   (*see* prendre)

préparer [pray-pa-RAY] : to prepare

je prépare	nous préparons
tu prépares	vous préparez
il, elle prépare	ils, elles préparent

Ma soeur prépare la salade.
My sister prepares the salad.

près de [PREH] : near, close to
Bordeaux est près de l'océan Atlantique.
Bordeaux is near the Atlantic Ocean.

présent [pray-ZAHṄ] : present, here
     présente (f.) [pray-ZAHṄT]
Mon amie Jeanne est présente; mon amie Suzanne est absente.
My friend Joan is present; my friend Susan is absent.

présenter [pray-sahṅ-TAY] : to introduce

je présente	nous présentons
tu présentes	vous présentez
il, elle présente	ils, elles présentent

Je vous présente mon petit-fils.
I would like to introduce my grandson to you.

le président [pray-zee-DAHⅯ] m. : president
Qui est le président de la France?
Who is the president of France?

presque [PREHSK] : almost
Il est presque six heures.
It is almost six o'clock.

prêt [PREH] : ready
    prête (f.) [PREHT]
Es-tu prêt? Nous sommes en retard.
Are you ready? We are late.

prêter [preh-TAY] : to lend
    je prête   nous prêtons
    tu prêtes   vous prêtez
    il, elle prête   ils, elles prêtent

Peux-tu me prêter ta bicyclette?
Can you lend me your bicycle?

prie: je vous en prie : you're welcome   (*see* quoi)

le prince [PRAIⅯS] m. : prince
    la princesse (f.) [praiⅯ-SEHS]
Le prince joue dans le jardin.
The prince is playing in the garden.

le printemps [praiⅯ-TAHⅯ] m. : spring
Au printemps on voit beaucoup de fleurs.
You see a lot of flowers in the spring.

prochain [pro-SHAIⅯ] : next
    prochaine (f.) [proh-SHEHN]
Le professeur dit: "La semaine prochaine nous avons un examen."
The teacher says, "Next week we will have an examination."

le professeur [pruh-feh-SUHR] m. : teacher
Le professeur est dans la salle de classe.
The teacher is in the classroom.

profond [pruh-FOHⅯ] : deep

116

profonde   (f.) [pruh-FOHND]

Est-ce que la piscine est profonde?
Is the pool deep?

promenade: faire une promenade   (*see* faire)

se promener [sø-pruhm-NAY] : to walk, to take a walk

je me promène	nous nous promenons
tu te promènes	vous vous promenez
il, elle se promène	ils, elles se promènent

Elles se promènent dans le parc.
They are walking in the park.

promettre [pruh-MEHTR] : to promise

je promets	nous promettons
tu promets	vous promettez
il, elle promet	ils, elles promettent

Je promets de faire mes devoirs.
I promise to do my homework.

propre [PRUHPR] : clean; own

Mes mains sont propres.
My hands are clean.

Ce n'est pas le livre de ma soeur; c'est mon propre livre.
It is not my sister's book; it is my own book.

puis [PEW/EE] : then

J'écris une lettre; puis, je vais chez mon ami.
I write a letter; then I go to my friend's house.

punir [pew-NEER] : to punish

je punis	nous punissons
tu punis	vous punissez
il, elle punit	ils, elles punissent

Quand je suis méchant, maman me punit.
When I am naughty, Mommy punishes me.

le pupitre [pew-PEETR]   m. : desk (pupil's)   (*see* bureau)

le pyjama [pee-zha-MA]   m. : pajamas

Je mets le pyjama à dix heures du soir.
I put on my pajamas at ten o'clock at night.

Q

quand [KAHꞳ] : when
Je lis un livre quand il pleut.
I read a book when it rains.

quarante [ka-RAHꞳT] : forty
Savez-vous l'histoire des quarante voleurs?
Do you know the story of the forty thieves?

le quart [KAR] m. : quarter
Il est sept heures et quart.
It is a quarter after seven.

quatorze [ka-TUHRZ] : fourteen
Le quatorze juillet est la fête nationale française.
July 14th is the French national holiday.

quatre [KATR] : four
Il y a quatre personnes dans ma famille.
There are four people in my family.

quatre-vingt-dix [ka-trɇ-vaiꞳ-DEES] : ninety
Quelqu'un a quatre-vingt-dix ans?
Somebody is ninety years old?

quatre-vingts [ka-trɇ-VAIꞳ] : eighty
J'ai quatre-vingts billes!
I have eighty marbles!

que [kɇ] : that; which; what; whom

       qu' (before a vowel)
Voici la lettre que j'écris.
Here is the letter that I am writing.

La femme que je vois est ma tante.
The woman whom I see is my aunt.

     Qu'as-tu? [ka-TEꞚ], **Qu'avez-vous?** [ka-vay-VOO] : What's
     the matter?
Qu'as-tu?
What's the matter?

quel [KEHL] : what, which; what a . . . !
    quelle (f.)
Quel drapeau est le drapeau français?
Which flag is the French flag?
Quelle belle robe!
What a beautiful dress!

quelque chose [kehl-k∉-SHOHZ] : something, anything
Est-ce qu'il y a quelque chose dans ce tiroir?
Is there something in this drawer?

quelquefois [kehl-k∉ FWA] : sometimes
Quelquefois je ne suis pas sage.
Sometimes I am not well-behaved.

quelque [KEHL-k∉] : any; some; several
Il y a quelques chaises dans le salon.
There are several chairs in the living room.

quelqu'un [kehl-KUHN̄] : someone, somebody
    quelqu'une (f.) [kehl-KEWN]
Quelqu'un est dans le restaurant.
Somebody is in the restaurant.

la querelle [k∉-REHL] f. : quarrel
Mon père a une querelle quelquefois avec ma mère.
My father sometimes has a quarrel with my mother.

la question [kehs-TYOHN̄] f. : question
Le professeur demande: "Est-ce qu'il y a des questions?"
The teacher asks, "Are there any questions?"

la queue [KEOH] f. : tail
Mon chien remue la queue quand je retourne à la maison.
My dog wags his tail when I return home.

qui [KEE] : who, which
Qui vient chez nous?
Who is coming to visit us?
Je cherche mon stylo qui est sur le tapis.
I am looking for my pen which is on the rug.

quinze [KAI$\cancel{\text{X}}$Z] : fifteen
C'est aujourd'hui le quinze janvier, l'anniversaire de Martin Luther King.
Today is January 15th, the birthday of Martin Luther King.

quitter [kee-TAY] : to leave, to take off

je quitte	nous quittons
tu quittes	vous quittez
il, elle quitte	ils, elles quittent

Nous quittons le musée à cinq heures.
We leave the museum at 5:00 o'clock.

quoi [K$\underline{\text{W}}$A] : what
Quoi? Tu n'as pas la monnaie pour l'autobus?
What? You don't have the change for the bus?

> **il n'y a pas de quoi.** [eel-nee-a-pa-d$\cancel{\text{e}}$-K$\underline{\text{W}}$A] : You're welcome.
> (polite)
> *OR*
> **Je vous en prie.** [zh$\cancel{\text{e}}$-voo-zah$\cancel{\text{n}}$-PREE]
> *OR*
> **De rien.** (*see* de rien)

R

raconter [ra-koh$\cancel{\text{n}}$-TAY] : to tell

je raconte	nous racontons
tu racontes	vous racontez
il, elle raconte	ils, elles racontent

Raconte-moi une histoire, maman.
Tell me a story, Mom.

la radio [ra-DYOH] f. : radio
La radio ne marche pas.
The radio is not working.

le raisin [reh-ZAI$\cancel{\text{N}}$] m. : grape
MMM, nous avons des raisins!
MMM, we have grapes!

raison: avoir raison [reh-ZOH$\cancel{\text{N}}$] : to be right
Grand-mère a toujours raison.
Grandmother is always right. (*see* avoir)

le rang [RAHŃ] m. : row
La maîtresse dit: "Les enfants du premier rang, levez-vous."
The teacher says, "Children in the first row, stand."

rapide [ra-PEED] : rapid, fast
Le chien est rapide quand il court après un chat.
The dog is fast when he runs after a cat.

se rappeler [sø-ra-PLAY] : to remember

je me rappelle	nous nous rappelons
tu te rappelles	vous vous rappelez
il, elle se rappelle	ils, elles se rappellent

Je ne peux pas me rappeler le nom de ce bâtiment.
I cannot remember the name of this building.

le rat [RA] m. : rat
J'ai peur des rats!
I am afraid of rats!

réaction: l'avion à réaction : jet airplane   (*see* avion)

recevoir [rø-sø-VWAR] : to receive, to get

je reçois	nous recevons
tu reçois	vous recevez
il, elle reçoit	ils, elles reçoivent

Je reçois une carte postale de ma soeur.
I receive a postcard from my sister.

le réfrigérateur [ray-free-zhay-ra-TUHR] m. : refrigerator
Le réfrigérateur est dans la cuisine.
The refrigerator is in the kitchen.

regarder [rø-gar-DAY] : to look at, to watch

je regarde	nous regardons
tu regardes	vous regardez
il, elle regarde	ils, elles regardent

J'aime regarder la télévision.
I like to watch television.

se regarder [sǝ-rǝ-gar-DAY] : to look at oneself

je me regarde	nous nous regardons
tu te regardes	vous vous regardez
il, elle se regarde	ils, elles se regardent

Le singe se regarde dans la glace.
The monkey looks at itself in the mirror.

la règle [REHGL] f. : ruler; rule

La règle est longue.
The ruler is long.

Il faut obéir aux règles à l'école et à la maison.
We have to obey the rules at school and at home.

la reine [REHN] f. : queen

La reine est assise près du roi.
The queen is seated near the king.

remplir [rahǝ-PLEER] : to fill

je remplis	nous remplissons
tu remplis	vous remplissez
il, elle remplit	ils, elles remplissent

Etienne remplit la boîte de papier.
Stephen fills the box with paper.

remuer [rǝ-mew-AY] : to move, to shake, to wag

je remue	nous remuons
tu remues	vous remuez
il, elle remue	ils, elles remuent

Elle remue vite ses doigts quand elle joue du piano.
She moves her fingers quickly when she plays the piano.

le renard [rǝ-NAR] m. : fox

Le renard court très vite.
The fox runs very fast.

rencontrer [rahǝ-kohǝ-TRAY] : to meet

je rencontre	nous rencontrons
tu rencontres	vous rencontrez
il, elle rencontre	ils, elles rencontrent

Qui rencontre le petit Chaperon rouge dans la forêt?
Who meets Little Red Riding Hood in the forest?

rendre [RAHⁿDR] : to give back, to return

je rends	nous rendons
tu rends	vous rendez
il, elle rend	ils, elles rendent

Il me rend mes patins à roulettes.
He returns my roller skates.

renverser [rahⁿ-vehr-SAY] : to spill, to overturn

je renverse	nous renversons
tu renverses	vous renversez
il, elle renverse	ils, elles renversent

Le bébé renverse l'assiette.
The baby overturns the plate.

réparer [ray-pa-RAY] : to repair, to fix

je répare	nous réparons
tu répares	vous réparez
il, elle répare	ils, elles réparent

Mon frère répare le phonographe.
My brother is fixing the phonograph.

le repas [rə-PA]   m. : meal
Quel repas préférez-vous?
Which meal do you prefer?

repasser [rə-pa-SAY] : to iron

je repasse	nous repassons
tu repasses	vous repassez
il, elle repasse	ils, elles repassent

Ma mère repasse la chemise de papa avec un fer.
My mother irons Daddy's shirt with an iron.

répéter [ray-pay-TAY] : to repeat

je répète	nous répétons
tu répètes	vous répétez
il, elle répète	ils, elles répètent

Le maître dit: "Répétez après moi."
The teacher says, "Repeat after me."

répondre [ray-POHⁿDR] : to answer, to reply

je réponds	nous répondons
tu réponds	vous répondez
il, elle répond	ils, elles répondent

La petite fille ne peut pas répondre à la question.
The little girl cannot answer the question.

la réponse [ray-POHᴺS] f. : answer
J'écris la réponse correcte dans mon cahier.
I write the correct answer in my notebook.

se reposer [sₑ-rₑ-poh-SAY] : to rest

je me repose	nous nous reposons
tu te reposes	vous vous reposez
il, elle se repose	ils, elles se reposent

L'enfant court. Il ne veut pas se reposer.
The child runs. He does not want to rest.

le restaurant [rehs-tuh-RAHᴺ] m. : restaurant
Le garçon travaille dans ce restaurant.
The waiter works in this restaurant.

(1) **le garçon**:boy; waiter (2) **la serveuse**:waitress (3) **la table**:table (4) **la chaise**:chair (5) **la nappe**:tablecloth (6) **la serviette**:napkin (7) **la fourchette**:fork (8) **le couteau**:(table) knife (9) **la cuiller**:spoon (10) **le verre**:glass (11) **l'assiette**:plate (12) **la salade**:salad (13) **la soucoupe**:saucer (14) **le pain**:bread (15) **le vin**:wine (16) **la viande**:meat (17) **le poulet**:chicken (18) **les légumes**:vegetables (19) **le fromage**:cheese (20) **la glace**:ice cream (21) **le gâteau**:cake (22) **la soupe**:soup

rester [rehs-TAY] : to stay, to remain

je reste ·	nous restons
tu restes	vous restez
il, elle reste	ils, elles restent

Je voudrais rester chez ma grand-mère.
I would like to stay at my grandmother's house.

retard: en retard [ahn-r*-TAR] : late
François arrive en retard à l'école.
Frank comes late to school.

retourner [r*-toor-NAY] : to return, to go back

je retourne	nous retournons
tu retournes	vous retournez
il, elle retourne	ils, elles retournent

Il va au tableau noir et puis il retourne à sa place.
He goes to the blackboard and then he returns to his seat.

réussir [ray-ew-SEER] : to succeed, to be successful

je réussis	nous réussissons
tu réussis	vous réussissez
il, elle réussit	ils, elles réussissent

Il réussit à attraper un poisson.
He succeeds in catching a fish.

le réveil [ray-VAY]   (*see* le réveille-matin)

le réveille-matin [ray-vay-ma-TAIN]   m. : alarm clock

Le réveille-matin sonne trop fort.
The alarm clock rings too loudly.

se réveiller [s*-ray-vay-YAY] : to wake up

je me réveille	nous nous réveillons
tu te réveilles	vous vous réveillez
il, elle se réveille	ils, elles se réveillent

Nous nous réveillons de bonne heure.
We wake up early.

125

rêver [reh-VAY] : to dream

    je rêve   nous rêvons
    tu rêves   vous rêvez
    il, elle rêve ils, elles rêvent

Je rêve d'aller à la lune!
I dream of going to the moon!

revoir [rǝ-VWAR] : to see again

    je revois   nous revoyons
    tu revois   vous revoyez
    il, elle revoit ils, elles revoient

Je vais revoir le film.
I am going to see the film again.

    au revoir [uhr-VWAR] : good-bye   (*see* au revoir)

le rez-de-chaussée [rayd-shoh-SAY] m. : ground floor
Notre appartement est au rez-de-chaussée.
Our apartment is on the ground floor.

le rhume [REWM] m. : cold (illness)
Tu ne peux pas sortir. Tu as un rhume.
You cannot go out. You have a cold.

riche [REESH] : rich, wealthy
La femme riche porte des bijoux.
The rich lady wears jewels.

le rideau [ree-DOH] m. : curtain
    les rideaux (pl.)
Les rideaux dans ma chambre sont trop longs.
The curtains in my room are too long.

rien [RYAIŃ] : nothing, none
Qu'est-ce que tu as dans la poche? Rien!
What do you have in your pocket? Nothing!

    De rien. [dǝ-RYAIŃ] : You're welcome.
Je lui donne une banane. Il dit: "Merci." Je réponds: "De rien."
I give him a banana. He says, "Thanks." I answer, "You're welcome."

rire [REER] : to laugh

je ris	nous rions
tu ris	vous riez
il, elle rit	ils, elles rient

Il rit quand il regarde les ours.
He laughs when he looks at the bears.

la rivière [ree-VYEHR] f. : river
Comment peut-on traverser la rivière?
How can we cross the river?

le riz [REE] m. : rice
Le riz est délicieux.
The rice is delicious.

la robe [RUHB] f. : dress
La robe de ma poupée est sale.
My doll's dress is dirty.

le rocher [ruh-SHAY] m. : rock
Quel grand rocher là-bas!
What a large rock over there!

le roi [RWA] m. : king
Est-ce qu'il y a un roi en France? Non, il y a un président.
Is there a king in France? No, there is a president.

le rôle [ROHL] m. : role, part
Je veux jouer le rôle du prince.
I want to play the part of the prince.

rond [ROHN] : round
     ronde (f.) [ROHND]
L'assiette est ronde.
The plate is round.

le rosbif [ruhz-BEEF] m. : roast beef
Je voudrais un sandwich de rosbif, s'il vous plaît.
I would like a roast beef sandwich, please.

rose [ROHZ] : pink
J'aime porter mon ruban rose dans les cheveux.
I like to wear my pink ribbon in my hair.

la roue [ROO] f. : wheel
Mon oncle répare la roue de ma bicyclette.
My uncle fixes the wheel of my bicycle.

rouge [ROOZH] : red
Les voitures s'arrêtent quand le feu est rouge.
The cars stop when the light is red.

rouler [roo-LAY] : to roll, to go
    je roule   nous roulons
    tu roules   vous roulez
    il, elle roule ils, elles roulent
Le patin à roulettes roule dans la rue.
The roller skate is rolling into the street.

roulettes: le patin à roulettes : roller skate   (*see* patin)

la route [ROOT] f. : road, route, highway
Quel est le nom de cette route?
What's the name of this road?

le ruban [rew-BAHᴺ] m. : ribbon
Elle porte un joli ruban.
She is wearing a pretty ribbon.

la rue [REW] f. : street
Il est dangereux de jouer à la balle dans la rue.
It is dangerous to play ball in the street.

rusé [rew-ZAY] : clever, cunning
    rusée (f.)
Le voleur est rusé; il grimpe sur un arbre.
The thief is clever; he climbs a tree.

S

sa [SA]   (*see* son)

le sable [SABL] m. : sand
A la plage, je m'assieds sur le sable.
At the beach I sit on the sand.

le sac [SAK] m. : bag, sack, purse, handbag, pocketbook
    le sac à main [sa-ka-MAIᴺ] handbag

J'achète un sac à main pour maman.
I am buying a handbag for mother.

sage [SAZH] : well-behaved; wise
Les petites filles sont plus sages que les petits garçons.
Little girls are better behaved than little boys.

Grand-père est sage.
Grandfather is wise.

sain et sauf [saiɴ-ay-SOHF] : safe and sound
Je retourne à la maison sain et sauf.
I come home safe and sound.

sais: je (tu) sais [SEH]   (*see* savoir)

la saison [seh-ZOHɴ] f. : season
Combien de saisons y a-t-il?
How many seasons are there?

sait: il, elle sait [SEH]   (*see* savoir)

la salade [sa-LAD] f. : salad
Ma cousine met la salade au milieu de la table.
My cousin puts the salad in the middle of the table.

sale [SAL] : dirty
Ma chemise est sale!
My shirt is dirty!

la salle [SAL] f. : room

    la salle de classe [sal-dɇ-KLAS] : classroom
La salle de classe est vide.
The classroom is empty.

    la salle à manger [sa-la-mahɴ-ZHAY] : dining room
Maman entre dans la salle à manger.
Mother enters the dining room.

    la salle de bain [sal-dɇ-BAIɴ] : bathroom
La salle de bain est petite.
The bathroom is small.

le salon [sa-LOHɴ] m. : living room
Qui est dans le salon?

Who is in the living room?

samedi [sam-DEE] m. : Saturday
Faisons un pique-nique samedi.
Let's have a picnic Saturday.

le sandwich [sahǹ-DWEESH] m. : sandwich
Tu veux un sandwich ou une salade?
Do you want a sandwich or a salad?

le sang [SAHǸ] m. : blood
J'ai mal au genou. Regarde le sang!
My knee hurts. Look at the blood!

sans [SAHǸ] : without
Je vais à mes classes sans mon ami. Il est malade.
I'm going to class without my friend. He is sick.

la santé [sahǹ-TAY] f. : health
Maman dit: "Les bonbons ne sont pas bons pour la santé."
Mother says, "Candy is not good for your health."

saute-mouton: jouer à saute-mouton [soht-moo-TON] m. : to
   play leapfrog
Nous jouons à saute-mouton.
We play leapfrog.   (*see* jouer)

sauter [soh-TAY] : to jump, to leap
     je saute   nous sautons
     tu sautes   vous sautez
     il, elle saute   ils, elles sautent
Le garçon saute de l'escalier.
The boy jumps from the stairs.

     sauter à la corde [soh-tay-a-la-KUHRD] : jump rope   (*see*
        la corde)

la sauterelle [soh-TREHL] f. : grasshopper
Le garçon essaye d'attraper la sauterelle.
The boy tries to catch the grasshopper.

sauvage [soh-VAZH] : wild
Les animaux sauvages habitent la forêt.
Wild animals live in the forest.

sauver [soh-VAY] : to save, to rescue

je sauve	nous sauvons
tu sauves	vous sauvez
il, elle sauve	ils, elles sauvent

Mon oncle me sauve quand je tombe dans l'eau.
My uncle saves me when I fall into the water.

le savant [sa-VAHN] m. : scientist
   la savante (f.) [sa-VAHNT]

Je voudrais devenir savant.
I would like to become a scientist.

savent: ils, elles savent   (*see* savoir)

savez: vous savez   (*see* savoir)

savoir [sa-VWAR] : to know, to know how to

je sais	nous savons
tu sais	vous savez
il, elle sait	ils, elles savent

Je sais monter à bicyclette.
I know how to ride a bicycle.

le savon [sa-VOHN] m. : soap
N'oublie pas d'employer le savon!
Don't forget to use soap!

savons: nous savons   (*see* savoir)

la science [SYAHNS] f. : science
J'aime aller à ma classe de science.
I like to go to my science class.

se [se] : himself, herself, themselves
Il se lave.
He washes himself.

Elle se peigne.
She combs her hair.

Elles se lèvent à sept heures.
They get up at seven o'clock.

le seau [SOH] m. : pail, bucket
   les seaux (pl.)

Le fermier remplit le seau de lait.
The farmer fills the pail with milk.

sec [SEHK] : dry
    sèche (f.) [SEHSH]
Est-ce que le plancher est sec, maman?
Is the floor dry, Mom?

secours: Au secours! [oh-SKOOR] : Help!
Quand je tombe je crie: "Au secours!"
When I fall I cry, "Help!"

le secret [sǝ-KREH] m. : secret
Dis-moi le secret!
Tell me the secret!

seize [SEHZ] : sixteen
Je dois lire seize pages ce soir!
I have to read sixteen pages this evening!

le sel [SEHL] m. : salt
Passez-moi le sel, s'il vous plaît.
Please pass me the salt.

selon [SLOHN] : according to
Selon mon frère, il va neiger demain.
According to my brother, it is going to snow tomorrow.

la semaine [SMEHN] f. : week
Le calendrier nous montre les sept jours de la semaine.
The calendar shows us the seven days of the week.

sensationnel [sahN-sa-syohN-NEHL] : great, sensational, marvelous,
    wonderful
Tu vas au théâtre? Sensationnel!
You're going to the theater? Marvelous!

le sentier [sahN-TYAY] m. : path
Ce sentier mène au pont.
This path leads to the bridge.

sentir [sahN-TEER] : to smell; to feel

je sens	nous sentons
tu sens	vous sentez
il, elle sent	ils, elles sentent

Le gâteau sent bon.
The cake smells good.

sept [SEHT] : seven
Voilà sept pommes.
There are seven apples.

septembre [sehp-TAHNBR] m. : September
Est-ce qu'on retourne à l'école le premier septembre?
Do we go back to school on the first of September?

sérieux [say-RYEOH] : serious
    sérieuse (f.) [say-RYEOHZ]
On joue un film sérieux au cinéma.
They are playing a serious film at the movies.

le serpent [sehr-PAHN] m. : snake
Est-ce qu'il y a des serpents en France?
Are there any snakes in France?

serrer la main à [seh-RAY] : to shake hands

je serre la main	nous serrons la main
tu serres la main	vous serrez la main
il, elle serre la main	ils, elles serrent la main

Alain, serre la main à ton voisin.
Alan, shake hands with your neighbor.

la serveuse [sehr-VEOHZ] f. : waitress
La serveuse est dans le restaurant.
The waitress is in the restaurant.

la serviette [sehr-VYEHT] f. : napkin; towel; briefcase
Il y a quatre serviettes sur la table.
There are four napkins on the table.

Ma serviette est dans la salle de bain.
My towel is in the bathroom.

Laurent, n'oublie pas ta serviette.
Lawrence, don't forget your briefcase.

servir [sehr-VEER] : to serve

133

je sers   nous servons
tu sers   vous servez
il, elle sert   ils, elles servent

Je sers le dîner à mon chien.
I serve my dog his dinner.

ses   (*see* son)

seul [SEUHL] : only; alone
    seule (f.)
C'est la seule fleur dans le jardin.
It is the only flower in the garden.
Je suis seul dans le salon.
I am alone in the living-room.

seulement [seuhl-MAHN] : only
J'ai seulement un poisson rouge.
I have only one goldfish.

si [SEE] : so
Le bébé mange si lentement!
The baby eats so slowly!

si [SEE] : if, whether
    s' (before il)
Je vais à la fenêtre pour voir s'il pleut.
I am going to the window to see if it is raining.
S'il pleut, je ne peux pas sortir.
If it is raining, I cannot go out.

siffler [see-FLAY] : to whistle
je siffle   nous sifflons
tu siffles   vous sifflez
il, elle siffle ils, elles sifflent

Quand je siffle, mon ami sait que je suis à la porte.
When I whistle, my friend knows that I'm at the door.

silencieux [see-lahn-SYEOH] : quiet, silent
    silencieuse (f.) [see-lahn-SYEOHZ]
La rue dans la ville n'est jamais silencieuse.
The city street is never quiet.

s'il (te) vous plaît   (*see* plaît)

le singe [SAIXZH]   m. : monkey
Le singe mange une banane.
The monkey is eating a banana.

six [SEES, SEEZ, SEE] : six

Combien de crayons avez-vous? Six [SEES]
How many pencils do you have? Six.

Il a six amis. [SEEZ] (before a vowel)
He has six friends.

Il a six clous. [SEE] (before a consonant)
He has six nails. (metal)

le soda [soh-DA]   m. : soda
Je bois du soda.
I am drinking soda.

la soeur [SEUHR]   f. : sister
Ma tante est la soeur de ma mère.
My aunt is my mother's sister.

soif: avoir soif [a-vwar-SWAF] : to be thirsty
Avez-vous soif? Oui, j'ai soif.
Are you thirsty? Yes, I'm thirsty.   (*see* avoir)

avec soin [a-vehk-SWAIX] : with care, carefully
Paul verse l'eau dans le verre avec soin.
Paul pours water into the glass carefully.

le soir [SWAR]   m. : evening, night
Le soir je regarde la télé.
I watch television in the evening.

soixante [swa-SAHXT] : sixty
Il y a soixante minutes dans une heure.
There are sixty minutes in an hour.

soixante-dix [swa-sahxt-DEES] : seventy
La grand-mère de Nanette a soixante-dix ans.
Nancy's grandmother is seventy years old.

le soldat [suhl-DA]   m. : soldier

Mon cousin est soldat.
My cousin is a soldier.

le soleil [suh-LAY]   m. : sun
A quelle heure est-ce que le soleil se lève?
What time does the sun rise?

    le bain de soleil [baiṅ-d suh-LAY] : sunbath
Je prends un bain de soleil sur l'herbe.
I take a sunbath on the grass.

sommeil: avoir sommeil [a-vwar-suh-MAY] : to be sleepy
Qui a sommeil?
Who is sleepy?   (*see* avoir)

sommes: nous sommes [SUHM]   (*see* être)

son [SOHṄ] : his; her; its; one's
    sa (f.) [SA]
    ses (pl., m., f.) [SEH]
Il mène son chien dans la rue.
He is leading his dog into the street.

Regardez sa jolie robe!
Look at her pretty dress!

Ses livres sont lourds.
Her books are heavy.

sonner [suh-NAY] : to ring; to strike (clock)
    je sonne   nous sonnons
    tu sonnes   vous sonnez
    il, elle sonne   ils, elles sonnent
Le téléphone sonne.
The telephone is ringing.

sont: ils, elles sont [SOHṄ]   (*see* être)

la sorte [SUHRT]   f. : sort, kind, type
Quelle sorte de viande est-ce?
What kind of meat is this?

sortir [suhr-TEER] : to go out, to leave
    je sors   nous sortons
    tu sors   vous sortez
    il, elle sort   ils, elles sortent

L'infirmière sort de l'hôpital.
The nurse leaves the hospital.

la soucoupe [soo-KOOP] f. : saucer
La femme met la tasse sur la soucoupe.
The woman puts the cup on the saucer.

le souhait [soo-EH] m. : wish
Quand je me couche je fais un souhait.
When I go to bed I make a wish.

le soulier [soo-LYAY] m. : shoe
Mes souliers sont mouillés.
My shoes are wet.

la soupe [SOOP] f. : soup
Ma soeur sert la soupe à mon frère.
My sister serves soup to my brother.

sourd [SOOR] : deaf
    sourde (f.) [SOORD]
Tu ne m'entends pas? Tu es sourd?
You don't hear me? You're deaf?

sourire [soo-REER] : to smile

je souris	nous sourions
tu souris	vous souriez
il, elle sourit	ils, elles sourient

Tu souris toujours quand je te donne un petit gâteau.
You always smile when I give you a cookie.

la souris [soo-REE] f. : mouse
Il y a des souris dans ce champ.
There are mice in this field.

sous [SOO] : under
La carotte pousse sous la terre.
The carrot grows under the ground.

souvent [soo-VAHᴺ] : often
Je vais souvent en autobus.
I often go by bus.

le sport [SPUHR] m. : sport
Quel est votre sport favori?
What is your favorite sport?

stupide [stew-PEED] : stupid, foolish
Est-ce que l'éléphant est intelligent ou stupide?
Is the elephant intelligent or stupid?

le stylo [stee-LOH] m. : pen
Je laisse toujours mon stylo à la maison.
I always leave my pen at home.

le stylo à bille [stee-loh-a-BEEY] : ballpoint pen
J'écris avec un stylo à bille.
I am writing with a ballpoint pen.

la sucette [sew-SEHT] f. : lollipop
MMM, j'aime la sucette.
MMM, I like the lollipop.

le sucre [SEWKR] m. : sugar
Maman sert le sucre avec le thé.
Mother serves sugar with tea.

le sud [SEWD] m. : south
Marseille est au sud de la France.
Marseilles is in the south of France.

suis: je suis [SEW/EE]   (*see* être)

suite: tout de suite [too-TSEW/EET] : immediately   (*see* tout)

suivre [SEW/EEVR] : to follow

je suis	nous suivons
tu suis	vous suivez
il, elle suit	ils, elles suivent

Les élèves de la classe suivent la maîtresse.
The pupils in the class follow the teacher.

le supermarché [sew-pehr-mar-SHAY]   (*see* marché)

sur [SEWR] : on
La règle est sur le pupitre.
The ruler is on the desk.

sûr [SEWR] : sure, certain
    sûre (f.)
Je suis sûr que le train arrive bientôt.
I am sure that the train will come soon.

    bien sûr [byaiɳ-SEWR] (*see* bien)

la surprise [sewr-PREEZ] f. : surprise
Une surprise pour moi?
A surprise for me?

surtout [sewr-TOO] : above all, especially
J'aime regarder la télévision, surtout le samedi matin.
I like to watch television, especially Saturday mornings.

surveiller [sewr-vay-YAY] : to watch over, to look after
    je surveille   nous surveillons
    tu surveilles   vous surveillez
    il, elle surveille ils, elles surveillent
Le chat surveille les petits (chats).
The cat looks after the kittens.

T

ta [TA] (*see* ton)

la table [TABL] f. : table
La brosse est sur la table.
The brush is on the table.

le tableau [ta-BLOH] m. : chalkboard, picture
    le tableau noir [ta-bloh-NWAR] : blackboard
L'élève écrit au tableau noir.
The pupil writes on the blackboard.

le tablier [ta-BLYAY] m. : apron
Marthe porte un tablier à l'école.
Martha wears an apron at school.

la tache [TASH] f. : spot, stain
Il y a une tache sur le tapis.
There is a stain on the rug.

tacheté [tash-TAY] : spotted
   tachetée (f.)
Ma tortue est tachetée.
My turtle is spotted.

la taille [TAHY] f. : size; waist
Dans un magasin on me demande: "Quelle est votre taille?"
In a store they ask me, "What is your size?"

le tailleur [tah-YEUHR] m. : tailor
Mon voisin est tailleur.
My neighbor is a tailor.

se taire [se-TEHR] : to be quiet

je me tais	nous nous taisons
tu te tais	vous vous taisez
il, elle se tait	ils, elles se taisent

On me dit toujours: "Tais-toi!"

They always tell me, "Be quiet!"

le tambour [tahn-BOOR] m. : drum
Je fais du bruit quand je joue du tambour.
I make noise when I play the drum.

tant [TAHN] : so much, so many
Tant de raisins!
So many grapes!

la tante [TAHNT] f. : aunt
Ma tante est vendeuse.
My aunt is a saleslady.

le tapis [ta-PEE] m. : rug
Le tapis est sur le plancher.
The rug is on the floor.

taquiner [ta-kee-NAY] : to tease

je taquine	nous taquinons
tu taquines	vous taquinez
il, elle taquine	ils, elles taquinent

Mon frère me taquine toujours!
My brother always teases me!

---

tard [TAR] : late
Il est tard. Dépêchons-nous.
It is late. Let's hurry.

   plus tard [plew-TAR] : later
Il est huit heures maintenant. Le facteur arrive plus tard.
It is eight o'clock now. The mailman comes later.

la tarte [TART] f. : pie
Aimez-vous la tarte aux pommes?
Do you like apple pie?

la tartine [tar-TEEN] f. : bread and butter (jam) snack
Je prends une tartine quand je retourne à la maison.
I have a snack (of bread and jam) when I come home.

la tasse [TAS] f. : cup
Je mets la tasse sur la soucoupe.
I put the cup on the saucer.

le taxi [ta-KSEE] m. : taxi
Mon frère conduit un taxi.
My brother drives a taxi.

te [t∂] : you, to you; yourself
Je te donne du lait.
I give you some milk.

Tu te lèves trop tard!
You get up too late!

la télé (*see* télévision)

le téléphone [tay-lay-FUHN] m. : telephone
J'aime parler au téléphone.
I like to talk on the telephone.

le téléviseur [tay-lay-vee-ZEUHR] m. : television set
Le téléviseur ne marche pas.
The television set is not working.

la télévision [tay-lay-vee-ZYOHN] f. : television
   la télé [tay-LAY]
Mon frère et moi, nous regardons la télévision.

141

My brother and I watch television.

l'antenne de télévision   (*see* antenne)

le temps [TAHⁿ]   m. : weather
Quel temps fait-il? Il fait du soleil.
What is the weather? The sun is shining.   (*see* faire)

la tente [TAHⁿT]   f. : tent
Quand je suis à la colonie de vacances je dors dans une tente.
When I am at camp I sleep in a tent.

le terrain de jeux [teh-raiⁿ-dé-ZHEOH]   m. : playground
Nous jouons à la balle au terrain de jeux.
We play ball in the playground.

la terre [TEHR]   f. : earth; ground
Quand l'astronaute est sur la lune, il voit la terre.
When the astronaut is on the moon, he sees the earth.

terrible! [teh-REEBL] : dreadful!
J'ai une mauvaise note. Terrible!
I have a bad mark. Dreadful!

tes   (*see* ton)

la tête [TEHT]   f. : head
Le soldat tourne la tête.
The soldier turns his head.

le thé [TAY]   m. : tea
Tu veux du thé ou du café?
Do you want tea or coffee?

le théâtre [tay-AHTR]   m. : theater
Qu'est-ce qu'on joue au théâtre?
What are they performing at the theater?

Tiens! [TYAIⁿ] : Say! Well!
Tiens! Il commence à neiger.
Say! It's beginning to snow.

le tigre [TEEGR]   m. : tiger
Le tigre est un grand chat sauvage.
The tiger is a big, wild cat.

le timbre [TAIɴBR] m. : stamp (postage)
Je mets un timbre sur l'enveloppe.
I put a stamp on the envelope.

la tirelire [teer-LEER] f. : money box, piggy bank
Je n'ai pas beaucoup d'argent dans ma tirelire.
I do not have much money in my piggy bank.

tirer [tee-RAY] : to pull, to drag

je tire	nous tirons
tu tires	vous tirez
il, elle tire	ils, elles tirent

Il tire un sac de pommes de terre.
He is pulling a bag of potatoes.

le tiroir [tee-RWAR] m. : drawer
Je mets l'appareil dans un tiroir.
I put the camera in a drawer.

toi [TWA] : you, to you
C'est toi, Jacques, qui as mon bâton?
Do you have my stick, Jack?

le toit [TWA] m. : roof
Je regarde la ville du toit de la maison.
I look at the city from the roof of the house.

la tomate [tuh-MAT] f. : tomato
La tomate est rouge quand elle est mûre.
The tomato is red when it is ripe.

tomber [TOHɴ-BAY] : to fall

je tombe	nous tombons
tu tombes	vous tombez
il, elle tombe	ils, elles tombent

Le cerf-volant tombe par terre.
The kite falls to the ground.

ton [TOHɴ] : your
    ta   (f.) [TA]
    tes   (pl., m., f.) [TEH]
Ton cousin est beau.

Your cousin is handsome.

Ta voisine est gentille.
Your neighbor is kind.

Tes parents sont grands.
Your parents are tall.

le tonnerre [tuh-NEHR]   m. : thunder
Après l'éclair on entend le tonnerre.
After the lightning you hear the thunder.

tort: **avoir tort** [a-vwar-TUHR] : to be wrong
Vous dites qu'il fait beau? Vous avez tort; il pleut.
You say that it is good weather? You are wrong; it is raining.   (*see* avoir)

la tortue [tuhr-TEW]   f. : turtle, tortoise
La tortue marche lentement.
The turtle walks slowly.

tôt [TOH] : early
Nous nous levons tôt pour aller en ville.
We get up early to go to the city.

toucher [too-SHAY] : to touch

je touche	nous touchons
tu touches	vous touchez
il, elle touche	ils, elles touchent

"Défense de toucher les fleurs."

"Do not touch the flowers."

toujours [too-ZHOOR] : always, forever
Les feuilles tombent toujours en automne.
The leaves always fall in autumn.

la toupie [too-PEE]   f. : top (toy)
As-tu une toupie?
Do you have a top?

la tour [TOOR]   f. : tower
La Tour Eiffel est très haute.
The Eiffel Tower is very tall.

le tour [TOOR]   m. : turn; trip
Je voudrais faire le tour du monde.

I would like to take a trip around the world.

le tourne-disques [too-rnɇ-DEESK]   m. : record player

Mon tourne-disques marche très bien.
My record player is working well.

tourner [toor-NAY] : to turn

    je tourne   nous tournons
    tu tournes   vous tournez
    il, elle tourne   ils, elles tournent

Je tourne la page du dictionnaire.
I turn the page of the dictionary.

tous   (*see* tout)

tousser [too-SAY] : to cough

    je tousse   nous toussons
    tu tousses   vous toussez
    il, elle tousse   ils, elles toussent

Le bébé tousse. Il a un rhume.
The baby is coughing. He has a cold.

tout [TOO] : all, every

    tous   (pl., m.)
    toute   (f.) [TOOT]

Je mets toutes mes lettres dans un tiroir.
I put all my letters in a drawer.

    tout à coup [too-ta-KOO] : suddenly

Tout à coup le médecin entre.
Suddenly the doctor enters.

    tout à fait [too-ta-FEH] : completely

Mon maillot n'est pas tout à fait sec.
My bathing suit is not completely dry.

    tout à l'heure [too-ta-LEUHR] : in a little while

Tu es prêt? Tout à l'heure.
Are you ready? In a little while.

    tous les jours [too-leh-ZHOOR] : every day   (*see* jour)

    tout le monde [tool-MUHND] : everybody, everyone

Tout le monde aime le samedi soir.

Everyone likes Saturday night.

tout de suite [too-DSEW/EET] : immediately, right away
J'appelle le chien et il vient tout de suite.
I call the dog and he comes immediately.

le train [TRAIN] m. : train
Allons jouer avec mon train électrique.
Let's play with my electric train.

le traîneau [treh-NOH] m. : sled
   les traîneaux (pl.)
Mon chien tire le traîneau.
My dog pulls the sled.

tranquille [trahn-KEEL] : quiet, calm
J'aime aller à la pêche quand l'eau est tranquille.
I like to go fishing when the water is calm.

le travail [tra-VAHY] m. : work
Maman a beaucoup de travail à faire.
Mother has a lot of work to do.

travailler [tra-vah-YAY] : to work
   je travaille   nous travaillons
   tu travailles   vous travaillez
   il, elle travaille ils, elles travaillent
Le fermier travaille dehors.
The farmer works outside.

traverser [tra-vehr-SAY] : to cross
   je traverse   nous traversons
   tu traverses   vous traversez
   il, elle traverse ils, elles traversent
On peut traverser le lac?
Can we cross the lake?

treize [TREHZ] : thirteen
Il y a treize marches dans l'escalier.
There are thirteen steps in the staircase.

trente [TRAHNT] : thirty
Quels mois ont trente jours?

Which months have thirty days?

très [TREH] : very
Le château est très grand.
The castle is very big.

tricoter [tree-kuh-TAY] : to knit

je tricote	nous tricotons
tu tricotes	vous tricotez
il, elle tricote	ils, elles tricotent

J'apprends à tricoter.
I am learning how to knit.

triste [TREEST] : sad
Pourquoi es-tu triste?
Why are you sad?

   C'est triste : That's too bad!   (*see* **dommage**)

trois [TRWA] : three
Il y a trois verres sur la table.
There are three glasses on the table.

tromper [trohŋ-PAY] : to deceive; to cheat

je trompe	nous trompons
tu trompes	vous trompez
il, elle trompe	ils, elles trompent

Dans le film, le voleur trompe l'agent de police.
In the film, the robber deceives the policeman.

trop [TROH] : too (much), too (many)
La petite fille dit: "Cette cuiller est trop grande pour moi!"
The little girl says, "This spoon is too big for me!"

le trottoir [truh-TWAR] m. : sidewalk
Le trottoir est très étroit.
The sidewalk is very narrow.

le trou [TROO] m. : hole
J'ai un trou dans la chaussette.
I have a hole in my sock.

trouver [troo-VAY] : to find; to think

je trouve nous trouvons
tu trouves vous trouvez
il, elle trouve ils, elles trouvent

Où est mon autre gant? Je ne peux pas le trouver.
Where is my other glove? I can't find it.

Tu trouves que l'examen est difficile?
Do you think the examination is difficult?

il, elle se trouve [s~~e~~-TROOV] : is located
ils, elles se trouvent (pl.)

Le bureau de poste se trouve là-bas.
The post office is located over there.

tu [TEW] : you (familiar)

Comment vas-tu?
How are you?

tuer [tew-AY] : to kill

je tue nous tuons
tu tues vous tuez
il, elle tue ils, elles tuent

Maman tue la mouche.
Mother kills the fly.

U

un [UH~~N~~] m. : a, an; one

une [EWN] f. : a, an; one

Un singe est dans l'arbre.
A monkey is in the tree.

Je porte une cravate.
I am wearing a tie.

uni [ew-NEE] : united
unie (f.)

Le garçon habite les Etats Unis.
The boy lives in the United States.

Le bâtiment des Nations Unies se trouve dans la ville de New York.
The United Nations building is located in New York City.

l'université [ew-nee-vehr-see-TAY] f. : university

L'université se trouve dans la vallée.
The university is located in the valley.

l'usine [ew-ZEEN] f. : factory
Mon père travaille à l'usine.
My father works in the factory.

utile [ew-TEEL] : useful
Quelques insectes sont utiles.
Some insects are useful.

V

les vacances [va-KAHⁿS] f., pl. : vacation
    les grandes vacances [grahⁿd-va-KAHⁿS] : summer vacation
Où allez-vous pendant les grandes vacances?
Where are you going during the summer vacation?

vacciner [va-ksee-NAY] : to vaccinate

je vaccine	nous vaccinons
tu vaccines	vous vaccinez
il, elle vaccine	ils, elles vaccinent

J'ai peur quand le médecin me vaccine.
I am afraid when the doctor vaccinates me.

la vache [VASH] f. : cow
La vache est dans le champ.
The cow is in the field.

la vague [VAG] f. : wave
Je vois des vagues à la plage.
I see waves at the beach.

vais: je vais [VEH] (*see* aller)

la vaisselle [veh-SEHL] f. : the dishes
Est-ce que vous lavez la vaisselle chez vous?
Do you wash the dishes at your house?

la valise [va-LEEZ] f. : valise, suitcase
Je mets mes vêtements dans la valise.
I put my clothes in the valise.

la vallée [va-LAY] f. : valley
Il y a beaucoup de fleurs dans la vallée.
There are many flowers in the valley.

la vanille [va-NEEY] f. : vanilla
J'aime la glace à la vanille.
I like vanilla ice cream.

vas: tu vas [VA] *(See* aller)

le vélo m. : bicycle *(See* bicyclette)

le vendeur [vahṅ-DEUHR] m. : salesman, salesperson
   la vendeuse (f.) [vahṅ-DEUHZ] : saleswoman, salesperson
Le vendeur nous montre des chaussures.
The salesman shows us some shoes.

vendre [VAHṄDR] : to sell

je vends	nous vendons
tu vends	vous vendez
il, elle vend	ils, elles vendent

On vend des médicaments dans ce magasin.
They sell medicine in this store.

vendredi [vahṅ-drḁ-DEE] m. : Friday
Qu'est-ce qu'on mange le vendredi? Du poisson!
What do we eat on Friday? Fish!

venez: vous venez [vḁ-NAY] *(See* venir)

venir [vḁ-NEER] : to come, to arrive

je viens	nous venons
tu viens	vous venez
il, elle vient	ils, elles viennent

Mon père vient du travail à six heures.
My father comes from work at 6:00 o'clock.

venir de [vḁ-NEER-dḁ] : to have just
Je viens de faire un voyage en avion.
I have just taken an airplane trip.

venons: nous venons [vḁ-NOHṄ] *(See* venir)

le vent [VAHṄ] m. : wind

Il fait du vent et je perds mon chapeau.
It is windy and I lose my hat.   (*See* faire)

le ventilateur [vahṅ-tee-la-TEUHR] m. : fan
Nous employons le ventilateur quand il fait chaud.
We use the fan when it is hot.

ventre: avoir mal au ventre [a-vwar-ma-loh-VAHṄTR] : to have a
  stomachache
As-tu mal au ventre?
Do you have a stomachache?   (*see* avoir)

le ver [VEHR] m. : worm
Il y a un ver dans la pomme.
There's a worm in the apple.

le verre [VEHR] m. : glass
Je mets le verre sur la table avec soin.
I put the glass on the table carefully.

  en verre [ahṅ-VEHR] : made of glass
Mes lunettes sont en verre.
My glasses are made of glass.

vers [VEHR] : toward
Nous allons ver l'hôtel.
We are going toward the hotel

verser [vehr-SAY] : to pour
    je verse   nous versons
    tu verses   vous versez
    il, elle verse ils, elles versent

Marguerite verse le café dans une tasse.
Margaret pours coffee into a cup.

vert [VEHR] : green
  verte (f.) [VEHRT]
Quand la banane n'est pas mûre, elle est verte.
When the banana is not ripe, it is green.

la veste [VEHST] f. : jacket
Mon grand-père porte un pantalon et une veste.
My grandfather wears pants and a jacket.

les vêtements [veht-MAHX̧] m., pl. : clothes, clothing
Mes vêtements sont sur le lit.
My clothes are on the bed.

(1) **le pantalon**:pants (2) **la jupe**:skirt (3) **la robe**:dress (4) **les bas**:stockings (5) **la chaussette**:
sock (6) **la botte**:boot (7) **le soulier**:shoe (8) **le chapeau**:hat (9) **le gant**:glove (10) **le complet**:
suit (11) **la chemise**:shirt (12) **la cravate**:tie (13) **l'imperméable**:raincoat (14) **la ceinture**:belt

veulent: ils, elles veulent   (*see* vouloir)

veut: il, elle veut   (*see* vouloir)

veux: je (tu) veux   (*see* vouloir)

la viande [VYAHX̧D] f. : meat
La femme va à la boucherie pour acheter de la viande.
The woman goes to the butcher shop to buy meat.

vide [VEED] : empty
Le tiroir est vide.
The drawer is empty.

vieil   (*see* vieux)

vieille   (*see* vieux)

viennent: ils, elles viennent (*see* venir)

viens: je (tu) viens (*see* venir)

vient: il, elle vient (*see* venir)

vieux [VYEOH] : old
  vieille (f.) [VYAY]
  vieil (m., before a vowel) [VYAY]
Le livre est vieux et la montre est vieille.
The book is old and the watch is old.

le village [vee-LAZH] m. : village
Mon cousin habite un village à la campagne.
My cousin lives in a village in the country.

la ville [VEEL] f. : city
La ville de Paris est grande.
The city of Paris is big.

le vin [VAIⁿ] m. : wine
Le garçon apporte le vin.
The waiter brings the wine.

vingt [VAIⁿ] : twenty
Dix et dix font vingt.
Ten and ten are twenty.

violet [vyoh-LEH] : violet, purple
  violette (f.) [vyoh-LEHT]
Est-ce qu'il y a des fleurs violettes?
Are there any purple flowers?

le violon [vyoh-LOHⁿ] m. : violin
Le musicien joue du violon.
The musician plays the violin.

visiter [vee-zee-TAY] : to visit
  je visite   nous visitons
  tu visites   vous visitez
  il, elle visite ils, elles visitent
Mes parents visitent ma colonie de vacances.
My parents visit my camp.

vite [VEET] : fast, quickly
Mon frère marche trop vite.
My brother walks too fast.

la vitrine [vee-TREEN] f. : store window
Nous allons regarder les choses dans les vitrines.
We are going to look at the things in the store windows.

vivre [VEEVR] : to live

je vis	nous vivons
tu vis	vous vivez
il, elle vit	ils, elles vivent

Est-ce que des animaux sauvages vivent dans cette forêt?
Do any wild animals live in this forest?

voici [vwa-SEE] : here is, here are
Voici ma toupie.
Here is my top. (toy)

voient: ils, elles voient   (*see* voir)

voilà [vwa-LA] : there is, there are
Voilà le poisson dans l'eau.
There is the fish in the water.

voir [VWAR] : to see

je vois	nous voyons
tu vois	vous voyez
il, elle voit	ils, elles voient

Je vois l'avion dans le ciel.
I see the airplane in the sky.

vois: je (tu) vois   (*see* voir)

le voisin [vwa-ZAIᴺ] m. : neighbor
      la voisine (f.) [vwa-ZEEN]
Mon voisin Bernard demeure près de moi.
My neighbor Bernard lives near me.

voit: il, elle voit   (*see* voir)

la voiture [vwa-TEWR] f. : car, automobile; baby carriage
La voiture est dans le garage.
The car is in the garage.

la voix [VWA] f. : voice
La voix de ma tante est douce.
My aunt's voice is sweet.

> **à haute voix** : in a loud voice, aloud   (*see* haut)
> **à voix basse** : in a low voice   (*see* bas)

voler [vuh-LAY] : to fly; to steal

je vole	nous volons
tu voles	vous volez
il, elle vole	ils, elles volent

Le pilote d'avion vole dans l'avion.
The airplane pilot flies in the airplane.

Qui vient de voler ma cuiller?
Who has just stolen my spoon?

le voleur [vuh-LEUHR] m. : thief, robber, burglar
On cherche le voleur à la banque.
They are looking for the thief at the bank.

vos   (*see* votre)

votre [VUHTR] : your
> **vos** (pl.) [VOH]

Où est votre magnétophone?
Where is your tape recorder?

Où sont vos timbres?
Where are your stamps?

je voudrais [voo-DREH] : I would like . . .

> **il, elle voudrait** [voo-DREH] : He would like, She would
> like . . .

> **ils, elles voudraient** : They would like . . .

Je voudrais faire une promenade.
I would like to take a walk.

Elle voudrait faire des emplettes.
She would like to go shopping.

voulez: vous voulez [voo-LAY]   (*see* vouloir)

vouloir [voo-LWAR] : to want, to wish

    je veux   nous voulons
    tu veux   vous voulez
    il, elle veut   ils, elles veulent

Le bébé pleure parce qu'il veut son jouet.
The baby is crying because he wants his toy.

    vouloir dire : to mean   (*see* dire)

voulons: nous voulons [voo-LOHN]   (*see* vouloir)

vous [VOO] : you, to you; yourself
Comment allez-vous?
How are you?

Je vous donne un billet.
I am giving you a ticket.

le voyage [vwa-YAZH] m. : trip

    faire un voyage [feh-ruhn-vwa-YAZH] : to take a trip
Nous faisons un voyage au château.
We are taking a trip to the castle.   (*see* faire)

voyager [vwa-ya-ZHAY] : to travel

    je voyage   nous voyageons
    tu voyages   vous voyagez
    il, elle voyage ils, elles voyagent

Vous voyagez en auto ou en avion?
Are you traveling by car or by airplane?

le voyageur [vwa-ya-ZHEUHR] m. : traveler
Le voyageur est fatigué.
The traveler is tired.

voyez: vous voyez [vwa-YAY]   (*see* voir)

voyons: nous voyons [vwa-YOHN]   (*see* voir)

vrai [VREH] : true

    vraie (f.)
C'est une histoire vraie!
It's a true story!

vraiment [vreh-MAHꞐ] : really
Tu sais que je voudrais devenir astronaute? Vraiment!
Do you know that I would like to become an astronaut? Really!

W

le wagon [va-GOHꞐ] m. : car (railroad)
Ce train a cinq wagons.
This train has five cars.

Y

y: il y a [eel-YA] there is, there are   (*see* avoir)

les yeux [leh-ZYEOH] eyes   (*see* oeil)

Z

le zèbre [ZEHBR] m. : zebra
Est-ce un zèbre ou un cheval?
Is it a zebra or a horse?

le zéro [zay-ROH] m. : zero
Il y a un zéro dans le numéro dix.
There is a zero in the number ten.

le zoo [ZOH] m. : zoo
J'aime regarder les tigres au zoo.
I like to watch the tigers at the zoo.

zoologique: le jardin zoologique : zoo   (*see* jardin)

Anglais-Français
(English-French)

a : un [uh)̸Ꭻ̸] m.
A monkey is in the tree.
Un singe est dans l'arbre.

    une [ᴇᴡ-n] f.
I am wearing a tie.
Je porte une cravate.

above all : surtout [sewr-TOO]
I like to watch television, Saturday mornings above all.
J'aime regardrer la television, surtout le samedi matin.

absent : absent [ab-SAH)̸Ꭻ̸]
    absente f. [ab-SAH)̸ᴛ
George is absent today.
Georges est absent aujourd'hui.

according to : selon [SLOH)̸Ꭻ̸]
According to my brother, it is going to snow tomorrow.
Selon mon frère, il va neiger demain.

actor : l'acteur [ak-TEUHR] m.
    actress : l'actrice f. [ak-TREES]
The actor is handsome.
L'acteur est beau.

addition : l'addition [a-dee-SYOH)̸Ꭻ̸] f.

address : l'adresse [a-DREHS] f.
What is your address?
Quelle est votre adresse?

adventure : l'aventure [a-VAH)̸-tᴇᴡr] f.
I like to read the adventures of Astérix.
J'aime lire les aventures d'Astérix.

aerial : l'antenne de télévision [ah)̸-tehn-d)̸-tay-lay-vee-ZYOH)̸Ꭻ̸] f.
Television antennas are on the roof of the building.
Les antennes de télévision sont sur le toit du bâtiment.

to be afraid of : avoir peur de

after : après [a-PREH]
September is the month after August.
Septembre est le mois après août.

afternoon : l'après-midi [a-preh-mee-DEE] m.
It is 2:00 o'clock in the afternoon.
Il est deux heures de l'après-midi.

again : encore [ahŋ-KUHR]
Read the letter once again.
Lisez la lettre encore une fois.

against : contre [KOHŋTR]
Henry puts the mirror against the wall.
Henri met le miroir contre le mur.

age (used in exp. with "How old . . . ?") : l'âge [AHZH] m.
How old are you? I am eight (years old).
Quel âge as-tu? J'ai huit ans.

Don't you agree? : n'est-ce pas?

agreed : d'accord

agreed! : accord: d'accord! [da-KUHR] interj.
Do you want to play with me? O.K.!
Veux-tu jouer avec moi? D'accord!

aid : aider [eh-DAY]

j'aide	nous aidons
tu aides	vous aidez
il, elle aide	ils, elles aident

John helps his sister carry the books.
Jean aide sa soeur à porter les livres.

air : l'air [EHR] m.
The tiger has a ferocious look.
Le tigre a l'air féroce.

(airline) steward/ess (flight attendant) : l'hôte/sse (de l'air)
    [loh-tehs-dé-LEHR] f.   l'hôte m.
The flight attendant serves us a good meal.
L'hôtesse de l'air nous sert un bon repas.

by airplane : en avion

(airplane) pilot : le pilote (d'avion) [pee-luht-da-VYOHŋ] m.
My cousin is an airplane pilot.
Mon cousin est pilote (d'avion).

airplane : l'avion
    jet airplane : l'avion à réaction

airport : l'aéroport [a-ay-ruh-PUHR] m.
There are so many airplanes at the airport!
Il y a tant d'avions à l'aéroport!

alarm clock : le réveille-matin [ray-vay-ma-TAIN]   m.
The alarm clock rings too loudly.
Le réveille-matin sonne trop fort.

Alas!—What a pity! : Hélas! [ay-LAHS]
What a pity! You can't come with me.
Hélas! Tu ne peux pas venir avec moi.

alike (similar) : pareil [pa-RAY]
    pareille   (f.)
Our ties are similar.
Nos cravates sont pareilles.

all : tout [TOO]

    all over (everywhere) : partout [par-TOO]

I look everywhere for my watch.
Je cherche ma montre partout.

    all right (okay) : d'accord! [da-KUHR]

Do you want to play with me? O.K.!
Veux-tu jouer avec moi? D'accord!

almost : presque [PREHSK]
It is almost six o'clock.
Il est presque six heures.

alone : seul [SEUHL]
    seule   (f.)
I am alone in the living room.
Je suis seul dans le salon.

aloud : à haute voix [a-oht-VWA]

alphabet : l'alphabet [al-fa-BEH] m.
There are twenty-six letters in the French alphabet?
Il y a vingt-six lettres dans l'alphabet français?

already : déjà [day-ZHA]

also (too) : aussi [oh-SEE]
I want some candy too!
Moi aussi, je veux des bonbons!

always (forever) : toujours [too-ZHOOR]
The leaves always fall in autumn.
Les feuilles tombent toujours en automne.

ambulance : l'ambulance [ahy-bew-LAHys] f.
The ambulance is going to the hospital.
L'ambulance va à l'hôpital.

American : américain [a-may-ree-KAIy]
    américaine [a-may-ree-KEHN]   (f.)
It's an American airplane.
C'est un avion américain.

amusing : amusant [a-mew-ZAHy]

an : un [UHy]   m.
    une [EWN]   f.
I am wearing a tie.
Je porte une cravate.

and : et [AY]
Andrew and his friend are playing together.
André et son ami jouent ensemble.

angry : fâché [fah-SHAY]

animal : la bête [BEHT]   f.
The lion is a wild animal.
Le lion est une bête sauvage.

animal : l'animal [a-nee-MAL] m.
    les animaux [a-nee-MOH]   (pl.)
The animals are in the forest.
Les animaux sont dans la forêt.

    pet : l'animal favori

anniversary (birthday) : l'anniversaire [a-nee-vehr-SEHR] m.

Happy birthday! How old are you?
Joyeux anniversaire! Quel âge as-tu?

annoyed : ennuyé [ahn-new/ee-YAY]
    ennuyée (f.)

Mother is annoyed when I make too much noise.
Maman est ennuyée quand je fais trop de bruit.

another : autre [OHTR]
Here is another pencil.
Voici un autre crayon.

    other : l'autre [OHTR] m., f.
Here is my handkerchief. The others are on the bed.
Voici mon mouchoir. Les autres sont sur le lit.

answer : la réponse [ray-POHNS] f.
I write the correct answer in my notebook.
J'écris la réponse correcte dans mon cahier.

answer : répondre [ray-POHNDR]
    je réponds   nous répondons
    tu réponds   vous répondez
    il, elle répond   ils, elles répondent

The little girl cannot answer the question.
La petite fille ne peut pas répondre à la question.

ant : la fourmi [foor-MEE] f.
The ant is very small.
La fourmi est très petite.

any : quelque [KEHL-kє]

any (also shows possession) : de [dє]
    du [DEW] (m.) *(contraction of* de + le)
    de la (f.) [dє-LA]
    des [DAY] (pl.) *(contraction of* de + les)

anything : quelque chose [kehl-k*ɇ*-SHOHZ]

apartment : l'appartement [a-par-t*ɇ*-MAH*N*] m.
My apartment is on the third floor.
Mon appartement est au deuxième étage.

appearance (look) : l'air [EHR] m.
The tiger has a ferocious look.
Le tigre a l'air féroce.

appetite : l'appétit [a-pay-TEE] m.
Hearty appetite! (Enjoy your meal!)
Bon appétit!

apple : la pomme [PUHM] f.
I eat an apple every day.
Je mange une pomme tous les jours.

apricot : l'abricot [a-bree-KOH] m.
The apricot is delicious.
L'abricot est délicieux.

April : avril [a-VREEL] m.
It rains a lot in April.
Il pleut beaucoup en avril.

apron : le tablier [ta-BLYAY] m.
Martha wears an apron at school.
Marthe porte un tablier à l'école.

aquarium (fish tank) : l'aquarium [a-kWa-RYUHM] m.
There are some goldfish in the fish tank.
Il y a des poissons rouges dans l'aquarium.

arm : le bras [BRA] m.
The man has a sore arm.
L'homme a mal au bras.

armchair : le fauteuil [foh-TUHY] m.
I like to sit in the armchair.
J'aime m'asseoir dans le fauteuil.

army : l'armée [ar-MAY] f.
Soldiers are in the army.
Les soldats sont dans l'armée.

around : autour de [oh-TOOR]
I would like to take a trip around the world.
Je voudrais faire un voyage autour du monde.

arrange : arranger [a-rahń-ZHAY]

j'arrange	nous arrangeons
tu arranges	vous arrangez
il, elle arrange	ils, elles arrangent

The teacher arranges his papers.
Le professeur arrange ses papiers.

arrest : arrêter [a-reh-TAY]

j'arrête	nous arrêtons
tu arrêtes	vous arrêtez
il, elle arrête	ils, elles arrêtent

The policeman arrests the man.
L'agent arrête l'homme.

arrive : arriver [a-ree-VAY]

j'arrive	nous arrivons
tu arrives	vous arrivez
il, elle arrive	ils, elles arrivent

The postman arrives at ten o'clock.
Le facteur arrive à dix heures.

arrive : venir [vǿ-NEER]

je viens	nous venons
tu viens	vous venez
il, elle vient	ils, elles viennent

artist : l'artiste [ar-TEEST] m.
My brother is an artist.
Mon frère est artiste.

as : comme [KUHM]

to be ashamed : avoir houte

ask : demander [dǿ-mahń-DAY]

je demande	nous demandons
tu demandes	vous demandez
il, elle demande	ils, elles demandent

I ask Father: "May I go to the fair?"
Je demande à Papa: "Je peux aller à la foire?"

astronaut : l'astronaute [a-struh-NUHT] m.
The astronaut takes a trip in a rocket ship.
L'astronaute fait un voyage en fusée.

at : à [A]
   at night : la nuit [NEW/EE] f.
At night you can see the stars.
La nuit on peut voir des étoiles.

attend : assister [a-sees-TAY]
   j'assiste   nous assistons
   tu assistes   vous assistez
   il, elle assiste   ils, elles assistent
We attend a soccer game.
Nous assistons à un jeu de football.

at the side of : côté: à côté de [a-koh-TAY-d∉]
August : août [OO] m.
In August it is hot.
En août il fait chaud.

aunt : la tante [TAHꞏT] f.
My aunt is a saleslady.
Ma tante est vendeuse.

auto(mobile) : l'auto [uh-TOH] f.
The car goes along the road.
L'auto roule sur la route.

automobile (car) : la voiture [vwa-TEWR] f.
The car is in the garage.
La voiture est dans le garage.

autumn : l'automne [oh-TUHN] m.
In autumn it is cool.
En automne il fait frais.

avenue : l'avenue [av-NEW] f.
The Avenue des Champs-Elysées is in Paris.
L'Avenue des Champs-Elysées est à Paris.

B

baby : le bébé [bay-BAY]   m.
Mary plays with the baby.
Marie joue avec le bébé.

baby carriage : la voiture [vWa-TEWR]   f.

back : le dos [DOH]   m.
Is it Robert? I don't know. I see only his back.
C'est Robert? Je ne sais pas. Je vois seulement le dos.

    to give back : rendre

bad : mauvais [moh-VEH]
    mauvaise   (f.) [moh-VEHZ]
The weather is bad today.
Il fait mauvais aujourd'hui.

    that's too bad : c'est dommage!, c'est triste!

bag : le sac [SAK]   m.

baggage : les bagages [ba-GAZH]   m., pl.
The baggage is ready for the trip.
Les bagages sont prêts pour le voyage.

baker : le boulanger [boo-lahy(-ZHAY]   m.
The baker makes bread.
Le boulanger fait le pain.

    bakery : la boulangerie [boo-lahy(-ZHREE]   f.
You go to the bakery to buy bread.
On va à la boulangerie pour acheter du pain.

ball : la balle [BAL]   f.
The ball is round.
La balle est ronde.

    to play ball : jouer à la balle

balloon : le ballon [ba-LOHY]   m.
"Oh! I'm losing my balloon," cries the little girl.
"Oh! Je perds mon ballon," crie la petite fille.

ballpoint pen : le stylo à bille

banana : la banane [ba-NAN] f.
The banana is ripe when it is yellow.
La banane est mûre quand elle est jaune.

bank : la banque [BAHNK] f.
Do you have any money in the bank?
Avez-vous de l'argent à la banque?

baseball : le base-ball [behs-BUHL] m.
My cousin plays baseball.
Mon cousin joue au base-ball.

basement (cellar) : la cave [KAV] f.
There are several packages in the cellar.
Il y a plusieurs paquets dans la cave.

basket : le panier [pa-NYAY] m.
There are apples in the basket.
Il y a des pommes dans le panier.

basketball : le basket-ball [bas-keht-BUHL] m.
My friend plays basketball.
Mon camarade joue au basket-ball.

bath : le bain [BAIN] m.
Mother is giving the baby a bath.
Maman donne un bain à l'enfant.

    bathroom : la salle de bain
    sunbath : le bain de soleil
    bathing suit : le maillot [ma-YOH] m.
Do you like my new bathing suit?
Tu aimes mon nouveau maillot?

bathroom : la salle de bain
    bathroom sink : le lavabo [la-va-BOH] m.
The washstand is in the bathroom.
Le lavabo est dans la salle de bain.

be : être [EHTR]

je suis	nous sommes
tu es	vous êtes
il, elle est	ils, elles sont

Dad, where are we?
Papa, où sommes-nous?

be able (can) : pouvoir [poo-VWAR]

je peux	nous pouvons
tu peux	vous pouvez
il, elle peut	ils, elles peuvent

I can't do my homework. The lessons are too difficult.
Je ne peux pas faire mes devoirs. Les leçons sont trop difficiles.

beach : la plage [PLAZH]   f.
We go to the beach in summer.
Nous allons à la plage en été.

be acquainted with (know) : connaître [kuh-NEHTR]

je connais	nous connaissons
tu connais	vous connaissez
il, elle connaît	ils, elles connaissent

Do you know my teacher?
Connais-tu mon maître?

be afraid : peur: avoir peur [PEUHR]
Are you afraid of the storm?
Avez-vous peur de l'orage?

beak : le bec [BEHK]   m.
The bird has a yellow beak.
L'oiseau a un bec jaune.

bear : l'ours [OORS]   m.
The bears are playing in the water.
Les ours jouent dans l'eau.

beard : la barbe [BARB]   f.
My brother, who is at the university, has a beard.
Mon frère, qui est à l'université, a une barbe.

be ashamed : honte: avoir honte [OHNT]
He is ashamed because he is naughty.
Il a honte parce qu'il est méchant.

beast (animal) : la bête [BEHT]   f.
The lion is a wild animal.
Le lion est une bête sauvage.

beautiful : beau [BOH]

be called (name) : s'appeler [sa-PLAY]

je m'appelle	nous nous appelons
tu t'appelles	vous vous appelez
il, elle s'appelle	ils, elles s'appellent

What is your name? My name is Henry.
Comment vous appelez-vous? Je m'appelle Henri.

be careful! : attention! [a-tahⁿ-SYOHⁿ] f.
The teacher says, "Be careful!"
Le professeur dit: "Attention!"

    Pay attention! : Faites attention! [feh-tza-tahⁿ-SYOHⁿ]

because : parce que [pars-ke]
I am not going to the movies because I don't have any money.
Je ne vais pas au cinéma parce que je n'ai pas d'argent.

because of : cause: à cause de [a-KOHZ-de]
I have to stay home because of the snow.
Je dois rester à la maison à cause de la neige.

become : devenir [dev-NEER]

je deviens	nous devenons
tu deviens	vous devenez
il, elle devient	ils, elles deviennent

He would like to become a doctor.
Il voudrait devenir médecin.

bed : le lit [LEE] m.
The cat is in my bed.
Le chat est dans mon lit.

    to go to bed : se coucher

    bedroom : la chambre [SHAHⁿBR] f.
This apartment has three bedrooms.
Cet appartement a trois chambres.

bee : l'abeille [a-BAY] f.
The bee likes the flower.
L'abeille aime la fleur.

beefsteak : le bifteck [beef-TEHK]   m.
The steak is good.
Le bifteck est bon.

before : avant [a-VAHN]
The teacher arrives before the students.
Le professeur arrive avant les étudiants.

be frightened : peur: avoir peur [PEUHR]
Are you afraid of the storm?
Avez-vous peur de l'orage?

begin : commencer [kuh-mahN-SAY]

je commence	nous commençons
tu commences	vous commencez
il, elle commence	ils, elles commencent

The French class begins at 9 o'clock.
La classe de français commence à 9 heures.

behave : se conduire

behind : arrière : en arrière de [ahN-na-RYEHR]
One boy is behind the others.
Un garçon est en arrière des autres.

behind : derrière [deh-RYEHR]
Carolyn is behind the chair.
Caroline est derrière la chaise.

be hungry : faim: avoir faim [a-vwar-FAIN]
Are you hungry? Yes, I'm hungry.
Avez-vous faim? Oui, j'ai faim.

believe : croire [KRWAR]

je crois	nous croyons
tu crois	vous croyez
il, elle croit	ils, elles croient

I believe I can go to the movies.
Je crois que je peux aller au cinéma.

bell : la cloche [KLUHSH]   f.
The bell rings at noon.
A midi la cloche sonne.

    door bell : le bouton

belt : la ceinture [sain-TEWR]   f.
Well! You're wearing a new belt!
Tiens! Tu portes une nouvelle ceinture!

be quiet : se taire [sǝ-TEHR]
    je me tais   nous nous taisons
    tu te tais   vous vous taisez
    il, elle se tait   ils, elles se taisent
They always tell me, "Be quiet!"
On me dit toujours: "Tais-toi!"

be right : raison: avoir raison [reh-ZOHN]
Grandmother is always right.
Grand-mère a toujours raison.

be sleepy : sommeil: avoir sommeil [a-vwar-suh-MAY]
Who is sleepy?
Qui a sommeil?

be successful : réussir [ray-ew-SEER]
    je réussis   nous réussissons
    tu réussis   vous réussissez
    il, elle réussit ils, elles réussissent

He succeeds in catching a fish.
Il réussit à attraper un poisson.

be thirsty : soif: avoir soif [a-vwar-SWAF]
Are you thirsty? Yes, I'm thirsty.
Avez-vous soif? Oui, j'ai soif.

better : meilleur [may-YEUHR]
    meilleure (f.)
I think that cherries are better than strawberries.
Je pense que les cerises sont meilleures que les fraises.

between : entre [AHNTR]
What is the number between fourteen and sixteen?
Quel est le numéro entre quatorze et seize?

be wrong : tort: avoir tort [a-vwar-TUHR]
You say that it is good weather? You are wrong; it is raining.
Vous dites qu'il fait beau? Vous avez tort; il pleut.

bicycle : la bicyclette [bee-see-KLEHT]   f.
When the weather is good, Bernard rides his bicycle.
Quand il fait beau Bernard va à bicyclette.

   to ride a bicycle : monter (aller) à bicyclette

bicycle : le vélo [vay-LOH]   m.
Do you have a bike?
As-tu un vélo?

big : grand [GRAHN]

big : gros [GROH]
   bigger : plus grand que

bike : le vélo [vay-LOH]   m.
Do you have a bike?
As-tu un vélo?

bill (money) : le billet [bee-YAY]   m.
I am rich! I have a ten-franc note!
Je suis riche! J'ai un billet de dix francs!

bird : l'oiseau [wah-ZOH]   m.
The bird sings very well.
L'oiseau chante très bien.

birthday : la fête [FEHT]   f.
The birthday party is July 18th?
Le jour de la fête est le dix-huit juillet?

birthday : l'anniversaire [a-nee-vehr-SEHR]   m.
Happy birthday! How old are you?
Joyeux anniversaire! Quel âge as-tu?

bite : mordre [MUHRDR]
   je mords   nous mordons
   tu mords   vous mordez
   il, elle mord   ils, elles mordent

Cats do not bite.
Les chats ne mordent pas.

bite (insect) : piquer [pee-KAY]
   il, elle pique   ils, elles piquent

The mosquitoes like to bite me.
Les moustiques aiment me piquer.

black : noir [NWAR]
　　noire　(f.)
I am wearing my black shoes.
Je porte mes souliers noirs.

　　　blackboard : le tableau noir [ta-bloh-NWAR]
The pupil writes on the blackboard.
L'élève écrit au tableau noir.

blanket : la couverture [koo-vehr-TEWR]　f.
In winter I like a warm blanket on my bed.
En hiver j'aime une couverture chaude sur le lit.

blind : aveugle [a-VEUH-gl]
This man is blind.
Cet homme est aveugle.

blonde : blond [BLOHN]
　　　blonde [BLOHND]　(f.)
Do you have blond hair?
Avez-vous les cheveux blonds?

blood : le sang [SAHN]　m.
My knee hurts. Look at the blood!
J'ai mal au genou. Regarde le sang!

blow : le coup [KOO]　m.

blue : bleu [BLEOH]
　　bleue　(f.)
The sky is blue, isn't it?
Le ciel est bleu, n'est-ce pas?

boat : le bateau [ba-TOH]　m.

book : le livre [LEEVR]　m.
We are looking for some interesting books.
Nous cherchons des livres intéressants.

boot : la botte [BUHT] f.
When it snows I put on my boots.
Quand il neige je mets mes bottes.

born : né [NAY]
   née (f.)
I was born on March 2nd.
Je suis né le deux mars.

borrow : emprunter [ahṇ-pruhṇ-TAY]
   j'emprunte   nous empruntons
   tu empruntes   vous empruntez
   il, elle emprunte   ils, elles empruntent

May I borrow the eraser?
Je peux emprunter la gomme?

bottle : la bouteille [boo-TAY] f.
Be careful! The bottle is made of glass.
Attention! La bouteille est en verre.

boulevard : le boulevard [bool-VAR] m.
Students walk on the Boulevard St. Michel in Paris.
Les étudiants se promènent sur le boulevard St-Michel à Paris.

bouquet : le bouquet [boo-KEH] m.
"Here is a bouquet of flowers, Martha," says Frank.
"Voici un bouquet, Marthe," dit François.

box : la boîte [BWAT] f.
   letter-box : la boîte aux lettres   [bwa-toh-LEHTR]
     He puts the letter in the mailbox.
     Il met la lettre dans la boîte aux lettres.

boy : le garçon [gar-SOHṆ] m.
The boy is playing with his sister.
Le garçon joue avec sa soeur.

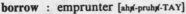

branch : la branche [BRAHṆSH] f.
The tree has many branches.
L'arbre a beaucoup de branches.

brave : courageux [koo-ra-ZHEOH]
     courageuse (f.) [koo-ra-ZHEOHZ]
The prince is brave when he saves the princess.
Le prince est courageux quand il sauve la princesse.

bread : le pain [PAIɴ]
     bread and butter (jam) snack : la tartine [tar-TEEN] f.

break : casser [ka-SAY]

je casse	nous cassons
tu casses	vous cassez
il, elle casse	ils, elles cassent

Be careful! Don't break the plate!
Attention! Ne casse pas l'assiette!

breakfast : le petit déjeuner

bridge : le pont [POHɴ] m.
Where is the bridge of Avignon?
Où est le pont d'Avignon?

briefcase : la serviette [sehr-VYEHT] f.
Lawrence, don't forget your briefcase.
Laurent, n'oublie pas ta serviette.

bring : apporter [a-puhr-TAY]

j'apporte	nous apportons
tu apportes	vous apportez
il, elle apporte	ils, elles apportent

They bring valises to camp.
Ils apportent des valises à la colonie de vacances.

bring (people) : amener [am-NAY]

j'amène	nous amenons
tu amènes	vous amenez
il, elle amène	ils, elles, amènent

The boy brings his sister home.
Le garçon amène sa soeur à la maison.

broad : large [LARZH]

bunch of flowers : le bouquet [boo-KEH]   m.
"Here is a bunch of flowers, Martha," says Frank.
"Voici un bouquet, Marthe," dit François.

broom : le balai [ba-LAY]   m.
Mary cleans the floor with a broom.
Marie nettoie le plancher avec un balai.

brother : le frère [FREHR]   m.
I am little, but my brother is big.
Je suis petit, mais mon frère est grand.

brown : brun [BRUHN]
      brune [BREWN]   (f.)
The boy has brown hair.
Le garçon a les cheveux bruns.

brown : marron [ma-ROHN]
The rug is brown.
Le tapis est marron.

brush : la brosse [BRUHS]   f.
The hairbrush is bigger than the toothbrush.
La brosse à cheveux est plus grande que la brosse à dents.

brush (oneself : se brosser [sɛ-bruh-SAY]

je me brosse	nous nous brossons
tu te brosses	vous vous brossez
il, elle se brosse	ils, elles se brossent

Laura is brushing her hair.
Laure se brosse les cheveux.

bucket : le seau [SOH]   m.
     les seaux   (pl.)
The farmer fills the pail with milk.
Le fermier remplit le seau de lait.

building : le bâtiment [bah-tee-MAHN]   m.
The buildings are very tall in the city.
Les bâtiments sont très hauts dans la ville.

burglar : le voleur [vuh-LEUHR]   m.
They are looking for the burglar at the bank.
On cherche le voleur à la banque.

burn : brûler [brew-lay]

je brûle   nous brûlons
tu brûles   vous brûlez
il, elle brûle   ils, elles brûlent

We burn wood in the fireplace.
On brûle du bois dans la cheminée.

bus : l'autobus [uh-tuh-BEWS]   n., m.
The children go to school by bus.
Les enfants vont à l'école en autobus.

busy : occupé [oh-kew-PAY]

but : mais [MEH]
I want to go to the park but Daddy says "no."
Je veux aller au parc mais papa dit "non."

butcher : le boucher [boo-SHAY]   m.
The butcher sells meat.
Le boucher vend de la viande.

butcher shop : la boucherie [boo-SHREE]   f.
You go to the butcher shop to buy meat.
On va à la boucherie pour acheter de la viande.

butter : le beurre [BUHR]   m.
Pass the butter, please.
Passez-moi le beurre, s'il vous plaît.

button : le bouton [boo-TOHN]   m.
This coat has only three buttons.
Ce manteau a seulement trois boutons.

buy : acheter [a-SHTAY]   v.
j'achète   nous achetons
tu achètes   vous achetez
il, elle achète   ils, elles achètent

The boy is buying a ball.
Le garcon achète une balle.

by : par [PAR]
    by air : en avion
    by car : en auto; en voiture
    by airmail : par avion

C

cabbage : le chou [SHOO] m.
Do you prefer cabbage or carrots?
Préférez-vous le chou ou les carottes?

café : le café [ka-FAY] m.
Do you want some coffee?
Voulez-vous du café?
There is a café on the corner.
Il y a un café au coin de la rue.

cake : le gâteau [gah-TOH] m.
    cookie : le petit gâteau [ptee-gah-TOH]

calendar : le calendrier [ka-lahn-DRYAY] m.
According to the calendar, today is May 12th.
Selon le calendrier c'est aujourd'hui le 12 mai.

call : appeler [a-PLAY] v.
    j'appelle   nous appelons
    tu appelles   vous appelez
    il, elle appelle ils, elles appellent

I call my friend.
J'appelle mon amie.

calm : tranquille [trahn-KEEL]
I like to go fishing when the water is calm.
J'aime aller à la pêche quand l'eau est tranquille.

camera : l'appareil [a-pa-RAY] m.
Look at my camera. It is new.
Regarde mon appareil. Il est nouveau.

camp : la colonie de vacances [kuh-luh-need-va-KAHNS] f.
My cousin spends eight weeks at camp.
Mon cousin passe huit semaines à la colonie de vacances.

can : pouvoir [poo-VWAR]

je peux	nous pouvons
tu peux	vous pouvez
il, elle peut	ils, elles peuvent

I can't do my homework. The lessons are too difficult.
Je ne peux pas faire mes devoirs. Les leçons sont trop difficiles.

candy : les bonbons [bohɴ-BOHɴ] m., pl.
Children like candy.
Les enfants aiment les bonbons.

capital : la capitale [ka-pee-TAL] f.
Do you know the name of the capital of France?
Savez-vous le nom de la capitale de la France?

car : l'auto [uh-TOH] f.
The car goes along the road.
L'auto roule sur la route.

car : la voiture [vWa-TEWR] f.
The car is in the garage.
La voiture est dans le garage.

card : la carte [KART] f.
Do you know how to play cards?
Savez-vous jouer aux cartes?

carefully : avec soin [a-vehk-SWAIɴ]
Paul pours water into the glass carefully.
Paul verse l'eau dans le verre avec soin.

car (railroad) : le wagon [va-GOHɴ] m.
This train has five cars.
Ce train a cinq wagons.

carrot : la carotte [ka-RUHT] f.
Rabbits eat carrots.
Les lapins mangent des carottes.

carry : porter [puhr-TAY]

je porte	nous portons
tu portes	vous portez
il, elle porte	ils, elles portent

She is wearing a hat.
Elle porte un chapeau.

castle : le château [sha-TOH]   m.
The king lives in a large castle.
Le roi habite un grand château.

cat : le chat [SHA]   m.
Cats like milk.
Les chats aiment le lait.

   kitten : le petit chaton [ptee-sha-TOHN]

catch : attraper [a-tra-PAY]   v.
   j'attrape   nous attrapons
   tu attrapes   vous attrapez
   il, elle attrape ils, elles attrapent

Hurray! John catches the ball.
Bravo! Jean attrape la balle.

ceiling : le plafond [pla-FOHN]   m.
The ceiling of the chateau is very interesting.
Le plafond du château est très intéressant.

celery : le céleri [sayl-REE]   m.
Mother makes a salad with celery.
Maman fait une salade avec du céleri.

cellar : la cave [KAV]   f.
There are several packages in the cellar.
Il y a plusieurs paquets dans la cave.

certain, sure : sûr [SEWR]
     sûre   (f.)
I am sure that the train will come soon.
Je suis sûr que le train arrive bientôt.

chair : la chaise [SHEHZ]   f.
This chair is too big for me.
Cette chaise est trop grande pour moi.

chalk : la craie [KREH]   f.
The boy is writing on the blackboard with chalk.
Le garçon écrit au tableau noir avec la craie.

chalk board : le tableau [ta-BLOH] m.

change : changer [shah(-ZHAY]

je change	nous changeons
tu changes	vous changez
il, elle change	ils, elles changent

We have to change to another train.
Il faut changer de train.

change (money) : la monnaie [muh-NAY] f.
The butcher says, "Here is the change from 30 francs.
Le boucher dit: "Voici la monnaie de trente francs.

cheap(ly) : bon marché [boh(-mar-SHAY]
Bread is cheap; it is not expensive.
On vend le pain bon marché; il ne coûte pas cher.

cheat (deceive) : tromper [troh(-PAY]

je trompe	nous trompons
tu trompes	vous trompez
il, elle trompe	ils, elles trompent

In the film, the robber deceives the policeman.
Dans le film, le voleur trompe l'agent de police.

check (in restaurant) : l'addition [a-dee-SYOH(] f.
After dinner, Dad asks for the check.
Apres le diñer, papa demande l'addition.

to play checkers : jouer aux dames

cheerful : gai [GAY]
      gaie (f.)
My sister is always cheerful.
Ma soeur est toujours gaie.

cheese : le fromage [fruh-MAHZH] m.
My sister has cheese for dessert.
Ma soeur prend du fromage comme dessert.

cherry : la cerise [s(-REEZ] f.
I am going to pick cherries.
Je vais cueillir des cerises.

to play chess : jouer aux échecs

chicken : le poulet [poo-LAY] m.
What are we eating this evening? Chicken.
Qu'est-ce qu'on mange ce soir? Du poulet.

child : l'enfant [ahⁿ-FAHN] m. or f.
    children : les enfants (pl.) [leh-zahⁿ-FAHN]
The children are in bed.
Les enfants sont au lit.

chimney : la cheminée [shⁿ-mee-NAY] f.
The shoes are near the fireplace.
Les chaussures sont près de la cheminée.

chin : le menton [mahⁿ-TOHⁿ] m.
Here is the doll's chin.
Voici le menton de la poupée.

chocolate : le chocolat [shuh-kuh-LA] m.
What? You don't like chocolates?
Comment? Tu n'aimes pas les chocolats?

choose : choisir [shwa-ZEER]
    je choisis   nous choisissons
    tu choisis   vous choisissez
    il, elle choisit   ils, elles choisissent

In the examination, choose the correct answer.
Dans l'examen, choisissez la réponse correcte.

chop : la côtelette [koh-TLEHT] f.
Do you prefer a veal cutlet or a lamb chop?
Préfères-tu une côtelette de veau ou de mouton?

church : l'église [ay-GLEEZ] f.
There is a big church in the city.
Il y a une grande église dans la ville.

cigarette : la cigarette [see-ga-REHT] f.
Does your uncle smoke cigarettes?
Est-ce que ton oncle fume des cigarettes?

circle : le cercle [SEHRKL] m.

The boys form a circle to play.
Les garçons forment un cercle pour jouer.

circus : le cirque [SEERK]   m.
There are many animals at the circus.
Il y a beaucoup d'animaux au cirque.

city : la ville [VEEL]   f.
The city of Paris is big.
La ville de Paris est grande.

class : la classe [KLAS]   f.

  classroom : la salle de classe
We are in the classroom.
Nous sommes dans la salle de classe.

clean : nettoyer [neh-twa-YAY]

je nettoie	nous nettoyons
tu nettoies	vous nettoyez
il, elle nettoie	ils, elles nettoient

Do you help your mother clean the house?
Tu aides ta mère à nettoyer la maison?

clean : propre [PRUHPR]
My hands are clean.
Mes mains sont propres.

  cleaning woman : la bonne [BUHN]   f.
The maid cleans the house.
La bonne nettoie la maison.

  street cleaner : le balayeur des rues

clear : clair [KLEHR]
  claire (f.)
What a beautiful, clear day!
Quelle belle journée claire!

clever (cunning) : rusé [rew-ZAY]

climb : grimper [graiy-PAY]

je grimpe	nous grimpons
tu grimpes	vous grimpez
il, elle grimpe	ils, elles grimpent

The cat climbs the tree.
Le chat grimpe sur l'arbre.

clock : l'horloge [luhr-LUHZH] f.
The clock strikes twice. It is two o'clock.
L'horloge sonne deux fois. Il est deux heures.

close : fermer [fehr-MAY]
    je ferme   nous fermons
    tu fermes   vous fermez
    il, elle ferme ils, elles ferment
Please close the window.
Fermez la fenêtre, s'il vous plaît.

close friend : le camarade [ka-ma-RAD] m.
My friend and I are going to the park to play.
Mon camarade et moi, nous allons jouer au parc.

closet (cupboard) : l'armoire [ar-MWAR] n., f., le buffet
    [bew-FEH] m.
The cupboard is empty (bare).
L'armoire est vide.

closet : le placard [pla-KAR] m.
The closet is closed.
Le placard est fermé.

close to , near : près de [PREH]
Bordeaux is near the Atlantic Ocean.
Bordeaux est près de l'océan Atlantique.

clothes : les vêtements [veht-MAHꞐ] m., pl.
My clothes are on the bed.
Mes vêtements sont sur le lit.

clothing : les vêtements [veht-MAHꞐ] m., pl.
My clothes are on the bed.
Mes vêtements sont sur le lit.

cloud : le nuage [NEWAZH] m.
The sun is behind a cloud.
Le soleil est derrière un nuage.

clown : le clown [KLOON] m.
When I am at the circus I say "Hello" to the clown.
Quand je suis au cirque je dis "Bonjour" au clown.

coat : le manteau [mahɴ-TOH]   m.
She wears a warm coat in winter.
Elle porte un manteau chaud en hiver.

coffee : le café [ka-FAY]   m.
Do you want some coffee?
Voulez-vous du café?

cold : le froid [FR̠WAH]   m.
When it is cold in winter, I am cold.
Quand il fait froid en hiver, j'ai froid.

   it is cold : il fait froid
   be cold : avoir froid
   cold (illness) : le rhume [R̠EW̠M]   m.

color : colorier [kuh-luh-ree-AY]
   je colorie   nous colorions
   tu colories   vous coloriez
   il, elle colorie ils, elles colorient

We color with crayons.
Nous colorions avec les crayons de couleur.

color : la couleur [koo-LEUHR]   f.
What color is the banana?
De quelle couleur est la banane?

comb : le peigne [PEHN]   m.
Where is my comb?
Où est mon peigne?

comb (one's hair) : se peigner [sɇ-peh-NYAY]
   je me peigne   nous nous peignons
   tu te peignes   vous vous peignez
   il, elle se peigne ils, elles se peignent

I comb my hair before leaving the house.
Avant de sortir de la maison, je me peigne.

come : arriver [a-ree-VAY]   v.
   j'arrive   nous arrivons
   tu arrives   vous arrivez
   il, elle arrive ils, elles arrivent

The postman arrive: at ten o'clock.
Le facteur arrive à dix heures.

come : venir [vₑ-NEER]
    je viens   nous venons
    tu viens   vous venez
    il, elle vient ils, elles viennent

My father comes from work at 6:00 o'clock.
Mon père vient du travail à six heures.

come into : entrer [ahₑ-TRAY]
    j'entre   nous entrons
    tu entres   vous entrez
    il, elle entre ils, elles entrent

They go into the house.
Ils entrent dans la maison.

comfortable : confortable [kohₑ-fuhr-TABL]
My bed is very comfortable.
Mon lit est très confortable.

command (order) : commander [kuh-mahₑ-DAY]
In the restaurant Father orders dinner.
Dans le restaurant Papa commande le dîner.

company : la compagnie [kohₑ-pa-NYEE] f.
The Bardot Company is located on the corner (of the street).
La Compagnie Bardot se trouve au coin de la rue.

complain : se plaindre [sₑ-PLAINDR]
    je me plains   nous nous plaignons
    tu te plains   vous vous plaignez
    il, elle se plaint ils, elles se plaignent

My friend says that I always complain!
Mon amie dit que je me plains toujours!

completely : fait: tout à fait

computer : l'ordinateur [uhr-dee-na-TEUR] m.
My friend has a computer.
Mon amie a un ordinateur.

continue : continuer [kohn-tee-new-AY]

je continue	nous continuons
tu continues	vous continuez
il, elle continue	ils, elles continuent

I will continue to play the piano until five o'clock.
Je continue à jouer du piano jusqu'à cinq heures.

to cook : faire la cuisine

cookie : le petit gateau

cool : frais [FREH]

    It is cool : Il fait frais.

copy : copier [kuh-PYAY]

je copie	nous copions
tu copies	vous copiez
il, elle copie	ils, elles copient

We have to copy the sentences that are on the blackboard.
Il faut copier les phrases qui sont au tableau noir.

corn : le maïs [ma-EES]   m.
MMM, the corn is good!
MMM, le maïs est bon!

corner : le coin [KWAIN]   m.
You must cross the street at the corner.
Il faut traverser la rue au coin.

correct : correct [kuh-REHKT]

    correcte   (f.)

The teacher says, "Write the correct answer."
Le professeur dit: "Ecrivez la réponse correcte."

correct : juste [ZHEWST]
But it's my turn. It isn't fair!
Mais c'est mon tour. Ce n'est pas juste!

cost : coûter [koo-TAY]

    il, elle coûte   ils, elles coûtent

How much does this comb cost?
Combien coûte ce peigne?

cotton : le coton [kuh-TOHⱮ] m.
   made of cotton : en coton
   He is wearing a cotton shirt.
   Il porte une chemise en coton.

cough : tousser [too-SAY]

je tousse	nous toussons
tu tousses	vous toussez
il, elle tousse	ils, elles toussent

The baby is coughing. He has a cold.
Le bébé tousse. Il a un rhume.

count : compter [kohⱮ-TAY]

je compte	nous comptons
tu comptes	vous comptez
il, elle compte	ils, elles comptent

He knows how to count from five to one: five, four, three, two, one.
Il sait compter de cinq à un: cinq, quatre, trois, deux, un.

country : le pays [pay-EE] m.
What is the name of the country to the east of France?
Quel est le nom du pays à l'est de la France?

country (opposite of city) : la campagne [kahⱮ-PAN] f.
It's nice weather. Let's go to the country!
Il fait beau. Allons à la campagne!

courageous : courageux [koo-ra-ZHEOH]
   courageuse (f.)

cousin : le cousin [koo-ZAIⱮ] m.
   la cousine (f.) [koo-ZEEN]
My cousin Paul is ten years old and my cousin Mary is eighteen.
Mon cousin Paul a dix ans et ma cousine Marie a dix-huit ans.

cover : la couverture [koo-vehr-TEWR] f.
In winter I like a warm blanket on my bed.
En hiver j'aime une couverture chaude sur le lit.

covered : couvert [koo-VEHR]
   couverte (f.) [koo-VEHRT]

The tree is covered with snow.
L'arbre est couvert de neige.

cow : la vache [VASH] f.
The cow is in the field.
La vache est dans le champ.

cradle : le berceau

crayon : le crayon de couleur

crazy : fou [FOO]
    folle (f.) [FUHL]
The dog is mad.
Le chien est fou.

cross : traverser [tra-vehr-SAY]
    je traverse   nous traversons
    tu traverses   vous traversez
    il, elle traverse ils, elles traversent

Can we cross the lake?
On peut traverser le lac?

cry : pleurer [pleuh-RAY]
    je pleure   nous pleurons
    tu pleures   vous pleurez
    il, elle pleure ils, elles pleurent

I cry when somebody teases me.
Je pleure quand on me taquine.

cunning (clever) : rusé [rew-ZAY]
    rusée (f.)
The thief is clever; he climbs a tree.
Le voleur est rusé; il grimpe sur un arbre.

cup : la tasse [TAS] f.
I put the cup on the saucer.
Je mets la tasse sur la soucoupe.

cupboard : l'armoire [ar-MWAR] n., f.
The cupboard is empty (bare).
L'armoire est vide.

cupboard : le buffet [bew-FEH]   m.
There are plates in the cupboard.
Il y a des assiettes dans le buffet.

curious : curieux [kew-RYEOH]
    curieuse   (f.) [kew-RYEOHZ]
She is curious. She would like to open the package.
Elle est curieuse. Elle voudrait ouvrir le paquet.

curtain : le rideau [ree-DOH]   m.
    les rideaux   (pl.)
The curtains in my room are too long.
Les rideaux dans ma chambre sont trop longs.

cut : couper [koo-PAY]
    je coupe   nous coupons
    tu coupes   vous coupez
    il, elle coupe   ils, elles coupent
Dad cuts the bread with a knife.
Papa coupe le pain avec un couteau.

cute : mignon [mee-NYOHN]

cutlet : la côtelette [koh-TLEHT]   f.
Do you prefer a veal cutlet or a lamb chop?
Préfères-tu une côtelette de veau ou de mouton?

D

Dad [Daddy] : papa [pa-PA]   m.
Daddy, I'm afraid!
Papa, j'ai peur!

damp : humide [ew-MEED]
My bathing suit is damp.
Mon maillot est humide.

dance : danser [dahN-SAY]
    je danse   nous dansons
    tu danses   vous dansez
    il, elle danse   ils, elles dansent

My sister likes to dance.
Ma soeur aime danser.

dangerous : dangereux [dahχ-ZHREOH]
  dangereuse (f.) [dahχ-ZHREOHZ]
It is dangerous to run into the street to catch a ball.
Il est dangereux de courir dans la rue pour attraper une balle.

dare (to) : oser [oh-ZAY]
  j'ose   nous osons
  tu oses   vous osez
  il, elle ose ils, elles osent

You dare to hit me?
Tu oses me battre?

dark : foncé [fohχ-SAY]
  foncée (f.)
She is wearing a dark blue dress.
Elle porte une robe bleu foncé.

darling : mignon [mee-NYOHχ]
  mignonne (f.) [mee-NYUHN]
The baby is darling.
Le bébé est mignon.

date : la date [DAT] f.
What is the date?
Quelle ese la date?

daughter : la fille [FEEY] f.
I should like to introduce my daughter, Amy.
Je vous présente ma fille, Aimée.

day : la journée [zhoor-NAY] f.
I am going to spend the day at my cousin's house.
Je vais passer la journée chez ma cousine.

day : le jour [ZHOOR] m.
What day of the week is it?
Quel jour de la semaine est-ce?

  day off : le jour de congé [zhoor-dχ-kohχ-ZHAY]
Thursday is a day off for French students.
Le jeudi est un jour de congé pour les élèves français.

  New Year's Day : le Jour de l'An [zhoor-dχ-LAHχ]

January 1st is New Year's Day.
Le premier janvier est le Jour de l'An.

    every day : tous les jours [too-leh-ZHOOR]
I read every day.
Je lis tous les jours.

dead : mort [MUHR]
    morte (f.) [MUHRT]
You're crying? Yes, my turtle is dead.
Tu pleures? Oui, ma tortue est morte.

deaf : sourd [SOOR]
    sourde (f.) [SOORD]
You don't hear me? You're deaf?
Tu ne m'entends pas? Tu es sourd?

dear : cher (m.) [SHEHR]
      chère (f.)

deceive (cheat) : tromper [trohn-PAY]
    je trompe   nous trompons
    tu trompes   vous trompez
    il, elle trompe ils, elles trompent

In the film, the robber deceives the policeman.
Dans le film, le voleur trompe l'agent de police.

December : décembre [day-SAHNBR]   m.
It is cold in December.
Il fait froid en décembre.

decorate : décorer [day-kuh-RAY]
    je décore   nous décorons
    tu décores   vous décorez
    il, elle décore ils, elles décorent

He is decorating his bicycle.
Il décore sa bicyclette.

deep : profond [pruh-FOHN]
    profonde (f.) [pruh-FOHND]
Is the pool deep?
Est-ce que la piscine est profonde?

delicious : délicieux [day-lee-SYEOH]
   délicieuse (f.) [day-lee-SYEOHZ]
The cake is delicious.
Le gâteau est délicieux.

delighted , happy : heureux [uh-REOH]
   heureuse (f.) [uh-REOHZ]
Everyone is happy at a party.
A une fête tout le monde est heureux.

dentist : le dentiste [dahм-TEEST]   m.
The dentist says, "Open your mouth."
Le dentiste dit: "Ouvre la bouche."

desert : le désert [day-ZEHR]   m.
The desert is very dry.
Le désert est très sec.

desk : le bureau [bew-ROH]   m.
The teacher's desk is big.
Le bureau du professeur est grand.

desk (pupil's) : le pupitre [pew-PEETR]   m.

dessert : le dessert [deh-SEHR]   m.
I would like to have a strawberry tart for dessert.
Comme dessert je désire une tarte aux fraises.

detest : détester [day-tehs-TAY]
   je déteste   nous détestons
   tu détestes   vous détestez
   il, elle déteste ils, elles détestent
He hates spinach.
Il déteste les épinards.

dictionary : le dictionnaire [deek-syohм-NEHR]
This dictionary is very heavy.
Ce dictionnaire est très lourd.

different : différent [dee-fay-RAHм]
   différente (f.) [dee-fay-RAHмT]
These loaves of bread are different.
Ces pains sont différents.

difficult : difficile [dee-fee-SEEL]
It is difficult to read this letter.
Il est difficile de lire cette lettre.

dining room : la salle à manger

dinner : le dîner [dee-NAY] m.
We eat dinner at eight o'clock.
Nous prenons le dîner à huit heures.

direct : diriger [dee-ree-ZHAY]

je dirige	nous dirigeons
tu diriges	vous dirigez
il, elle dirige	ils, elles dirigent

My brother is directing the game.
Mon frère dirige le jeu.

dirty : sale [SAL]
My shirt is dirty!
Ma chemise est sale!

dishes : la vaisselle [veh-SEHL] f.
Do you wash the dishes at your house?
Est-ce que vous lavez la vaisselle chez vous?

displeased, angry : fâché [fah-SHAY]
     fâchée (f.)
When I tease my sister, Mom is angry.
Quand je taquine ma soeur, Maman est fâchée.

distant : loin

do : faire [FEHR]

je fais	nous faisons
tu fais	vous faites
il, elle fait	ils, elles font

He does his homework.
Il fait ses devoirs.

doctor : le docteur [duhk-TEUHR] m.
Mother says, "You are sick. I am going to call the doctor."
Maman dit; "Tu es malade. Je vais appeler le docteur."

doctor : le médecin [may-TSAIN] m.
The doctor enters the hospital.
Le médecin entre dans l'hôpital.

dog : le chien [SHYAIN] m.
Do you have a dog?
As-tu un chien?

     puppy : le petit chien [ptee-SHYAIN]

doll : la poupée [poo-PAY] f.
My doll's name is Sylvia.
Ma poupée s'appelle Sylvie.

     dollhouse : la maison de poupée [meh-zohn-dø-poo-PAY]

dollar : le dollar [duh-LAR] m.
Here is a dollar for you.
Voilà un dollar pour toi.

dominoes : les dominos [doh-mee-NOH] m., pl.
My cousin plays dominoes well.
Mon cousin joue bien aux dominos.

donkey : l'âne [AHN] n., m.
The donkey has two long ears.
L'âne a deux longues oreilles.

door : la porte [PUHRT] f.
Please close the door.
Fermez la porte, s'il vous plaît.

     doorbell : le bouton [boo-TOHN] m.
Here we are at Virginia's house. Where is the doorbell?
Nous voici à la porte de Virginie. Où est le bouton?

     door knob : le bouton [boo-TOHN] m.

down there : là-bas [la-BA]
Do you see your brother coming down there?
Tu vois ton frère qui arrive, là-bas?

dozen : la douzaine [doo-ZEHN] f.
She is buying a dozen pears.
Elle achète une douzaine de poires.

drag (pull) : tirer [tee-RAY]

je tire	nous tirons
tu tires	vous tirez
il, elle tire	ils, elles tirent

He is pulling a bag of potatoes.
Il tire un sac de pommes de terre.

draw : dessiner [deh-see-NAY]

je dessine	nous dessinons
tu dessines	vous dessinez
il, elle dessine	ils, elles dessinent

Go to the board and draw a house.
Va au tableau noir et dessine une maison.

drawer : le tiroir [tee-RWAR]   m.
I put the camera in a drawer.
Je mets l'appareil dans un tiroir.

dreadful! : terrible! [teh-REEBL]
I have a bad mark. Dreadful!
J'ai une mauvaise note. Terrible!

dream : rêver [reh-VAY]

je rêve	nous rêvons
tu rêves	vous rêvez
il, elle rêve	ils, elles rêvent

I dream of going to the moon!
Je rêve d'aller à la lune!

dress : s'habiller [sa-bee-YAY]

je m'habille	nous nous habillons
tu t'habilles	vous vous habillez
il, elle s'habille	ils, elles s'habillent

I get up, I get dressed, I go to school.
Je me lève, je m'habille, je vais à l'école.

dress : la robe [RUHB]   f.
My doll's dress is dirty.
La robe de ma poupée est sale.

drink : boire [B<u>W</u>AR]

je bois	nous buvons
tu bois	vous buvez
il, elle boit	ils, elles boivent

The child is drinking milk.
L'enfant boit du lait.

drive : conduire [kohɲ-DEW/EER]

je conduis	nous conduisons
tu conduis	vous conduisez
il, elle conduit	ils, elles conduisent

Too bad! I am too young to drive the car.
Hélas! Je suis trop jeune pour conduire l'auto.

driver : le chauffeur [shoh-FEUHR]   m.
The driver stops when the light is red.
Le chauffeur s'arrête quand le feu est rouge.

drug store : la pharmacie [far-ma-SEE]   f.
The pharmacy is located close to the park.
La pharmacie se trouve près du parc.

drum : le tambour [tahɲ-BOOR]   m.
I make noise when I play the drum.
Je fais du bruit quand je joue du tambour.

dry : sec [SEHK]
     sèche (f.) [SEHSH]
Is the floor dry, Mom?
Est-ce que le plancher est sec, maman?

duck : le canard [ka-NAR]   m.
There are some ducks on the lake.
Voilà des canards sur le lac.

during : pendant [pahɲ-DAHɲ]
I sleep during the night.
Je dors pendant la nuit.

E

each : chaque [SHAK]
I put a fork at each place.
Je mets une fourchette à chaque place.

each one : chacun [sha-KUHN]
       chacune (f.) [sha-KEWN]
Here are five girls; each one has a flower.
Voilà cinq jeunes filles; chacune a une fleur.

ear : l'oreille [uh-RAY] f.
The wolf's ears are long.
Les oreilles du loup sont longues.

early : tôt [TOH]
We get up early to go to the city.
Nous nous levons de bonne heure pour aller en ville.

earn (win) : gagner [ga-NYAY]

je gagne	nous gagnons
tu gagnes	vous gagnez
il, elle gagne	ils, elles gagnent

Our team wins!
C'est notre équipe qui gagne!

earth : la terre [TEHR] f.
When the astronaut is on the moon, he sees the earth.
Quand l'astronaute est sur la lune, il voit la terre.

east : l'est [EHST] m.
When I go from Paris to Strasbourg, I go toward the east.
Quand je vais de Paris à Strasbourg, je vais vers l'est.

easy : facile [fa-SEEL]
It is easy to do my homework.
Il est facile de faire mes devoirs.

eat : manger [mahn-ZHAY]

je mange	nous mangeons
tu manges	vous mangez
il, elle mange	ils, elles mangent

On Sundays we eat turkey.
Le dimanche nous mangeons la dinde.

edge : le bord [BUHR] m.

egg : l'oeuf [UHF] m.
     les oeufs [les-ZEOH] (pl.)

eight : huit [EW/EET] [EW/EE]
I have eight insects.
J'ai huit insectes [EW/EET]
I see eight spoons.
Je vois huit cuillers. [EW/EE]

eighteen : dix-huit [dee-ZEW/EET]
She is eighteen years old.
Elle a dix-huit ans.

eighty : quatre-vingts [ka-try-VAIN]
I have eighty marbles!
J'ai quatre-vingts billes!

electric : électrique [ay-lehk-TREEK]
Look! They sell electric typewriters.
Regarde! On vend des machines à écrire électriques.

      electric stove : le fourneau électrique

elephant : l'éléphant [ay-lay-FAHN] m.
There is a big elephant in the zoo.
Il y a un grand éléphant dans le jardin zoologique.

eleven : onze [OHNZ]
The farmer has eleven chickens.
Le fermier a onze poulets.

empty : vide [VEED]
The drawer is empty.
Le tiroir est vide.

end : la fin [FAIN] f.
It is the end of the lesson.
C'est la fin de la leçon.

engineer : l'ingénieur [aiɲ-zhay-NYUHR]   m.
I would like to become an engineer.
Je voudrais devenir ingénieur.

English : l'anglais [ahɲ-GLEH] m.
They speak English in the United States.
On parle anglais aux Etats-Unis.

enough : assez [a-SAY]
Do you have enough potatoes?
As-tu assez de pommes de terre?

enter (go into) : entrer [ahɲ-TRAY]

j'entre	nous entrons
tu entres	vous entrez
il, elle entre	ils, elles entrent

They go into the house.
Ils entrent dans la maison.

envelope : l'enveloppe [ahɲ-VLUHP] f.
The mailman gives me an envelope.
Le facteur me donne une enveloppe.

equal : égal [ay-GAL]
    égale (f.)
    égaux (pl.) [ay-GOH]
Do you want ice cream or cake?(Oh, it doesn't make any difference.)
  (Oh, it's all the same to me.)
  Tu veux la glace ou le gâteau? Oh, cela m'est égal.

erase : effacer [eh-fa-SAY]

j'efface	nous effaçons
tu effaces	vous effacez
il, elle efface	ils, elles effacent

Oh, a mistake! I have to erase this word.
Oh, une faute! Je dois effacer ce mot.

    eraser : la gomme [GUHM] f.
I have to erase this sentence with the eraser.
Je dois effacer cette phrase avec la gomme.

. . . er (comparative of adjectives) : plus [PLEW]
My friend is taller than I.
Mon ami est plus grand que moi.

error (mistake) : la faute [FOHT] f.
I make mistakes when I write in French.
Je fais des fautes quand j'écris en français.

especially : surtout [sewr-TOO]
I like to watch television, especially Saturday mornings.
J'aime regarder la télévision, surtout le samedi matin.

even : même [MEHM]
She cries even when she is happy.
Elle pleure même quand elle est heureuse.

evening : le soir [SWAR] m.
I watch television in the evening.
Le soir je regarde la télé.

   Good evening : Bonsoir

every : tout [TOO]
     tous   (pl., m.)
     toute   (f.) [TOOT]

     every day : tous les jours [too-leh-ZHOOR]
     everybody : tout le monde [tool-MUHND]
Everybody likes Saturday night.
Tout le monde aime le samedi soir.

     everyone : tout le monde [tool-MUHND]
Everyone likes Saturday night.
Tout le monde aime le samedi soir.

everywhere : partout [par-TOO]
I look everywhere for my watch.
Je cherche ma montre partout.

examination : l'examen [eh-gza-MAIN] m.
Do you have a good mark on the examination?
Tu as une bonne note à l'examen?

excellent : excellent [eh-kseh-LAHN]

excellente (f.) [eh-kseh-LAHNT]
The teacher says, "This work is excellent."
Le professeur dit: "Ce travail est excellent."

excuse me : excusez-moi [eh-kskew-zay-MWA]
Excuse me. Here are your packages.
Excusez-moi. Voici vos paquets.

excuse me : pardon [par-DOHN]
Excuse me! It's your pocketbook, isn't it?
Pardon! C'est votre sac, n'est-ce pas?

expensive : cher [SHEHR]
   chère (f.)
This bicycle is too expensive.
Cette bicyclette est trop chère.

explain : expliquer [eh-ksplee-KAY]
   j'explique   nous expliquons
   tu expliques   vous expliquez
   il, elle explique ils, elles expliquent

Joan, can you explain this sentence to me?
Jeanne, tu peux m'expliquer cette phrase?

extraordinary : extraordinaire [eh-kstra-uhr-dee-NEHR]
We are going to take an unusual trip in a rocket ship.
Nous allons faire un voyage extraordinaire en fusée.

eye : l'oeil [EUHY] m.
   les yeux [leh-ZYEOH] (pl.)
What color are your eyes?
De quelle couleur sont vos yeux?

F

face : la figure [fee-GEWR] f.
She is washing her face.
Elle se lave la figure.

factory : l'usine [ew-ZEEN] f.
My father works in the factory.
Mon père travaille à l'usine.

fair : juste [ZHEWST]
But it's my turn. It isn't fair!
Mais c'est mon tour. Ce n'est pas juste!

fair : la foire [FWAR] f.
We are going to the fair to have a good time.
Nous allons à la foire pour nous amuser.

fairy : la fée [FAY] f.
    fairy tale : le conte de fées [kohnt-dé-FAY]
Read this fairy tale to me.
Lisez-moi ce conte de fées.

fall (autumn) : l'automne [oh-TUHN] n., m.
In autumn it is cool.
En automne il fait frais.

fall : tomber [TOHN-BAY]
    je tombe   nous tombons
    tu tombes   vous tombez
    il, elle tombe ils, elles tombent

The kite falls to the ground.
Le cerf-volant tombe par terre.

false : faux [FOH]
    fausse (f.) [FOHS]
He is six years old, true or false?
Il a six ans, vrai ou faux?

family : la famille [fa-MEEY] f.
How many people are there in your family?
Combien de personnes y a-t-il dans votre famille?

famous : célèbre [say-LEHBR]
The President of France is famous.
Le président de la France est célèbre.

fan : le ventilateur [vahn-tee-la-TEUHR] m.
We use the fan when it is hot.
Nous employons le ventilateur quand il fait chaud.

far : loin (de) [LWAIN]

Is Paris far from Washington?
Est-ce que Paris est loin de Washington?

farm : la ferme [FEHRM]　f.
There are cows and horses on the farm.
Il y a des vaches et des chevaux à la ferme.

　　farmer : le fermier [fehr-MYAY]　m.
My grandfather is a farmer.
Mon grand-père est fermier.

fast : rapide [ra-PEED]
The dog is fast when he runs after a cat.
Le chien est rapide quand il court après un chat.

fast : vite [VEET]
My brother walks too fast.
Mon frère marche trop vite.

fat : gros [GROH]
　　grosse　(f.) [GROHS]
The elephant is fat.
L'éléphant est gros.

father : le père [PEHR]　m.
My father is a mailman.
Mon père est facteur.

Father (Daddy) : papa [pa-PA]　m.
Daddy, I'm afraid!
Papa, j'ai peur!

favorite : favori [fa-voh-REE]
　　favorite　(f.) [fa-voh-REET]
What is your favorite toy?
Quel est ton jouet favori?

fear (to be afraid of) : peur:　avoir peur [PEUHR]
Are you afraid of the storm?
Avez-vous peur de l'orage?

February : février [fay-VRYAY]　m.

How many days are there in February?
Combien de jours y a-t-il en février?

feel : sentir [sahŋ-TEER]

je sens	nous sentons
tu sens	vous sentez
il, elle sent	ils, elles sentent

feet : les pieds [PYAY] pl.

ferocious : féroce [fay-RUHS]
Who is afraid of a ferocious tiger?
Qui a peur d'un tigre féroce?

fever : la fièvre [FYEHVR] f.
I have to stay in bed. I have a fever.
Je dois rester au lit. J'ai de la fièvre.

field : le champ [SHAHŊ] m.
It's a field of wheat, isn't it?
C'est un champ de blé, n'est-ce pas?

fierce : féroce [fay-RUHS]
Who is afraid of a ferocious tiger?
Qui a peur d'un tigre féroce?

fifteen : quinze [KAIŊZ]
Today is January 15th, the birthday of Martin Luther King.
C'est aujourd'hui le quinze janvier, l'anniversaire de Martin Luther King.

fifty : cinquante [saiŋ-KAHŊT]
There are fifty states in the United States.
Il y a cinquante états dans les Etats-Unis.

fill : remplir [rahŋ-PLEER]

je remplis	nous remplissons
tu remplis	vous remplissez
il, elle remplit	ils, elles remplissent

Stephen fills the box with paper.
Etienne remplit la boîte de papier.

film : le film [FEELM] m.
Are they playing a good film at the movies?
On joue un bon film au cinéma?

finally : enfin [ahñ-FAIÑ]
It is good weather, finally!
Il fait beau, enfin!

find : trouver [troo-VAY]

je trouve	nous trouvons
tu trouves	vous trouvez
il, elle trouve	ils, elles trouvent

Where is my other glove? I can't find it.
Où est mon autre gant? Je ne peux pas le trouver.

finger : le doigt [DWA]   m.
The baby has ten little fingers.
Le bébé a dix petits doigts.

(finger) nail : l'ongle [OHÑGL]   m.
I am ashamed. My fingernails are dirty.
J'ai honte. Mes ongles sont sales.

finish : finir [fee-NEER]

je finis	nous finissons
tu finis	vous finissez
il, elle finit	ils, elles finissent

I am going to finish my work before going out.
Je vais finir mon travail avant de sortir.

fire : le feu [FEOH]   m.
The fire is hot.
Le feu est chaud.

fireman : le pompier [pohñ-PYAY]   m.
The fireman is very strong.
Le pompier est très fort.

fireplace : la cheminée [shé-mee-NAY]   f.
The shoes are near the fireplace.
Les chaussures sont près de la cheminée.

fire truck : la pompe à incendie [pohñ-pa-aiñ-sahñ-DEE]   f.
The fire truck makes a lot of noise.
La pompe à incendie fait beaucoup de bruit.

first : premier [prø-MYAY]
première (f.) [prø-MYEHR]
Breakfast is the first meal of the day.
Le petit déjeuner est le premier repas de la journée.

fish : le poisson [pWah-SOHⱮ] m.
There are many fish in this lake.
Il y a beaucoup de poissons dans ce lac.

goldfish : Le poisson rouge [pWah-sohⱮ-ROOZH]
I have five goldfish.
J'ai cinq poissons rouges.

fishing : la pêche [PEHSH] f.

go fishing : aller à la pêche [a-lay-a-la-PEHSH]
We are going fishing.
Nous allons à la pêche.

fish tank : l'aquarium [a-kwa-RYUHM] n., m.
There are some goldfish in the fish tank.
Il y a des poissons rouges dans l'aquarium.

five : cinq [SAIⱮ, SAIⱮK]

fix : réparer [ray-pa-RAY]

je répare	nous réparons
tu répares	vous réparez
il, elle répare	ils, elles réparent

My brother is fixing the phonograph.
Mon frère répare le phonographe.

flag : le drapeau [dra-POH] m.
les drapeaux (pl.)
There are two flags in the classroom.
Il y a deux drapeaux dans la salle de classe.

flat : plat [PLA]
plate (f.) [PLAT]
The field is flat.
Le champ est plat.

flight attendant (*see* airline)

floor : le plancher [plahy/-SHAY] m.
The pen falls to the floor.
Le stylo tombe sur le plancher.

    floor (of a building) : l'étage [ay-TAZH]   m.

    ground floor : le rez-de-chaussée

flower : la fleur [FLUHR] f.
We have many flowers in the garden.
Nous avons beaucoup de fleurs dans le jardin.

fly : la mouche [MOOSH] f.
There are flies in the kitchen!
Il y a des mouches dans la cuisine!

fly : voler [vuh-LAY]

je vole	nous volons
tu voles	vous volez
il, elle vole	ils, elles volent

The airplane pilot flies in the airplane.
Le pilote d'avion vole dans l'avion.

fog : le brouillard [broo-YAR] m.
It is difficult to see because of the fog.
Il est difficile de voir à cause du brouillard.

follow : suivre [SEW/EEVR]

je suis	nous suivons
tu suis	vous suivez
il, elle suit	ils, elles suivent

The pupils in the class follow the teacher.
Les élèves de la classe suivent la maîtresse.

foolish (stupid) : stupide [stew-PEED]
Is the elephant intelligent or stupid?
Est-ce que l'éléphant est intelligent ou stupide?

foot : le pied [PYAY] m.

    walk, go on foot: : aller à pied [a-lay-a-PYAY]
We walk to the museum.
Nous allons au musée à pied.

have a sore foot : avoir mal au pied [a-v<u>W</u>ar-ma-loh-PYAY]

for : comme [KUHM]
For dessert she has chocolate ice cream.
Comme dessert elle prend de la glace au chocolat.

for : depuis [d<s>é</s>-PEW/EE]
She has been waiting for her aunt for an hour.
Elle attend sa tante depuis une heure.

for : pour [POOR]
She is going to the store to buy stockings.
Elle va au magasin pour acheter des bas.

forest : le bois [B<u>WA</u>] m.

forest : la forêt [fuh-REH] f.
There are a hundred trees in the forest!
Il y a cent arbres dans la forêt!

forever (always) : toujours [too-ZHOOR]
The leaves always fall in autumn.
Les feuilles tombent toujours en automne.

forget : oublier [oo-BLYAY]

j'oublie	nous oublions
tu oublies	vous oubliez
il, elle oublie	ils, elles oublient

She always forgets her ticket.
Elle oublie toujours son billet.

fork : la fourchette [foor-SHEHT] f.
I eat meat with a fork.
Je mange la viande avec une fourchette.

form : former [fuhr-MAY]

je forme	nous formons
tu formes	vous formez
il, elle forme	ils, elles forment

I make a snowball with the snow.
Je forme une balle avec la neige.

forty : quarante [ka-RAH<u>N</u>T]

Do you know the story of the forty thieves?
Savez-vous l'histoire des quarante voleurs?

four : quatre [KATR]
There are four people in my family.
Il y a quatre personnes dans ma famille.

fourteen : quatorze [ka-TUHRZ]
July 14th is the French national holiday.
Le quatorze juillet est la fête nationale française.

fox : le renard [r*é*-NAR]   m.
The fox runs very fast.
Le renard court très vite.

franc (French monetary unit) : le franc [FRAHN]   m.
Here is a five-franc note.
Voici un billet de cinq francs.

France : la France [FRAHNS]   f.
Here is a map of France.
Voici une carte de la France.

French : français [frah*n*-SEH]
        française   (f.) [frah*n*-SEHZ]
I am reading a French book.
Je lis un livre français.

fresh (cool) : frais [FREH]
        fraîche   (f.) [FREHSH]
It is cool at the beach.
Il fait frais à la plage.

Friday : vendredi [vah*n*-dr*é*-DEE]   m.
What do we eat on Friday? Fish!
Qu'est-ce qu'on mange le vendredi? Du poisson!

friend : l'ami [a-MEE]   n., m.
        l'amie   (f.)
I am your friend.
Je suis ton amie.

frightening : effrayant [eh-fray-YAHN]

effrayante (f.) [eh-fray-YAHNT]
Thunder is frightening.
Le tonnerre est effrayant.

frog : la grenouille [gruh-NOOY] f.
I am trying to catch a frog.
J'essaye d'attraper une grenouille.

from : de [duh]

fruit : les fruits [FREW/EE] m., pl.
Here is some fruit. Do you prefer a pear or a banana?
Voici des fruits. Préférez-vous une poire ou une banane?

full : plein [PLAIN]
pleine [PLEHN] (f.)
The valise is full of clothes.
La valise est pleine de vêtements.

funny : amusant [a-mew-ZAHN] adj.
amusante [a-mew-ZAHNT] (f.)
The clown is funny.
Le clown est amusant.

funny : drôle [DROHL]
The marionettes are funny.

Les marionnettes sont drôles.

future : l'avenir [av-NEER] m.
In the future I'm going to visit France.
Je vais visiter la France dans l'avenir.

G

game : le jeu [ZHEOH] m.
les jeux (pl.)
Which game do you prefer?
Quel jeu préférez-vous?

garage : le garage [ga-RAZH] m.
Where is the car? It isn't in the garage.
Où est la voiture? Elle n'est pas dans le garage.

garden : le jardin [zhar-DAIN] m.
The garden is full of flowers in June.
Le jardin est plein de fleurs au mois de juin.

gas : le gaz [GAZ] m.
You have a gas stove? We have an electric stove!
Tu as un fourneau à gaz? Nous avons un fourneau électrique!

gasoline : l'essence [eh-SAHNS] f.
Daddy says, "We don't have enough gasoline."
Papa dit: "Nous n'avons pas assez d'essence."

gather : cueillir [keuh-YEER]

je cueille	nous cueillons
tu cueilles	vous cueillez
il, elle cueille	ils, elles cueillent

He is going to pick some apples.
Il va cueillir des pommes.

gay : gai [GAY]

gentle (soft) : doux [DOO]
    douce   (f.) [DOOS]
This coat is very soft.
Ce manteau est très doux.

gentle : gentil [zhahN-TEE]

gently : doucement [doos-MAHN]
Walk gently. Mother has a headache.
Marche doucement. Maman a mal à la tête.

geography : la géographie

get : recevoir [rₑ-sₑ-VWAR]

je reçois	nous recevons
tu reçois	vous recevez
il, elle reçoit	ils, elles reçoivent

I receive a postcard from my sister.
Je reçois une carte postale de ma soeur.

    get dressed : s'habiller [sa-bee-YAY]
    je m'habille   nous nous habillons

tu t'habilles   vous vous habillez
il, elle s'habille   ils, elles s'habillent

I get up, I get dressed, I go to school.
Je me lève, je m'habille, je vais à l'école.

get up : se lever [s∉-l∉-VAY]
je me lève   nous nous levons
tu te lèves   vous vous levez
il, elle se lève   ils, elles se lèvent

Get up, Edward. You're late.
Lève-toi, Edouard. Tu es en retard.

giant : le géant [zhay-AHN] m.
Read me the story of "Jack and the Giant."
Lis-moi l'histoire de "Jacques et Le Géant."

gift : le cadeau [ka—DOH] m.

girl : la fille [FEEY] f.
The little girl plays with her doll.
La petite fille joue avec sa poupée.

give : donner [duh-NAY]
je donne   nous donnons
tu donnes   vous donnez
il, elle donne   ils, elles donnent

Please give me the camera.
Donne-moi l'appareil, s'il te plaît.

give back : rendre [RAHNDR]
je rends   nous rendons
tu rends   vous rendez
il, elle rend   ils, elles rendent

He returns my roller skates.
Il me rend mes patins à roulettes.

glad (happy) : content [kohN-TAHN]
    contente (f.) [kohN-TAHNT]
The little girl is not happy.
La petite fille n'est pas contente.

glad : heureux [uh-REOH] (m.)
    heureuse (f.)

glass : le verre [VEHR] m.
I put the glass on the table carefully.
Je mets le verre sur la table avec soin.

    made of glass : en verre [ahn-VEHR]
My glasses are made of glass.
Mes lunettes sont en verre.

    glasses : les lunettes [lew-NEHT] f., pl.
Be careful! You are going to break your glasses.
Attention! Tu vas casser tes lunettes.

glove : le gant [GAHN] m.
She is wearing white gloves.
Elle porte des gants blancs.

glue : coller [kuh-LAY]

je colle	nous collons
tu colles	vous collez
il, elle colle	ils, elles collent

I glue a picture to a page of my notebook.
Je colle une image sur une page de mon cahier.

go (leave) : partir [par-TEER]

je pars	nous partons
tu pars	vous partez
il, elle part	ils, elles partent

My aunt is leaving at 5 o'clock.
Ma tante part à cinq heures.

    go (also used with exp. of health) : aller [a-LAY] v.

je vais	nous allons
tu vas	vous allez
il, elle va	ils, elles vont

Where are you going? I'm going home.
Où vas-tu? Je vais chez moi.

    go back : retourner [re-toor-NAY]

je retourne	nous retournons

217

tu retournes   vous retournez
il, elle retourne   ils, elles retournent

He goes to the blackboard and then he returns to his seat.
Il va au tableau noir et puis il retourne à sa place.

go down : descendre [deh-SAHNDR]
je descends   nous descendons
tu descends   vous descendez
il, elle descend   ils, elles descendent

The man goes down the mountain.
L'homme descend de la montagne.

go into : entrer [ahn-TRAY]
j'entre   nous entrons
tu entres   vous entrez
il, elle entre   ils, elles entrent

They go into the house.
Ils entrent dans la maison.

go out (leave) : sortir [suhr-TEER]
je sors   nous sortons
tu sors   vous sortez
il, elle sort   ils, elles sortent

The nurse leaves the hospital.
L'infirmière sort de l'hôpital.

go to bed : coucher: se coucher [se-koo-SHAY]
je me couche   nous nous couchons
tu te couches   vous vous couchez
il, elle se couche   ils, elles se couchent

I don't like to go to bed early.
Je n'aime pas me coucher de bonne heure.

go up : monter [mohn-TAY]
The kite goes up into the sky.
Le cerf-volant monte dans le ciel.

goat : la chèvre [SHEHVR] f.
The farmer has a goat.
Le fermier a une chèvre.

gold : l'or [UHR]   m.

   made of gold : en or [ahχ-NUHR]

I would like to have a gold ring.
Je voudrais avoir une bague en or.

   goldfish : le poisson rouge

good : bon [BOHχ]

   bonne [BUHN]   (f.)

It is an interesting book; it is a good book.
C'est un livre intéressant; c'est un bon livre.

   Good luck! : Bonne chance!

   Happy birthday! : Bonne fête!

   Good afternoon : bonjour [bohχ-ZHOOR]   m.

"Good afternoon, children," says the teacher.
"Bonjour les enfants," dit le professeur.

   good-bye : au revoir [uhr-VWAR]   interj.

In the morning Father says "Good-bye" to his family.
Le matin papa dit: "au revoir" à sa famille.

   Good evening! : bonsoir [bohχ-SWAR]   m.

When father returns home at nine o'clock, he says, "Good evening!"
Quand papa retourne à la maison à neuf heures, il dit: "Bonsoir!"

   good-looking (pretty) : joli [zhuh-LEE]

   jolie   (f.)

What a pretty sweater! Is it new?
Quel joli chandail! Il est neuf?

   Good morning : bonjour [bohχ-ZHOOR]   m.

"Good morning, children," says the teacher.
"Bonjour, les enfants," dit le professeur.

grand-daughter : la petite-fille

grandfather : le grand-père [grahχ-PEHR]   m.

My grandfather likes to drive the car.
Mon grand-père aime conduire la voiture.

grandmother : la grand-mère [grahχ-MEHR]   f.

We are going to my grandmother's house on Sunday.
Dimanche nous allons chez ma grand-mère.

grandparents : les grands-parents [grahn-pa-RAHN] m. and f., pl.

grandson : le petit-fils

grape : le raisin [reh-ZAIN] m.
MMM, we have grapes!
MMM, nous avons des raisins!

grapefruit : le pamplemousse [pahn-ple-MOOS] m.
The grapefruit is not sweet.
Le pamplemousse n'est pas doux.

grass : l'herbe [LEHRB] f.
Grass is green.
L'herbe est verte.

grasshopper : la sauterelle [soh-TREHL] f.
The boy tries to catch the grasshopper.
Le garçon essaye d'attraper la sauterelle.

gray : gris [GREE]
      grise   (f.) [GREEZ]
The mouse is gray.
La souris est grise.

Great! : formidable [fuhr-mee-DABL]
You are going to the circus? Great!
Tu vas au cirque? Formidable!

great : grand [GRAHN]
      grande   (f.) [GRAHND]
Madame Curie is a great scientist.
Madame Curie est une grande savante.

green : vert [VEHR]
     verte   (f.) [VEHRT]
When the banana is not ripe, it is green.
Quand la banane n'est pas mûre, elle est verte.

grocer : l'épicier [ay-pee-SYAY] m.

The grocer sells salt and jam.
L'épicier vend du sel et de la confiture.

grocery store : l'épicerie [ay-pee-SREE]   f.
You go to the grocery store to buy sugar.
On va à l'épicerie pour acheter du sucre.

ground : la terre [TEHR]   f.
When the astronaut is on the moon, he sees the earth.
Quand l'astronaute est sur la lune, il voit la terre.

ground floor : le rez-de-chaussée [rayd-shoh-SAY]   m.
Our apartment is on the ground floor.
Notre appartement est au rez-de-chaussée.

grow : pousser [poo-SAY]

je pousse	nous poussons
tu pousses	vous poussez
il, elle pousse	ils, elles poussent

He's pushing me!
Il me pousse!

guard : garder [gar-DAY]

je garde	nous gardons
tu gardes	vous gardez
il, elle garde	ils, elles gardent

guess : deviner [dǝ-vee-NAY]

je devine	nous devinons
tu devines	vous devinez
il, elle devine	ils, elles devinent

Can you guess how much money I have in my hand?
Pouvez-vous deviner combien d'argent j'ai dans la main?

guitar : la guitare [gee-TAR]   f.
I know how to play the guitar.
Je sais jouer de la guitare.

gun : le fusil [few-ZEE]   m.
The hunter carries a gun.
Le chasseur porte un fusil.

H

hair : le cheveu [SHVEOH]   m.
     les cheveux   (pl.)
Students at the university like long hair.
Les étudiants à l'université aiment les cheveux longs.

     hairbrush : la brosse à cheveux

half : demi [dɇMEE]
     demie   (f.)
     half an hour : la demi-heure [dɇ-mee-EUHR]
I have been waiting for you for half an hour!
Voilà une demi-heure que je vous attends!

half : la moitié [mWa-TYAY]   f.
Give me half of the pear, please.
Donnez-moi la moitié de la poire, s'il vous plaît.

ham : le jambon [zhahɲ-BOHɲ]   m.
Will you have some ham in your sandwich?
Vous prenez du jambon dans votre sandwich?

hammer : le marteau [mar-TOH]   m.
Albert is working with a hammer.
Albert travaille avec un marteau.

hand : la main [MAIɲ]   f.
My hands are dirty!
J'ai les mains sales!

     right hand : la main droite [maiɲ-DRWAT]
     left hand : la main gauche [maiɲ-GOHSH]

handbag : le sac [SAK]   m.

handkerchief : le mouchoir [moo SHWAR]   m.
I use a handerchief when I sneeze.
J'emploie un mouchoir quand j'éternue.

handsome (beautiful) : beau [BOH]
     beaux [BOH]   (m., pl.)
     belle [BEHL]   (f.)

bel [BEHL]   (m., before a vowel)

The actor is handsome; the actress is beautiful.
L'acteur est beau; l'actrice est belle.

happen : arriver [a-ree-VAY]   v.

j'arrive	nous arrivons
tu arrives	vous arrivez
il, elle arrive	ils, elles arrivent

What is happening?
Qu'est-ce qui arrive?

happy : content [kohn-TAHN]   (m.) contente   (f.)

happy : heureux [uh-REOH]   (m.) heureuse   (f.)

Happy Birthday : Joyeux Anniversaire

hard : dur [DEWR]
    dure   (f.)

This apple is too hard.
Cette pomme est trop dure.

hat : le chapeau [sha-POH]   m.

What a pretty hat!
Quel joli chapeau!

hate : détester [day-tehs-TAY]

je déteste	nous détestons
tu détestes	vous détestez
il, elle déteste	ils, elles détestent

He hates spinach.
Il déteste les épinards.

have : avoir [a-VWAR]

j'ai	nous avons
tu as	vous avez
il, elle a	ils, elles ont

She has a pencil.
Elle a un crayon.

have a : avoir mal au ventre [a-vWar-ma-loh-VAHNTR]

Do you have a stomachache?
As-tu mal au ventre?

have a good time : s'amuser [sa-mew-ZAY] v.

je m'amuse	nous nous amusons
tu t'amuses	vous vous amusez
il, elle s'amuse	ils, elles s'amusent

I have a good time at the circus.
Je m'amuse au cirque.

have a pain in the. . . : mal: avoir mal à [a-vWar-mal-la]
I am sick. I have a headache.
Je suis malade. J'ai mal à la tête.

have a sore . . . : mal: avoir mal à [a-vWar-mal-la]
Peter has a sore foot.
Pierre a mal au pied.

have (food) : prendre [PRAHNDR]

je prends	nous prenons
tu prends	vous prenez
il, elle prend	ils, elles prennent

Mom has a croissant for breakfast.
Maman prend un croissant pour le petit déjeuner.

have to : devoir [de-vWAR]

je dois	nous devons
tu dois	vous devez
il, elle doit	ils, elles doivent

I have to wash my hands.
Je dois me laver les mains.

hay : le foin [FWAIN] m.
The farmer gives hay to the horses.
Le fermier donne du foin aux chevaux.

he : il [EEL] m.

head : la tête [TEHT] f.
The soldier turns his head.
Le soldat tourne la tête.

health : la santé [sahn-TAY] f.
Mother says, "Candy is not good for your health."
Maman dit: "Les bonbons ne sont pas bons pour la santé."

hear : entendre [ahn-TAHNDR]

    j'entends   nous entendons
    tu entends   vous entendez
    il, elle entend ils, elles entendent

I hear the telephone ringing.
J'entends le téléphone qui sonne.

heart : le coeur [KEUHR] m.
Look at all the hearts on the (playing) card!
Regardez tous les coeurs sur la carte!

heavy : lourd [LOOR]
    lourde (f.) [LOORD]
The valise is very heavy.
La valise est très lourde.

helicopter : l'hélicoptère [lay-lee-kuhp-TEHR] m.
What is it? A helicopter.
Qu'est-ce que c'est? Un hélicoptère.

Hello : bonjour [bohn-ZHOOR] m.
"Good morning, children," says the teacher.
"Bonjour, les enfants," dit le professeur.

help : aider [eh-DAY] v.
    j'aide   nous aidons
    tu aides   vous aidez
    il, elle aide ils, elles aident

John helps his sister carry the books.
Jean aide sa soeur à porter les livres.

Help! : secours: Au secours! [oh-SKOOR]

When I fall I cry, "Help!"
Quand je tombe je crie: "Au secours!"

her : la

her : lui [LEW/EE]

her : son [SOHN]

225

here : ici [ee-SEE]
Come here, Pierrot.
Viens ici, Pierrot.

here : présent [pray-ZAHN]
    présente (f.) [pray-ZAHNT]
My friend Joan is present; my friend Susan is absent.
Mon amie Jeanne est présente; mon amie Suzanne est absente.

here are : voici [vWa-SEE]
Here are my tops. (toys)
Voici mes toupies.

here is : voici [vWa-SEE]
Here is my top. (toy)
Voici ma toupie.

herself : se [sɛ]

hide : cacher [ka-SHAY]

je cache	nous cachons
tu caches	vous cachez
il, elle cache	ils, elles cachent

The boy is hiding the flowers behind him.
Le garçon cache les fleurs derrière lui.

to play hide-and-seek : jouer à cache-cache

high : grand [GRAHN]

high : haut [OH]

highway (road) : la route [ROOT] f.
What's the name of this road?
Quel est le nom de cette route?

him : le [lɛ] m.
    l' (before a vowel)
    la [LA] (f.)
I like him (her) (it).
Je l'aime.
I see her (it).
Je la vois.

I see them.
Je les vois.

him : lui [LEW/EE]
She gives him a cup of coffee.
Elle lui donne un café.

himself : se [s₤]
He washes himself.
Il se lave.

his : son [SOHN]

history : l'histoire [lees-TWAR] f.
Do you like the story of "The Three Bears?"
Tu aimes l'histoire "Les trois ours?"

hit : battre [BATR]

je bats	nous battons
tu bats	vous battez
il, elle bat	ils, elles battent

He's hitting me!
Il me bat!

hole : le trou [TROO] m.
I have a hole in my sock.
J'ai un trou dans la chaussette.

holiday : la fête [FEHT] f.

home (house) : la maison [meh-ZOHN] f.
Here is my uncle's house.
Voici la maison de mon oncle.

homework : le devoir [d₤-VWAR] m.
We are going to do our homework together.
Nous allons faire nos devoirs ensemble.

hoop : le cerceau [sehr-SOH] m.
The boy is rolling a big hoop.
Le garçon roule un grand cerceau.

hope : espérer [ehs-pay-RAY]

j'espère	nous espérons
tu espères	vous espérez

il, elle espère   ils, elles espèrent

I hope to get a good mark in history.
J'espère recevoir une bonne note en histoire.

    to play hopscotch : jouer à la marelle

horse : le cheval [SHVAL] m.

hospital : l'hôpital [loh-pee-TAL] m.
The nurse works at the hospital.
l'infirmière travaille à l'hôpital.

hot : chaud [SHOH]
    It is hot : Il fait chaud
    to be hot : avoir chaud

hotel : l'hôtel [loh-TEHL] m.
What is the name of this hotel?
Quel est le nom de cet hôtel?

hour : l'heure [LEUHR] f.
What time is it?
Quelle heure est-il?
It is dinner time. It is seven thirty. (It is half past seven.)
C'est l'heure du dîner. Il est sept heures et demie.

house : la maison [meh-ZOHⁿ] f.
Here is my uncle's house.
Voici la maison de mon oncle.

how : comment [kuh-MAHⁿ]
How are you?
Comment allez-vous?

how many : combien [kohⁿ-BYAIⁿ]
How many toys do you have?
Combien de jouets as-tu?

how much : combien [kohⁿ-BYAIⁿ]

hungry (to be) : avoir faim

humid : humide [ew-MEED]
My bathing suit is damp.
Mon maillot est humide.

hunter : le chasseur [sha-SEUHR] m.
The hunter goes into the forest.
Le chasseur entre dans la forêt.

Hurray! : Bravo!

hurry : dépêcher: se dépêcher [sé-day-peh-SHAY]
   je me dépêche   nous nous dépêchons
   tu te dépêches   vous vous dépêchez
   il, elle se dépêche   ils, elles se dépêchent

They hurry because they are late.
Ils se dépêchent parce qu'ils sont en retard.

hurt : mal: avoir mal à [a-vwar-mal-la]

husband : le mari [ma-REE] m.
My aunt's husband is my uncle.
Le mari de ma tante est mon oncle.

I

I : je [je]
I am speaking to my friends.
Je parle à mes amis.

ice : la glace [GLAS] f.
Let's go ice skating.
Allons patiner sur la glace.

ice cream : la glace [GLAS] f.
Do you like vanilla ice cream?
Tu aimes la glace à la vanille?

ice-skate : le patin à glace
   to ice skate : patiner

idea : l'idée [ee-DAY] f.
What a good idea it is to go swimming!
Quelle bonne idée d'aller nager!

if : si [SEE]

immediately : tout de suite [too-TSEW/EET]

important : important [aix-puhr-TAHX]
It is important to eat vegetables.
Il est important de manger des légumes.

impossible : impossible [aix-puh-SEEBL]
It is impossible to roll this rock.
Il est impossible de rouler ce rocher.

in : dans [DAHX]
They go into the school.
Ils entrent dans l'école.

in : en [AHX] ; dans [DAHX]
in front of : devant [dɇ-VAHX]
There is a table in front of the sofa.
Il y a une table devant le canapé.

in honor of : honneur: en l'honneur de [ahx-luh-NUHR-dɇ]
We are dining in a restaurant in honor of my daughter.
Nous dînons au restaurant en l'honneur de ma fille.

in order to (to) : pour [POOR]
She is going to the store to buy stockings.
Elle va au magasin pour acheter des bas.

in the middle of : milieu: au milieu de [oh-mee-LYEOH-dɇ]
Mom puts the candy in the middle of the table.
Maman met les bonbons au milieu de la table.

(in) this way : ainsi [aix-SEE] adv.
The little marionettes dance this way.
Ainsi dansent les petites marionettes.

indicate : indiquer [aix-dee-KAY]

j'indique	nous indiquons
tu indiques	vous indiquez
il, elle indique	ils, elles indiquent

The policeman indicates that we must go by this road.
L'agent de police indique qu'il faut aller par cette route.

inexpensive(ly) : bon marché [bohŋ-mar-SHAY]
Bread is cheap; it is not expensive.
On vend le pain bon marché; il ne coûte pas cher.

insect : l'insecte [aiŋ-SEHKT]   m.
I hate insects!
Je déteste les insectes!

intelligent : intelligent [aiŋ-teh-lee-ZHAHŋ]
       intelligente (f.) [aiŋ-teh-lee-ZHAHŋT]
The teacher says, "What an intelligent class!"
Le professeur dit: "Quelle classe intelligente!"

intentionally (on purpose) : exprès [eh-KSPREH]
My brother teases me on purpose. (intentionally)
Mon frère me taquine exprès.

interesting : intéressant [aiŋ-tay-reh-SAHŋ]
       intéressante (f.) [aiŋ-tay-reh-SAHŋT]
Do you think the film is interesting?
Tu trouves que le film est intéressant?

into : dans [DAHŋ]
They go into the school.
Ils entrent dans l'école.

introduce : présenter [pray-zahŋ-TAY]
       je présente   nous présentons
       tu présentes   vous présentez
       il, elle présente   ils, elles présentent

I would like to introduce my grandson to you.
Je vous présente mon petit-fils.

invite : inviter [aiŋ-vee-TAY]
       j'invite   nous invitons
       tu invites   vous invitez
       il, elle invite   ils, elles invitent

My aunt invites me to her house.
Ma tante m'invite chez elle.

iron : le fer [FEHR]   m.

iron : repasser [rʒ-pa-SAY]

je repasse	nous repassons
tu repasses	vous repassez
il, elle repasse	ils, elles repassent

He irons the shirt with an iron.
Il repasse la chemise avec un fer.

iron (metal) : le fer [FEHR] m.
The iron is not working. I can't iron this dress.
Le fer ne marche pas. Je ne peux pas repasser cette robe.

made of iron : en fer [ahʒ-FEHR]
The stove is made of iron.
Le fourneau est en fer.

island : l'île [EEL] f.
Corsica is a French island.
La Corse est une île française.

Isn't that true? Isn't that so? Don't you : n'est-ce pas? [nehs-PA]
The weather is bad, isn't it?
Il fait mauvais, n'est-ce pas?

My teacher is handsome, don't you agree?
Mon professeur est beau, n'est-ce pas?

it : il [EEL] m. elle (f.)
ils (pl.) they elles (f.)
Here is the pencil. It is yellow.
Voici le crayon. Il est jaune.
Where is my shoe? It's under the bed.
Où est ma chaussure? Elle est sous le lit.

It is forbidden to : défense de [day-FAHʒS-dʒ]

it is necessary : faut: il faut [FOH]
It is necessary to go to school.
Il faut aller à l'école.
(We have to go to school.)

It is raining. It rains. : pleut: Il pleut [eel-PLEUH]
It rains a lot in the month of April.
Il pleut beaucoup au mois d'avril.

it is snowing : neige: il neige [eel-NEHZH]
Look out the window. It's snowing!
Regardez par la fenêtre. Il neige!

its : son [SOHN]

I would like . . . : je voudrais [voo-DREH]
   He would like : il voudrait [voo-DREH]
   She would : elle voudrait [voo-DREH]
   They would like . . . : ils, elles voudraient
I would like to take a walk.
Je voudrais faire une promenade.
She would like to go shopping.
Elle voudrait faire des emplettes.

J

jacket : la veste [VEHST]   f.
My grandfather wears pants and a jacket.
Mon grand-père porte un pantalon et une veste.

jackknife (pocketknife) : le canif [ka-NEEF]   m.
Do you have a pocketknife?
Avez-vous un canif?

jam : la confiture [kohn-fee-TEWR]   f.
Please give me a piece of bread with strawberry jam.
Donnez-moi un morceau de pain avec de la confiture aux fraises, s'il vous plaît.

January : janvier [zhahn-VYAY]   m.
January sixth is a holiday in France.
Le six janvier est un jour de fête en France.

jet airplane : réaction: l'avion à réaction

jewel : le bijou [bee-ZHOO]   m.

   jewelry (jewels) : le bijou [bee-ZHOO]   m.
   les bijoux   (pl.)
There are many jewels in the trunk.
Il y a beaucoup de bijoux dans la malle.

juice : le jus [ZHEW]   m.

orange juice : le jus d'orange [zhew-duh-RAHNZH]
I like orange juice.
J'aime le jus d'orange.

July : juillet [zhew/ee-YAY]   m.
July 14th is the French national holiday.
Le quatorze juillet est la fête nationale française.

jump : sauter [soh-TAY]

je saute	nous sautons
tu sautes	vous sautez
il, elle saute	ils, elles sautent

The boy jumps from the stairs.
Le garçon saute de l'escalier.

June : juin [ZHWAIN]   m.
How many days are there in June?
Combien de jours y a-t-il en juin?

K

kangaroo : le kangourou [kahn-goo-ROO]   m.
The kangaroo is a strange animal.
Le kangourou est un animal bizarre.

keep : garder [gar-DAY]

je garde	nous gardons
tu gardes	vous gardez
il, elle garde	ils, elles gardent

I keep a dog.
Je garde un chien.

key (sometimes spelled clé) : la clef [KLAY]   f.
Where is my key?
Où est ma clef

kick : donner un coup de pied à

kill : tuer [tew-AY]

je tue	nous tuons
tu tues	vous tuez
il, elle tue	ils, elles tuent

Mother kills the fly.
Maman tue la mouche.

kilometer : le kilomètre [kee-loh-MEHTR] m.
I live five kilometers from the school.
J'habite à cinq kilomètres de l'école.

kind : gentil [zhahn-TEE]

kind : la sorte [SUHRT] f.
What kind of meat is this?
Quelle sorte de viande est-ce?

king : le roi [RWA] m.
Is there a king in France? No, there is a president.
Est-ce qu'il y a un roi en France? Non, il y a un président.

kiss : le baiser [beh-ZAY] m.
Mother is kissing the child.
Maman donne un baiser à l'enfant.

kitchen : la cuisine [kew/ee-ZEEN] f.
Mother prepares meals in the kitchen.
Maman prépare les repas dans la cuisine.

    cook : faire la cuisine

    (kitchen or table) knife : le couteau [koo-TOH] m.
    les couteaux (pl.)
She puts a knife at each place at the table.
Elle met un couteau à chaque place à la table.

kite : le cerf-volant [sehr-vuh-LAHN] m.
    les cerfs-volants (pl.)
Good, it's windy. Let's play with a kite.
Bon, il fait du vent. Allons jouer avec un cerf-volant.

kitten : le petit chat, le chaton

knee : le genou [ZHNOO] m.

    les genoux (pl.)
You have a sore knee? That's too bad!
Tu as mal au genou? C'est triste.

knife : le couteau; le canif

knit : tricoter [tree-kuh-TAY]

je tricote	nous tricotons
tu tricotes	vous tricotez
il, elle tricote	ils, elles tricotent

I am learning how to knit.
J'apprends à tricoter.

knob : le bouton

knock : frapper [fra-PAY]
Mommy, someone is knocking at the door.
Maman, on frappe à la porte.

knock : le coup [KOO]   m.
There are two knocks on the door. Who's there?
Il y a deux coups à la porte. Qui est là?

know : connaître [kuh-NEHTR]

je connais	nous connaissons
tu connais	vous connaissez
il, elle connaît	ils, elles connaissent

Do you know my teacher?
Connais-tu mon maître?

know : savoir [sa-VWAR]

je sais	nous savons
tu sais	vous savez
il, elle sait	ils, elles savent

know how to : savoir [sa-VWAR]

je sais	nous savons
tu sais	vous savez
il, elle sait	ils, elles savent

I know how to ride a bicycle.
Je sais monter à bicyclette.

L

lady : la dame [DAHM]   f.
Who is this lady?
Qui est cette dame?

lake : le lac [LAK] m.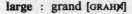
I go fishing at the lake shore.
Je vais à la pêche au bord du lac.

lamp : la lampe [LAHMP] f.
The lamp is in the living-room.
La lampe est dans le salon.

large : grand [GRAHM]

last : dernier [dehr-NYAY] m.
　　　dernière (f.) [dehr-NYEHR]
Paul is the last one to sit down at the table.
Paul est le dernier à s'asseoir à table.

　　last one : le dernier [dehr-NYAY] m.

late : tard [TAR]
It is late. Let's hurry.
Il est tard. Dépêchons-nous.

　　later : plus tard [plew-TAR]
It is eight o'clock now. The mailman comes later.
Il est huit heures maintenant. Le facteur arrive plus tard.

　　late : retard: en retard [ahM-rM-TAR]
Frank comes late to school.
François arrive à l'école en retard.

laugh : rire [REER]
　　　je ris　　　nous rions
　　　tu ris　　　vous riez
　　　il, elle rit　ils, elles rient

He laughs when he looks at the bears.
Il rit quand il regarde les ours.

lawyer : l'avocat [a-vuh-KA] m.
My uncle is a lawyer.
Mon oncle est avocat.

lazy : paresseux [pa-reh-SEOH]
　　　paresseuse [pa-reh-SEOHZ] (f.)
My teacher says I am lazy.
Ma maîtresse dit que je suis paresseuse.

lead : mener [m∉-NAY]

je mène	nous menons
tu mènes	vous menez
il, elle mène	ils, elles mènent

He leads his dog outside.
Il mène son chien dehors.

leader : le chef [SHEHF] m.
No! You're always playing the leader.
Mais non! Tu joues toujours le rôle du chef.

leaf : la feuille [FUHY] f.
The leaves are green in summer.
Les feuilles sont vertes en été.

leap : sauter [soh-TAY]

je saute	nous sautons
tu sautes	vous sautez
il, elle saute	ils, elles sautent

to play leap-frog : jouer à saute-mouton

learn : apprendre [a-PRAHⁿDR] v.

j'apprends	nous apprenons
tu apprends	vous apprenez
il, elle apprend	ils, elles apprennent

She likes to learn French.
Elle aime apprendre le français.

leather : le cuir [KEW/EER] m.
    made of leather : en cuir
My brother's jacket is made of leather.
La veste de mon frère est en cuir.

leave : laisser [leh-SAY]

je laisse	nous laissons
tu laisses	vous laissez
il, elle laisse	ils, elles laissent

I often leave my books at Michael's house.
Je laisse souvent mes livres chez Michel.

leave : partir [par-TEER]

```
        je pars        nous partons
        tu pars        vous partez
        il, elle part  ils, elles partent
```

My aunt is leaving at 5 o'clock.
Ma tante part à cinq heures.

leave : quitter [kee-TAY]

```
        je quitte        nous quittons
        tu quittes       vous quittez
        il, elle quitte  ils, elles quittent
```

We leave the museum at 5:00 o'clock.
Nous quittons le musée à cinq heures.

leave : sortir [suhr-TEER]

```
        je sors        nous sortons
        tu sors        vous sortez
        il, elle sort  ils, elles sortent
```

The nurse leaves the hospital.
L'infirmière sort de l'hôpital.

left : gauche [GOHSH]

    left hand : la main gauche [main-GOHSH]

I raise my left hand.
Je lève la main gauche.

    to the left : à gauche [a-GOHSH]

The tree is to the left of the house.
L'arbre est à gauche de la maison.

leg : la jambe [ZHAHMB] f.

Birds have two legs; animals have four paws.
L'oiseau a deux jambes; l'animal a quatre pattes.

lemon : le citron [see-TROHN] m.

Lemons are yellow.
Les citrons sont jaunes.

lend : prêter [preh-TAY]

```
        je prête        nous prêtons
        tu prêtes       vous prêtez
        il, elle prête  ils, elles prêtent
```

Can you lend me your bicycle?
Peux-tu me prêter ta bicyclette?

leopard : le léopard [lay-oh-PAR] m.
The leopard is in the forest.
Le léopard est dans la forêt.

less (before, to) : moins [MWAIN]
We are leaving at twenty minutes to two.
Nous partons à deux heures moins vingt.

lesson : la leçon [lŕ-SOHN] f.
Today's lesson is difficult, isn't it?
La leçon d'aujourd'hui est difficile, n'est-ce pas?

let : laisser [leh-SAY]

je laisse	nous laissons
tu laisses	vous laissez
il, elle laisse	ils, elles laissent

My brother lets me wash the car.
Mon frère me laisse laver la voiture.

letter : la lettre [LEHTR] f.
I put the letter in the envelope.
Je mets la lettre dans l'enveloppe.

    mailbox : la boîte aux lettres

lettuce : la laitue [leh-TEW] f.
Mom makes a salad with lettuce.
Maman prépare une salade avec la laitue.

library : la bibliothèque [bee-blyoh-TEHK] f.
There are so many books in the library!
Il y a tant de livres dans la bibliothèque!

lie : le mensonge [mahn-SOHNZH]
He tells lies!
Il dit des mensonges!

light : clair [KLEHR]

light : la lumière [lew-MYEHR] f.
The moon does not give much light.

La lune ne donne pas beaucoup de lumière.

light (traffic) : le feu [FEOH] m.
You cross the street when you see the green light.
On traverse la rue quand on voit le feu vert.

light : léger [lay-ZHAY]
　　　légère [lay-ZHEHR] (f.)
This box is light.
Cette boîte est légère.

lightning : l'éclair [ay-KLEHR] m.
I am afraid of lightning.
J'ai peur de l'éclair.

(light)switch : le bouton [boo-TOHN] m.

like : aimer [ch-MAY] v.
　　j'aime　　　nous aimons
　　tu aimes　　vous aimez
　　il, elle aime　ils, elles aiment

Mother likes her children.
Maman aime ses enfants.

lion : le lion [LYOHN] m.
The lion is not a gentle animal.
Le lion n'est pas un animal doux.

lip : la lèvre [LEHVR] f.

listen : écouter [ay-koo-TAY]
　　j'écoute　　　nous écoutons
　　tu écoutes　　vous écoutez
　　il, elle écoute　ils, elles écoutent

The boy is listening to the radio.
Le garçon écoute la radio.

little : petit [PTEE]

little : un peu [PEOH]
Do you want any soup? A little, please.
Voulez-vous de la soupe? Un peu, s'il vous plaît.

live : demeurer [də-meuh-RAY]

je demeure	nous demeurons
tu demeures	vous demeurez
il, elle demeure	ils, elles demeurent

Where do you live?
Où demeurez-vous?

live : vivre [VEEVR]

je vis	nous vivons
tu vis	vous vivez
il, elle vit	ils, elles vivent

Do any wild animals live in this forest?
Est-ce que des animaux sauvages vivent dans cette forêt?

live (dwell) : habiter [a-bee-TAY]

j'habite	nous habitons
tu habites	vous habitez
il, elle habite	ils, elles habitent

Where do you live?
Où habitez-vous?

living room : le salon [sa-LOHN] m.
Who is in the living room?
Qui est dans le salon?

(loaf of bread) : le pain [PAIN] m.
You see many loaves of bread in the bakery.
On voit beaucoup de pains dans la boulangerie.

     roll : le petit pain [ptee-PAIN]
A roll, please.
Un petit pain, s'il vous plaît.

       toast : le pain grillé [pain-gree-YAY]
My sister prefers toast.
Ma soeur préfère le pain grillé.

lollipop : la sucette [sew-SEHT] f.
MMM, I like the lollipop.
MMM, j'aime la sucette.

long : long [LOHN]

longue   (f.) [LOHNG]
She is wearing a long dress.
Elle porte une robe longue.

look : l'air [EHR]   n., m.
The tiger has a ferocious look.
Le tigre a l'air féroce.

look (at) , watch : regarder [rɇ-gar-DAY]

je regarde	nous regardons
tu regardes	vous regardez
il, elle regarde	ils, elles regardent

I like to watch television.
J'aime regarder la télévision.

look after : surveiller [sewr-vay-YAY]

je surveille	nous surveillons
tu surveilles	vous surveillez
il, elle surveille	ils, elles surveillent

The cat looks after the kittens.
Le chat surveille les petits (chats).

look for : chercher [shehr-SHAY]

je cherche	nous cherchons
tu cherches	vous cherchez
il, elle cherche	ils, elles cherchent

Father is always looking for his keys.
Papa cherche toujours ses clefs.

lose : perdre [PEHRDR]

je perds	nous perdons
tu perds	vous perdez
il, elle perd	ils, elles perdent

Jack always loses his hat.
Jacques perd toujours son chapeau.

lot (of) : beaucoup de (d') [boh-KOO]
Bertha has a lot of books.
Berthe a beaucoup de livres

beaux   (*see* beau)

loud (tall) : haut [OH]

    haute (f.) [OHT]
The Eiffel Tower is very tall.
La Tour Eiffel est très haute.

    in a loud voice : à haute voix [a-oht-V<u>WA</u>]

    upstairs : en haut [ahN-OH]
Where are you? Upstairs.
Où es-tu? En haut.

    loudly : fort [FUHR]
He plays the drum too loudly.
Il joue trop fort au tambour.

love : aimer [eh-MAY] v.

    j'aime   nous aimons
    tu aimes   vous aimez
    il, elle aime ils, elles aiment

Mother loves her children.
Maman aime ses enfants.

love : l'amour [a-MOOR] m.
The boy loves his dog.
Le garçon a un grand amour pour son chien.

low : bas [BAH]

lower : baisser [beh-SAY]

    je baisse   nous baissons
    tu baisses   vous baissez
    il, elle baisse ils, elles baissent

The teacher says, "Put your hands down!"
Le professeur dit: "Baissez les mains!"

luck : la chance [SHAHNS] f.

    Good luck! : Bonne chance! [buhn-SHAHNS]
Before the examination my friend says, "Good luck!"
Avant l'examen mon ami dit: "Bonne chance!"

    to be lucky : avoir de la chance
The boy wins a prize. He is lucky.
Le garçon gagne un prix. Il a de la chance.

luggage (baggage) : les bagages [ba-GAZH]   m., pl.
The luggage is ready for the trip.
Les bagages sont prêts pour le voyage.

lunch : le déjeuner [day-zheuh-NAY]   m.
I eat lunch at noon.
Je prends le déjeuner à midi.

>   **lunchtime** : l'heure du déjeuner

M

machine : la machine [ma-SHEEN]   f.

>   **washing machine** : la machine à laver [ma-shee-na-la-VAY]

Mother wants a washing machine.
Maman désire une machine à laver.

mad : fou [FOO]

made of : en

maid : la bonne [BUHN]   f.
The maid cleans the house.
La bonne nettoie la maison.

mail a letter : mettre une lettre à la poste

mailbox : la boîte aux lettres

mail carrier : le facteur [fak-TUHR]   m.
The mail carrier brings letters and packages.
Le facteur apporte des lettres et des paquets.

make : former [fuhr-MAY]

je forme	nous formons
tu formes	vous formez
il, elle forme	ils, elles forment

I make a snowball with the snow.
Je forme une balle avec la neige.

make (do) : faire [FEHR]

je fais	nous faisons
tu fais	vous faites
il, elle fait	ils, elles font

He does his homework.
Il fait ses devoirs.

Mama : maman [ma-MAHN] f.
Mom, where are my socks?
Maman, où sont mes chaussettes?

man : l'homme [LUHM] m.
The man comes to fix the television set.
L'homme vient pour réparer le téléviseur.

man : monsieur [muh-SYEOH] m.
     men : messieurs (pl.) [meh-SYEOH]
The grocer's name is Mr. Montand.
L'épicier s'appelle monsieur Montand.

many : beaucoup de (d') [boh-KOO]
Bertha has a lot of books.
Berthe a beaucoup de livres.

map : la carte [KART] f.
Do you have a road map of France?
Avez-vous une carte des routes de la France?

marbles : les billes [BEEY] f.
Boys like to play marbles.
Les garçons aiment jouer aux billes.

March : mars [MARS] m.
It is windy in March.
Il fait du vent en mars.

marionette : la marionnette [ma-ryoh-NEHT] f.
The marionettes are funny.
Les marionnettes sont drôles.

mark (in school) : la note [NUHT] f.
Do you have good marks?
Tu as de bonnes notes?

market : le marché [mar-SHAY] m.
What do they sell at the market?
Qu'est-ce qu'on vend au marché?

marry : épouser [ay-poo-ZAY]

j'épouse	nous épousons
tu épouses	vous épousez
il, elle épouse	ils, elles épousent

The prince marries the princess.
Le prince épouse la princesse.

Marvelous! (Great!) : formidable [fuhr-mee-DABL]
You are going to the circus? Great!
Tu vas au cirque? Formidable!

marvelous : sensationnel [sahŋ-sa-syohŋ-NEHL]
You're going to the theater? Marvelous!
Tu vas au théâtre? Sensationnel!

match : l'allumette [a-lew-MEHT]   n., f.
Matches are dangerous for children.
Les allumettes sont dangereuses pour les enfants.

May : mai [MAY]   m.
There are thirty-one days in May.
Il y a trente et un jours en mai.

may : pouvoir [poo-VWAR]

je peux	nous pouvons
tu peux	vous pouvez
il, elle peut	ils, elles peuvent

Puis-je aller à la pêche?
May I go fishing?

maybe : peut-être [peoh-TEHTR]
Are we going horseback riding this morning? Maybe.
Nous montons à cheval ce matin? Peut-être.

me : me [mœ]
He gives me some bread.
Il me donne du pain.

me : moi [MWAH]
Who is knocking at the door? It's me, Michael.
Qui frappe à la porte? C'est moi, Michel.

meal : le repas [rœ-PA]   m.
Which meal do you prefer?
Quel repas préférez-vous?

mean : vouloir dire [voo-[War-DEER]
What does this word mean?
Que veut dire ce mot?

meat : la viande [VYAHXD] f.
The woman goes to the butcher shop to buy meat.
La femme va à la boucherie pour acheter de la viande.

mechanic : le mécanicien [may-ka-nee-SYAIX] m.
I would like to become a mechanic.
Je voudrais devenir mécanicien.

medicine : le médicament

meet : rencontrer [rahX-kohX-TRAY]
    je rencontre   nous rencontrons
    tu rencontres   vous rencontrez
    il, elle rencontre   ils, elles rencontrent

Who meets Little Red Riding Hood in the forest?
Qui rencontre Le Petit Chaperon Rouge dans la forêt?

member : le membre [MAHXBR] m.
He is a member of our team.
Il est membre de notre équipe.

menu : la carte [KART] f.

merry-go-round : le manège [ma-NEZH] m.
Look at the horses on the merry-go-round!
Regarde les chevaux du manège!

midnight : minuit [mee-NEW/EE] m.
It is midnight. Why aren't you sleeping?
Il est minuit. Pourquoi ne dors-tu pas?

mile : le mille [MEEL] m.
My friend lives one mile from here.
Mon ami demeure un mille d'ici.

milk : le lait [LEH] noun, m.
I drink milk and Daddy drinks coffee with milk.
Je bois du lait et Papa boit du café avec du lait.

million : le million [mee-LYOHX] m.

How many records do you have? A million!
Combien de disques as-tu? Un million!

minute : la minute [mee-NEWT] f.
How many minutes are there in an hour?
Combien de minutes y a-t-il dans une heure?

mirror : le miroir [mee-RWAR] m.
The little girl is looking at herself in the mirror.
La petite fille se regarde dans le miroir.

mirror : la glace [GLAS] f.

Do you have a mirror?
Est-ce que vous avez une glace?

Miss : mademoiselle [ma-dmWa-ZEHL] f.
      young ladies : mesdemoiselles [meh-dmWa-ZEHL] (pl.)
Miss Duval? She is a good teacher.
Mademoiselle Duval? Elle est un bon professeur.

mistake : la faute [FOHT] f.
I make mistakes when I write in French.
Je fais des fautes quand j'écris en français.

mix : mélanger [may-lahⁿ-ZHAY]
    je mélange   nous mélangeons
    tu mélanges   vous mélangez
    il, elle mélange   ils, elles mélangent

When you play dominoes, you mix the dominoes.
Quand on joue aux dominos, on mélange les dominos.

moist : humide [ew-MEED]
My bathing suit is damp.
Mon maillot est humide.

Mom : **Mommy** : maman [ma-MAHⁿ] f.
Mom, where are my socks?
Maman, où sont mes chaussettes?

moment : le moment [muh-MAHⁿ] m.
I am going into the post office for a moment.
J'entre dans la poste pour un moment.

Monday : lundi [luhń-DEE] m.
What do you do on Mondays?
Que faites-vous le lundi?

money : l'argent [ar-ZHAHŃ] n., m.
He doesn't have enough money.
Il n'a pas assez d'argent.

    money box (piggy bank) : la tirelire [teer-LEER] f.
I do not have much money in my piggy bank.
Je n'ai pas beaucoup d'argent dans ma tirelire.

monkey : le singe [SAIŃZH] m.
The monkey is eating a banana.
Le singe mange une banane.

month : le mois [MWA] m.
We have two months of vacation.
Nous avons deux mois de vacances.

moon : la lune

more : encore [ahń-KUHR]
Do you want more bread?
Tu désires encore du pain?

more : plus [PLEW]

morning : le matin [ma-TAIŃ] m.
What do you eat in the morning?
Que mangez-vous le matin?

    Good morning : Bonjour

mosquito : le moustique [moos-TEEK] m.
Daddy, catch the mosquito! It's going to bite me.
Papa, attrapez le moutique. Il va me piquer!

mother : la mère [MEHR] f.
Today is my mother's birthday.
C'est l'anniversaire de ma mère aujourd'hui.

Mother : maman [ma-MAHŃ] f.
Mom, where are my socks?
Maman, où sont mes chaussettes?

mountain : la montagne [mohñ-TAN] f.
The mountains near Spain are the Pyrenees.
Les montagnes près de l'Espagne sont les Pyrénées.

mouse : la souris [soo-REE] f.
There are mice in this field.
Il y a des souris dans ce champ.

mouth : la bouche [BOOSH] f.
The child opens his mouth when he cries.
L'enfant ouvre la bouche quand il pleure.

move : remuer [rñ-mew-AY]

je remue	nous remuons
tu remues	vous remuez
il, elle remue	ils, elles remuent

She moves her fingers quickly when she plays the piano.
Elle remue vite ses doigts quand elle joue du piano.

movie : le film [FEELM] m.
Are they playing a good film at the movies?
On joue un bon film au cinéma?

movies : le cinéma [see-nay-MAH] m.
There is a good film at the movies.
Il y a un bon film au cinéma.

Mr. : monsieur [muh-SYEOH] m.

Mrs. : madame [ma-DAM] f.
Say "Good morning" to your teacher.
Dis "Bonjour, Madame" à ta maîtresse.

much : beaucoup de (d') [boh-KOO]

mud : la boue [BOO] f.
My hands are covered with mud!
Mes mains sont couvertes de boue!

museum : le musée [mew-ZAY] m.
The museum is open from 2:00 to 5:00 o'clock.
Le musée est ouvert de deux heures jusqu'à cinq heures.

music : la musique [mew-ZEEK] f.

Do you know how to read musical notes?
Est-ce que vous savez lire les notes de musique?

  musical note : la note [NUHT] f.
  musician : le musicien [mew-zee-SYAIN] m.
The boy wants to become a musician.
Le garçon désire devenir musicien.

my : mon [MOHN]
  ma   (f.) [MA]
  mes   (pl., m., f.) [MEH]
My brother is handsome.
Mon frère est beau.
My sister is pretty.
Ma soeur est jolie.
My cousins are always cheerful.
Mes cousins sont toujours gais.

myself : me [m]; moi-même (mWa-MEHM)

N

nail (finger) : l'ongle

nail (metal) : le clou [KLOO] m.
My brother plays with nails and a hammer.
Mon frère joue avec des clous et un marteau.

name : le nom [NOHN] m.
What is the name of this building?
Quel est le nom de ce bâtiment?

—name is : s'appeler [sa-PLAY] v.
  je m'appelle   nous nous appelons
  tu t'appelles   vous vous appelez
  il, elle s'appelle ils, elles s'appellent

What is your name? My name is Henry.
Comment vous appelez-vous? Je m'appelle Henri.

napkin : la serviette [sehr-VYEHT] f.
There are four napkins on the table.
Il y a quatre serviettes sur la table.

narrow : étroit [ay-TRWA]

nation : la nation

national : national [na-syoh-NAL]
    nationale (f.)
The Fourth of July is the national holiday of the United States.
Le quatre juillet est la fête nationale des États-Unis.

naughty : méchant [may-SHAHN]
    méchante (f.) [may-SHAHNT]
Robert cannot go out. He is naughty.
Robert ne peut pas sortir. Il est méchant.

near : près de [PREH]
Bordeaux is near the Atlantic Ocean.
Bordeaux est près de l'océan Atlantique.

neck : le cou [KOO] m.
My grandmother says, "My neck hurts."
Ma grand'mère dit: "J'ai mal au cou."

need : besoin : avoir besoin de (d') [a-vwar-be-ZWAIN-de]
The fish needs water.
Le poisson a besoin d'eau.

needle : l'aiguille [ay-GWEEY] n., f.
Here is a sewing needle.
Voici une aiguille à coudre.

neighbor : le voisin [vWa-ZAIN] m.
    la voisine (f.) [vWa-ZEEN]
My neighbor Bernard lives near me.
Mon voisin Bernard demeure près de moi.

nephew : le neveu [ne-VEOH] m.
He is Mr. Duval's nephew.
Il est le neveu de monsieur Duval.

nest : le nid [NEE] m.
How many eggs do you see in the nest?
Combien d'oeufs vois-tu dans le nid?

never : jamais [zha-MEH]
I never want to play with you!
Je ne veux jamais jouer avec toi!

never : ne ... jamais [nø ... zha-MEH]
I go to school. My sister never goes to school.
Je vais à l'école. Ma soeur ne va jamais à l'école.

new : neuf [NEUHF]
neuve   (f.) [NEUHV]
My bicycle is new.
Ma bicyclette est neuve.

new : nouveau [noo-VOH]
nouveaux   (pl., m.)
nouvel   (m. before a vowel) [noo-VEHL]
nouvelle   (f.) [noo-VEHL]
Look at my new turtle!
Regarde ma nouvelle tortue!

newspaper : le journal [zhoor-NAL]   m.
les journaux   (pl.) [zhoor-NOH]
After dinner my uncle reads the newspaper.
Après le dîner mon oncle lit le journal.

next : prochain [pro-SHAIN]
prochaine   (f.) [proh-SHEHN]
The teacher says, "Next week we will have an examination."
Le professeur dit: "La semaine prochaine nous avons un examen."

next to : côté: à côté de [a-koh-TAY-dø]
At the restaurant Peter is seated next to Carolyn.
Dans le restaurant Pierre est assis à côté de Caroline.

nice (pleasant) : agréable [a-gray-ABL]   adj.
Spring is a pleasant (nice) season.
Le printemps est une saison agréable.

nice : gentil [zhahn-TEE]
gentille   (f.) [zhahn-TEEY]
The teacher is nice. She doesn't scold.
La maîtresse est gentille. Elle ne gronde pas.

niece : la nièce [NYEHS]   f.
She is the lawyer's niece.
Elle est la nièce de l'avocat.

night : la nuit [NEW/EE] f.
At night you can see the stars.
La nuit on peut voir des étoiles.

night (evening) : le soir [SWAR] m.
I watch television in the evening.
Le soir je regarde la télé.

nine : neuf [NEUHF, NEUHV]
How much are nine and two?
Combien font neuf et deux? [NEUHF]
I am nine years old.
J'ai neuf ans. [NEUHV]

nineteen : dix-neuf [deez-NEOHF]
Today is September 19th.
C'est aujourd'hui le dix-neuf septembre.

ninety : quatre-vingt-dix [ka-tre-vain-DEES]
Somebody is ninety years old?
Quelqu'un a quatre-vingt-dix ans?

no : non [NOHN]
Get up! No, I don't want to get up!
Lève-toi! Non, je ne veux pas me lever!

No . . . : défense de [day-FAHNS-de]
    No admittance : défense d'entrer [day-FAHNS-dahn-TRAY]
No admittance. We cannot enter.
Défense d'entrer. Nous ne pouvons pas entrer.

    No smoking : défense de fumer [day-FAHNS-de-few-MAY]
No smoking in school.
Défense de fumer à l'école.

noise : le bruit [BREW/EE] m.
Thunder makes a loud noise.
Le tonnerre fait un grand bruit.

no longer : ne . . . plus [ne. . .plew]
I go to school.
Je vais à l'école.
My brother no longer goes to school.
Mon frère ne va plus à l'école.

No matter! : N'importe! [naiχ-PUHRT]
You don't have a pen? No matter! Here is a pencil.
Vous n'avez pas de stylo? N'importe. Voici un crayon.

No matter!—Never mind : importe: N'importe! [naiχ-PUHRT]
The train is not at the station? Never mind! It will come soon.
Le train n'est pas à la gare? N'importe. Il vient bientôt.

noon : midi [mee-DEE] m.
It is noon. It's time for lunch.
Il est midi. C'est l'heure du déjeuner.

north : le nord [NUHR] m.
When I go from Marseilles to Paris, I go toward the north.
Quand je vais de Marseille à Paris, je vais vers le nord.

nose : le nez [NAY] m.
My doll's nose is cute.
Le nez de ma poupée est mignon.

not : ne ... pas [nχ....pa]
I go to school. My grandfather does not go to school.
Je vais à l'école. Mon grand-père ne va pas à l'école.

note : le billet [bee-YAY] m.
I am rich! I have a ten-franc note!
Je suis riche! J'ai un billet de dix francs!

note (musical) : la note

notebook : le cahier [ka-YAY] m.
She writes her homework in a notebook.
Elle écrit ses devoirs dans un cahier.

nothing : rien [RYAIχ]
What do you have in your pocket? Nothing!
Qu'est-ce que tu as dans la poche? Rien!

November : novembre [nuh-VAHχBR] m.
November is not the last month of the year.
Novembre n'est pas le dernier mois de l'année.

now : maintenant [maiχ-TNAHχ]
You have to take a bath now!
Tu dois prendre un bain maintenant!

number : le numéro [new-may-ROH]   m.
What is your telephone number?
Quel est votre numéro de téléphone?

number (quantity) : le nombre [NOHNBR]   m.
You have a great number of books!
Tu as un grand nombre de livres!

nurse : l'infirmière [ain-feer-MYEHR]   f.
My neighbor is a nurse.
Ma voisine est infirmière.

nylon : le nylon [nee-LOHN]   m.
My sister wears nylon stockings.
Ma soeur porte des bas de nylon.

O

obey : obéir [oh-bay-EER]
 j'obéis   nous obéissons
 tu obéis   vous obéissez
 il, elle obéit   ils, elles obéissent

When I am well-behaved, I obey my parents.
Quand je suis sage, j'obéis à mes parents.

occupied, busy : occupé [oh-kew-PAY]
   occupée   (f.)
My brother is busy now; he is doing his homework.
Mon frère est occupé maintenant; il fait ses devoirs.

ocean : l'océan [oh-say-AHN]   m.
Is the Atlantic Ocean to the west of France?
L'océan Atlantique est à l'ouest de la France?

   ocean liner : le paquebot [pak-BOH]   m.
The steamship crosses the Atlantic Ocean.
Le paquebot traverse l'océan Atlantique.

o'clock (time, hour) : l'heure [LEUHR]   f.
What time is it?
Quelle heure est-il?
It is dinner time. It is seven thirty. (It is half past seven.)
C'est l'heure du dîner. Il est sept heures et demie.

October : octobre [uhk-TUHBR] m.
It is cool in October.
Il fait frais en octobre.

odd : bizarre [bee-ZAR]
Here is an odd animal!
Voici un animal bizarre!

odd : drôle [DROHL]
The marionettes are funny.
Les marionnettes sont drôles.

of : de [duh]

office : le bureau [bew-ROH] m.
Here is the office of a large company.
Voici le bureau d'une grande compagnie.

post office : le bureau de poste [bew-ROH-duh-PUHST]
You go to the post office to mail a package.
On va au bureau de poste pour mettre un colis à la poste.

often : souvent [soo-VAHN]
I often go by bus.
Je vais souvent en autobus.

oil : l'huile [LEW/EEL] f.
Mother, are you putting oil in the salad?
Maman, tu mets de l'huile dans la salade?
That's funny. You put oil in the car.
C'est drôle. On met de l'huile dans l'auto.

O.K. (okay) : accord: d'accord! [da-KUHR] interj.
Do you want to play with me? O.K.!
Veux-tu jouer avec moi? D'accord!

old : vieux [VYEOH] (m.)
    vieille (f.) [VYAY]
    vieil (m.), [VYAY]
The book is old and the watch is old.
Le livre est vieux et la montre est vieille.

on : sur [SEWR]
The ruler is on the desk.
La règle est sur le pupitre.

once again : encore une fois

one : un [UH)(]   m.
A monkey is in the tree.
Un singe est dans l'arbre.

one (we, they, you) : on [OH)(]
Are we playing now?
On joue maintenant?

one (number) : une [EWN]   f.

one hundred : cent [SAH)(]
There are a hundred people at the fair!
Il y a cent personnes à la foire!

one must : faut: il faut [FOH]
It is necessary (one must) to go to school.
Il faut aller à l'école.
(We have to go to school.)

one's : son [SOH)(]

one that (who) : celui [s(-LEW/EE]
     ceux   (m., pl.) [SEOH]
     celle   (f.) [SEHL]
     celles   (f., pl.) [SEHL]
Here is a red pen. The one that belongs to my father is yellow.
Voici un stylo rouge. Celui de mon père est jaune.
Here is a red ruler. Those which are on the table are yellow.
Voici une règle rouge. Celles qui sont sur la table sont jaunes.

onion : l'oignon [uh-NYOH)(]   m.
I am going to the store to buy some onions.
Je vais au marché pour acheter des oignons.

only : seul [SEUHL]

only : seulement [seuhl-MAH)(]
I have only one goldfish.
J'ai seulement un poisson rouge.

on purpose : exprès [eh-KSPREH]
My brother teases me on purpose.
Mon frère me taquine exprès.

order : commander [kuh-mah*f*-DAY]

    je commande   nous commandons
    tu commandes   vous commandez
    il, elle commande   ils, elles commandent

In the restaurant Father orders dinner.
Dans le restaurant Papa commande le dîner.

in order to : pour

open : ouvert [oo-VEHR]

    ouverte (f.) [oo-VEHRT]

The window is open.
La fenêtre est ouverte.

open : ouvrir [oo-VREER]

    j'ouvre   nous ouvrons
    tu ouvres   vous ouvrez
    il, elle ouvre ils, elles ouvrent

I open my desk to look for an eraser.
J'ouvre mon pupitre pour chercher une gomme.

operate : marcher [mar-SHAY]

    je marche   nous marchons
    tu marches   vous marchez
    il, elle marche ils, elles marchent

This lamp is not working (operating).
Cette lampe ne marche pas.

or : ou [oo]

What would you like, peaches or apples?
Que désirez-vous, des pêches ou des pommes?

orange : l'orange [uh-RAH*f*ZH] f.

What color is the orange?
De quelle couleur est l'orange?

    orange juice : le jus d'orange

    orange : orange [uh-RAH*f*ZH]

I need an orange skirt.
J'ai besoin d'une jupe orange.

other (another) : autre [OHTR] adj.

Here is another pencil.
Voici un autre crayon.

our : notre [NUHTR]
     nos (pl., m., f.) [NOH]
Our teacher is scolding us today.
Notre maîtresse nous gronde aujourd'hui.

out of : par [PAR]
My grandfather looks out of the window.
Mon grand-père regarde par la fenêtre.

outside : dehors [dɇ-UHR]
My friend is waiting for me outside.
Mon ami m'attend dehors.

over there : là-bas [la-BA]
Do you see your brother coming down (over) there?
Tu vois ton frère qui arrive, là-bas?

overturn : renverser [rahɲ-vehr-SAY]

je renverse	nous renversons
tu renverses	vous renversez
il, elle renverse	ils, elles renversent

The baby overturns the plate.
Le bébé renverse l'assiette.

owl : le hibou [lɇ-ee-BOO] m.
     hiboux (pl.)
You hear the owl during the night.
On entend le hibou pendant la nuit.

own : propre [PRUHPR]
It is not my sister's book; it is my own book.
Ce n'est pas le livre de ma soeur; c'est mon propre livre.

P

package : le colis [kuh-LEE] m.
Oh, good! A package for me!
Ah, bon! Un colis pour moi!

package : le paquet [pa-KEH] m.
What's in the package?
Qu'est-ce qu'il y a dans le paquet?

page : la page [PAHZH] f.
The map of France is on page ten.
La carte de la France est à la page dix.

pail : le seau [SOH] m.

paint : peindre [PAINDR]

je peins	nous peignons
tu peins	vous peignez
il, elle peint	ils, elles peignent

My sister is an artist. She likes to paint.
Ma soeur est artiste. Elle aime peindre.

pair : la paire [PEHR] f.
I would like to buy a pair of gloves.
Je voudrais acheter une paire de gants.

pajamas : le pyjama [pee-zha-MA] m.
I put on my pajamas at ten o'clock at night.
Je mets le pyjama à dix heures du soir.

palace : le château [sha-TOH] m.

palace : le palais [pa-LEH] m.
The king arrives at the palace.
Le roi arrive au palais.

pants : le pantalon [pahn-ta-LOHN] m.
The boy's pants are dirty.
Le pantalon du garçon est sale.

Papa : papa [pa-PA] m.
Daddy, I'm afraid!
Papa, j'ai peur!

paper : le papier [pa-PYAY] m.
There is some paper in my notebook.
Il y a du papier dans mon cahier.

    sheet of paper : la feuille de papier

parachute : le parachute [pa-ra-SHEWT] m.
Is it dangerous to jump with a parachute?
Est-ce qu'il est dangereux de sauter en parachute?

parade : le défilé [day-fee-LAY] m.
We walk in the parade.
Nous marchons dans le défilé.

parakeet : la perruche [peh-REWSH] f.
We have two pretty parakeets.
Nous avons deux jolies perruches.

pardon me : pardon [par-DOHN]
Excuse me! It's your pocketbook, isn't it?
Pardon! C'est votre sac, n'est-ce pas?

parents : les parents [pa-RAHN] m.
My parents go to work in the morning.
Mes parents vont au travail le matin.

park : le parc [PARK] m.
The park is near by.
Le parc est tout près d'ici.

parrot : le perroquet [peh-ruh-KAY] m.
My pet is a parrot.
Un perroquet est mon animal favori.

part : le rôle [ROHL] m.
I want to play the part of the prince.
Je veux jouer le rôle du prince.

party : la fête [FEHT] f.
The party is July 18th?
Le jour de la fête est le dix-huit juillet?

pass : dépasser [day-pah-SAY]

je dépasse	nous dépassons
tu dépasses	vous dépassez
il, elle dépasse	ils, elles dépassent

The car passes the truck.
L'auto dépasse le camion.

pass (spend) : passer [pa-SAY]

je passe	nous passons
tu passes	vous passez
il, elle passe	ils, elles passent

She spends two weeks in the country.
Elle passe deux semaines à la campagne.

paste (glue) : coller [kuh-LAY]

je colle	nous collons
tu colles	vous collez
il, elle colle	ils, elles collent

I glue a picture to a page of my notebook.
Je colle une image sur une page de mon cahier.

path : le sentier [sahй-TYAY] m.
This path leads to the bridge.
Ce sentier mène au pont.

paw : la patte [PAT] f.
The dog has four paws.
Le chien a quatre pattes.

pay (pay for) : payer [pay-YAY]

je paye	nous payons
tu payes	vous payez
il, elle paye	ils, elles payent

Mother pays the butcher for the meat.
Maman paye la viande au boucher.

    pay for : payer [pay-YAY]

peach : la pêche [PEHSH] f.
People eat peaches in summer.
On mange des pêches en été.

peanut : la cacahuète [ka-ka-WEHT] f.
The elephant likes to eat peanuts.
L'éléphant aime manger les cacahuètes.

pear : la poire [PWAR] f.
Is the pear ripe?
Est-ce que la poire est mûre?

peas : pois: les petits pois

pen : le stylo [stee-LOH] m.
I always leave my pen at home.
Je laisse toujours mon stylo à la maison.

ballpoint pen : le stylo à bille [stee-loh-a-BEEY]
I am writing with a ballpoint pen.
J'écris avec un stylo à bille.

pencil : le crayon [kray-YOHN]   m.
Please give me a pencil.
Donnez-moi un crayon, s'il vous plaît.

people : les personnes [pehr-SUHN]   f., pl.
There are seven people in my family.
Il y a sept personnes dans ma famille.

people : les gens [ZHAHN]   m., pl.
Many people are in the store.
Beaucoup de gens sont dans le magasin.

perhaps : peut-être [peoh-TEHTR]
Are we going horseback riding this morning? Maybe.
Nous montons à cheval ce matin? Peut-être.

permission : la permission [pehr-mee-SYOHN]   f.
Do you have permission to go to the country?
Tu as la permission d'aller à la campagne?

permit : laisser [leh-SAY]

je laisse	nous laissons
tu laisses	vous laissez
il, elle laisse	ils, elles laissent

My brother lets me wash the car.
Mon frère me laisse laver la voiture.

person : la personne [pehr-SUHN]   f.
There are seven people in my family.
Il y a sept personnes dans ma famille.

pet : l'animal favori

pharmacy : la pharmacie [far-ma-SEE]   f.
The pharmacy is located close to the park.
La pharmacie se trouve près du parc.

phonograph : le phonographe [foh-noh-GRAF]   m.
I have a new phonograph.
J'ai un nouveau phonographe (phono).

photograph (picture) : la photo [foh-TOH] f.
Look at my picture. It's funny, isn't it?
Regarde ma photo! Elle est drôle, n'est-ce pas?

piano : le piano [pya-NOH] m.
    play the piano : jouer du piano
Who plays the piano in your family?
Qui joue du piano dans votre famille?

pick : cueillir [keuh-YEER]
    je cueille   nous cueillons
    tu cueilles   vous cueillez
    il, elle cueille ils, elles cueillent
He is going to pick some apples.
Il va cueillir des pommes.

picnic : le pique-nique [peek-NEEK] m.
    faire un pique-nique [feh-ruhy-peek-NEEK]   (*see* faire)
We have a picnic in the country.
Nous faisons un pique-nique à la campagne.

picture : la photo [foh-TOH] f.
picture : l'image [ee-MAHZH] f.
There are many pictures in this book.
Il y a beaucoup d'images dans ce livre.

pie : la tarte [TART] f.
Do you like apple pie?
Aimez-vous la tarte aux pommes?

piece : le morceau [muhr-SOH] m.
I want a piece of cheese.
Je désire un morceau de fromage.

pig : le cochon [kuh-SHOHN] m.
The farmer has three pigs.
Le fermier a trois cochons.

    piggy bank : la tirelire [teer-LEER] f.
I do not have much money in my piggy bank.
Je n'ai pas beaucoup d'argent dans ma tirelire.

pillow : l'oreiller

pilot (airplane) : le pilote (d'avion)

pin : l'épingle [ay-PAINGL] f.
What a pretty flower pin!
Quelle jolie épingle en forme de fleurs!

pineapple : l'ananas [a-na-NA] n., m.
The pineapple is big.
L'ananas est grand.

pink : rose [ROHZ]
I like to wear my pink ribbon in my hair.
J'aime porter mon ruban rose dans les cheveux.

place (table setting) : la place [PLAS] f.
My cousin puts a knife at each setting.
Ma cousine met un couteau à chaque place.

planet : la planète [pla-NEHT] f.
Do you know the names of all the planets?
Savez-vous les noms de toutes les planètes?

plant : la plante [PLAHNT] f.
There are five plants in the classroom.
Il y a cinq plantes dans la salle de classe.

plate : l'assiette [a-SYEHT] n., f.
The plate is on the table.
L'assiette est sur la table.

play : jouer [zhoo-AY]

je joue	nous jouons
tu joues	vous jouez
il, elle joue	ils, elles jouent

Let's play ball.
Jouons à la balle.
Laure joue du piano.
Laura plays the piano.

    to play (a game) : jouer à . . .

    to play (a musical instrument) : jouer de . . .

    play checkers : jouer aux dames [zhoo-ay-oh-DAM]
My friend and I play checkers.
Mon ami et moi, nous jouons aux dames.

play chess : jouer aux échecs [zhoo-ay-oh-zay-SHEHK]
My father and my uncle play chess.
Mon père et mon oncle jouent aux échecs.

play blindman's buff : colin-maillard: jouer à colin-maillard [kuh-laiy-mah-YAR]
Yes, I'd like to play blindman's buff.
Oui, je voudrais jouer à colin-maillard.

play hide-and-seek : cache: jouer à cache-cache [kash-KASH]
The children are playing hide-and-seek.
Les enfants jouent à cache-cache.

play hopscotch : marelle: jouer à la marelle [zhoo-ay-a-la-ma-REHL]
I don't know how to play hopscotch.
Je ne sais pas jouer à la marelle.

play leapfrog : saute-mouton: jouer à saute-mouton [soht-moo-TON] m.
We play leapfrog.
Nous jouons à saute-mouton.

playground : le terrain de jeux [teh-raiy-dɇ-ZHEOH] m.
We play ball in the playground.
Nous jouons à la balle au terrain de jeux.

playing card : la carte [KART] f.
Do you know how to play cards?
Savez-vous jouer aux cartes?

pleasant : agréable [a-gray-ABL] adj.
Spring is a pleasant season.
Le printemps est une saison agréable.

please : plaît: s'il vous plaît [seel-voo-PLEH]
s'il te plaît (familiar)
Please give me a pencil, Mr. Duval.
Donnez-moi un crayon, s'il vous plaît, monsieur Duval.
Please give me a pencil, Petey.
Donne-moi un crayon, s'il te plaît, Pierrot.

pleasure : le plaisir [pleh-ZEER]   m.
Are you coming with us? With pleasure!
Tu viens avec nous? Avec plaisir!

pocket : la poche [PUHSH] f.
I have some marbles in my pocket.
J'ai des billes dans la poche.

pocketbook (bag, purse) : le sac [SAK] m.
      le sac à main [sa-ka-MAIN]   handbag
I am buying a handbag for mother.
J'achète un sac à main pour maman.

pocketknife : le canif [ka-NEEF] m.
Do you have a pocketknife?
Avez-vous un canif?

point to (out) (indicate) : indiquer [ain-dee-KAY]

j'indique	nous indiquons
tu indiques	vous indiquez
il, elle indique	ils, elles indiquent

The policeman indicates that we must go by this road.
L'agent de police indique qu'il faut aller par cette route.

policeman : l'agent (de police) [a-ZHAHN-d∉-puh-LEES] n., m.
The policeman directs traffic.
L'agent de police dirige la circulation.

polite : poli [puh-LEE]
Mother says, "A polite child does not speak with a full mouth."
Maman dit: "L'enfant poli ne parle pas la bouche pleine."

swimming pool : la piscine f.

poor : pauvre [POHVR]
This poor boy does not have much money.
Ce garçon pauvre n'a pas beaucoup d'argent.

postcard : la carte [KART] f.

postman (mail carrier) : le facteur [fak-TUHR] m.
The mailman brings letters and packages.
Le facteur apporte des lettres et des paquets.

post office : la poste, le bureau de poste

potato : la pomme de terre [puhm-dǝ-TEHR] f.
Do you like potatoes?
Aimez-vous les pommes de terre?

pour : verser [vehr-SAY]
    je verse   nous versons
    tu verses   vous versez
    il, elle verse ils, elles versent

Margaret pours coffee into a cup.
Marguerite verse le café dans une tasse.

prefer : préférer [pray-fay-RAY]
    je préfère   nous préférons
    tu préfères   vous préférez
    il, elle préfère ils, elles préfèrent

Do you prefer the city or the country?
Préfères-tu la ville ou la campagne?

prepare : préparer [pray-pa-RAY]
    je prépare   nous préparons
    tu prépares   vous préparez
    il, elle prépare ils, elles préparent

My brother prepares the salad.
Mon frère prépare la salade.

present : le cadeau [ka—DOH] m.
    les cadeaux (pl.)
Here is a birthday gift.
Voici un cadeau pour votre anniversaire.

present : présent [pray-ZAHN]

president : le président [pray-zee-DAHN] m.
Who is the president of France?
Qui est le président de la France?

pretty : joli [zhuh-LEE]

prince : le prince [PRAINS] m.

princess : la princesse (f.) [prain-SEHS]

The prince is playing in the garden.
Le prince joue dans le jardin.

promise : promettre [pruh-MEHTR]

je promets	nous promettons
tu promets	vous promettez
il, elle promet	ils, elles promettent

I promise to do my homework.
Je promets de faire mes devoirs.

pull (drag) : tirer [tee-RAY]

je tire	nous tirons
tu tires	vous tirez
il, elle tire	ils, elles tirent

He is pulling a bag of potatoes.
Il tire un sac de pommes de terre.

pumpkin : la citrouille [see-TROOY]   f.
This is a big pumpkin.
C'est une grande citrouille.

punish : punir [pew-NEER]

je punis	nous punissons
tu punis	vous punissez
il, elle punit	ils, elles punissent

When I am naughty, Mommy punishes me.
Quand je suis méchant, maman me punit.

pupil : l'élève [ay-LEV]   m. or f.
     les élèves   (pl.) [leh-zay-LEV]
The pupils are in the classroom.
Les élèves sont dans la salle de classe.

puppy : le petit chien

purple : violet [vyoh-LEH]
     violette   (f.) [vyoh-LEHT]
Are there any purple flowers?
Est-ce qu'il y a des fleurs violettes?

purse : le sac [SAK]   m.
push : pousser [poo-SAY]

je pousse	nous poussons
tu pousses	vous poussez
il, elle pousse	ils, elles poussent

He's pushing me!
Il me pousse!

put : mettre [MEHTR]

je mets	nous mettons
tu mets	vous mettez
il, elle met	ils, elles mettent

put down : baisser [beh-SAY]

je baisse	nous baissons
tu baisses	vous baissez
il, elle baisse	ils, elles baissent

The teacher says, "Put your hands down!"
Le professeur dit, "Baissez les mains."

put on : mettre [MEHTR]

je mets	nous mettons
tu mets	vous mettez
il, elle met	ils, elles mettent

My sister puts on her gloves.
Ma soeur met les gants.

Q

quarrel : la querelle [k⁄-REHL] f.
My father sometimes has a quarrel with my mother.
Mon père a une querelle quelquefois avec ma mère.

quarter : le quart [KAR] m.
It is a quarter after seven.
Il est sept heures et quart.

queen : la reine [REHN] f.
The queen is seated near the king.
La reine est assise près du roi.

question : la question [kehs-TYOHN] f.
The teacher asks, "Are there any questions?"
Le professeur demande: "Est-ce qu'il y a des questions?"

quickly (fast) : vite [VEET]
My brother walks too fast. (quickly)
Mon frère marche trop vite.

quiet : silencieux [see-lahn-SYEOH]

quiet (calm) : tranquille [trahn-KEEL]
I like to go fishing when the water is calm. (quiet)
J'aime aller à la pêche quand l'eau est tranquille.

R

rabbit : le lapin [la-PAIN] m.
The rabbit is cute.
Le lapin est mignon.

radio : la radio [ra-DYOH] f.
The radio is not working.
La radio ne marche pas.

railroad : le chemin de fer

rain : pleuvoir [pleuh-VWAR]
Do you think it's going to rain?
Vous pensez qu'il va pleuvoir?

It is raining : Il pleut

rainbow : l'arc-en-ciel [ar-kahn-SYEHL] n., m.
I like the colors of the rainbow.
J'aime les couleurs de l'arc-en-ciel.

raincoat : l'imperméable [ain-pehr-may-ABL] m.
He is wearing his raincoat because it is raining.
Il porte son imperméable parce qu'il pleut.

raise : lever [l/-VAY]

je lève	nous levons
tu lèves	vous levez
il, elle lève	ils, elles lèvent

The policeman raises his right hand.

L'agent de police lève la main droite.

rapid : rapide [ra-PEED]

rat : le rat [RA] m.
I am afraid of rats!
J'ai peur des rats!

read : lire [LEER]

je lis	nous lisons
tu lis	vous lisez
il, elle lit	ils, elles lisent

We are going to read in the library.
Nous allons lire dans la bibliothèque.

ready : prêt [PREH]
    prête (f.) [PREHT]
Are you ready? We are late.
Es-tu prêt? Nous sommes en retard.

really : vraiment [vreh-MAHⁿ]
Do you know that I would like to become an astronaut? Really!
Vous savez que je voudrais devenir astronaute? Vraiment!

receive : recevoir [rǝ-sǝ-VWAR]

je reçois	nous recevons
tu reçois	vous recevez
il, elle reçoit	ils, elles reçoivent

I receive a postcard from my sister.
Je reçois une carte postale de ma soeur.

record : le disque [DEESK] m.
We love this record.
Nous aimons ce disque.

    record-player : le phonographe [foh-noh-GRAF] m.
I have a new phonograph.
J'ai un nouveau phonographe (phono).

    record player : le tourne-disques [too-rnǝ-DEESK] m.
My record player is working well.
Mon tourne-disques marche très bien.

red : rouge [ROOZH]

274

The cars stop when the light is red.
Les voitures s'arrêtent quand le feu est rouge.

refrigerator : le réfrigérateur [ray-free-zhay-ra-TUHR]   m.
The refrigerator is in the kitchen.
Le réfrigérateur est dans la cuisine.

remain (stay) : rester [rehs-TAY]

je reste	nous restons
tu restes	vous restez
il, elle reste	ils, elles restent

remember : se rappeler [s*e*-ra-PLAY]

je me rappelle	nous nous rappelons
tu te rappelles	vous vous rappelez
il, elle se rappelle	ils, elles se rappellent

I cannot remember the name of this building.
Je ne peux pas me rappeler le nom de ce bâtiment.

remove (take off) : ôter [oh-TAY]

j'ôte	nous ôtons
tu ôtes	vous ôtez
il, elle ôte	ils, elles ôtent

Take off your hat in the house.
Ôte le chapeau dans la maison.

repair (fix) : réparer [ray-pa-RAY]

je répare	nous réparons
tu répares	vous réparez
il, elle répare	ils, elles réparent

My brother is fixing the phonograph.
Mon frère répare le phonographe.

repeat : répéter [ray-pay-TAY]

je répète	nous répétons
tu répètes	vous répétez
il, elle répète	ils, elles répètent

The teacher says, "Repeat after me."
Le maître dit: "Répétez après moi."

reply (answer) : répondre [ray-POHNDR]

je réponds	nous répondons

tu réponds	vous répondez
il, elle répond	ils, elles répondent

The little girl cannot answer the question.
La petite fille ne peut pas répondre à la question.

rescue (save) : sauver [soh-VAY]

je sauve	nous sauvons
tu sauves	vous sauvez
il, elle sauve	ils, elles sauvent

My uncle saves me when I fall into the water.
Mon oncle me sauve quand je tombe dans l'eau.

rest : se reposer [sɇ-rɇ-poh-SAY]

je me repose	nous nous reposons
tu te reposes	vous vous reposez
il, elle se repose	ils, elles se reposent

The child runs. He does not want to rest.
L'enfant court. Il ne veut pas se reposer.

restaurant : le restaurant [rehs-tuh-RAHƝ]   m.
The waiter works in this restaurant.
Le garçon travaille dans ce restaurant.

return : rendre [RAHƝDR]

je rends	nous rendons
tu rends	vous rendez
il, elle rend	ils, elles rendent

He returns my roller skates.
Il me rend mes patins à roulettes.

return : retourner [rɇ-toor-NAY]

je retourne	nous retournons
tu retournes	vous retournez
il, elle retourne	ils, elles retournent

He goes to the blackboard and then he returns to his seat.
Il va au tableau noir et puis il retourne à sa place.

ribbon : le ruban [rew-BAHƝ]   m.
She is wearing a pretty ribbon.
Elle porte un joli ruban.

rice : le riz [REE] m.
The rice is delicious.
Le riz est délicieux.

rich : riche [REESH]
The rich lady wears jewels.
La femme riche porte des bijoux.

ride : monter [mohɲ-TAY]
He rides a horse.
Il monte à cheval.

right : droit [DRWA]
   droite   (f.) [DRWAT]
      right hand : la main droite [maiɲ-DRWAT]
I raise my right hand.
Je lève la main droite.

ring : la bague [BAG] f.
Helen is wearing a pretty ring.
Hélène porte une jolie bague.

ring : l'anneau [a-NOH] n., m.
What a pretty ring!
Quel joli anneau!

ring : sonner [suh-NAY]
   je sonne   nous sonnons
   tu sonnes   vous sonnez
   il, elle sonne ils, elles sonnent
The telephone is ringing.
Le téléphone sonne.

ripe : mûr [MEWR]
   mûre   (f.)
When the banana is yellow, it is ripe.
Quand la banane est jaune, elle est mûre.

river : la rivière [ree-VYEHR] f.
How can we cross the river?
Comment peut-on traverser la rivière?

road : la route [ROOT] f.

What's the name of this road?
Quel est le nom de cette route?

road : le chemin [SHMAIN]   m.
Is this the road to town?
C'est le chemin de la ville?

railroad : le chemin de fer [SHMAIN-dé-FEHR]
To go to Marseilles, I take the railroad.
Pour aller à Marseille, je prends le chemin de fer.

roast beef : le rosbif [ruhz-BEEF]   m.
I would like a roast beef sandwich, please.
Je voudrais un sandwich de rosbif, s'il vous plaît.

robber (thief) : le voleur [vuh-LEUHR]   m.
They are looking for the thief at the bank.
On cherche le voleur à la banque.

rock : le rocher [ruh-SHAY]   m.
What a large rock over there!
Quel grand rocher là-bas!

rocket ship (spaceship) : la fusée [few-ZAY]   f.
They are going to the moon in a rocket ship.
On va à la lune en fusée.

role : le rôle [ROHL]   m.
I want to play the part of the prince.
Je veux jouer le rôle du prince.

roll : la brioche [BRYUHSH]   f.
Susan eats a roll for breakfast.
Suzanne prend une brioche pour le petit déjeuner.

roll : le petit pain [ptee-PAIN]

roll (crescent-shaped) : le croissant [krWa-SAHN]   m.
Harriet has a croissant for breakfast.
Henriette prend un croissant pour le petit déjeuner.

roll : rouler [roo-LAY]

je roule	nous roulons
tu roules	vous roulez
il, elle roule	ils, elles roulent

The roller skate is rolling into the street.
Le patin à roulettes roule dans la rue.

roller skate : le patin à roulettes

roof : le toit [TWA] m.
I look at the city from the roof of the house.
Je regarde la ville du toit de la maison.

room : la pièce   [PYEHS] f.
There are two rooms in our apartment.
Il y a deux pièces dans notre appartement.

room : la salle [SAL] f.
    bathroom : la salle de bain [sal-de-BAIN]
The bathroom is small.
La salle de bain est petite.

    classroom : la salle de classe [sal-de-KLAS]
The classroom is empty.
La salle de classe est vide.

    dining room : la salle à manger [sa-la-mahn-ZHAY]
Mother enters the dining room.
Maman entre dans la salle à manger.

rooster : le coq [KUHK] m.
The rooster gets up early.
Le coq se lève de bonne heure.

rope : la corde [KUHRD] f.
    sauter à la corde [soh-tay-a-la-KUHRD] : to jump rope
    (see sauter)
Mary, Joan and I are jumping rope.
Marie, Jeanne et moi, nous sautons à la corde.

round : rond [ROHN]
    ronde (f.) [ROHND]
The plate is round.
L'assiette est ronde.

route : la route [ROOT] f.
What's the name of this road? (route)
Quel est le nom de cette route?

row : le rang [RAHN] m.
The teacher says, "Children in the first row, stand."
La maîtresse dit: "Les enfants du premier rang, levez-vous."

rubber : le caoutchouc [ka-oo-TSHOO] m.
It is raining. I have to put on my rubbers.
Il pleut. Il faut mettre mes caoutchoucs.

    made of rubber : en caoutchouc [ahn-ka-oo-TSHOO]

rug : le tapis [ta-PEE] m.
The rug is on the floor.
Le tapis est sur le plancher.

rule : la règle [REHGL] f.
We have to obey the rules at school and at home.
Il faut obéir aux règles à l'école et à la maison.

ruler : la règle [REHGL] f.
The ruler is long.
La règle est longue.

run : courir [koo-REER]

je cours	nous courons
tu cours	vous courez
il, elle court	ils, elles courent

They are running to the station because they are late.
Ils courent à la gare parce qu'ils sont en retard.

S

sack : le sac [SAK] m.

sad : triste [TREEST]
Why are you sad?
Pourquoi es-tu triste?

safe and sound : sain et sauf [sain-ay-SOHF]
I come home safe and sound.
Je retourne à la maison sain et sauf.

salad : la salade [sa-LAD] f.

salesperson (salesman) : le vendeur [vahn-DEUHR] m.

salesperson (saleswoman) : la vendeuse (f.) [vah⁄-DEUHZ]
The salesman shows us some shoes.
Le vendeur nous montre des chaussures.

salt : le sel [SEHL] m.
Please pass me the salt.
Passez-moi le sel, s'il vous plaît.

same : même [MEHM]
My friend and I are wearing the same dress.
Mon amie et moi, nous portons la même robe.

sand : le sable [SABL] m.
At the beach I sit on the sand.
A la plage, je m'assieds sur le sable.

sandwich : le sandwich [sah⁄-DWEESH] m.

Saturday : samedi [sam-DEE] m.
Let's have a picnic Saturday.
Faisons un pique-nique samedi.

saucer : la soucoupe [soo-KOOP] f.
The woman puts the cup on the saucer.
La femme met la tasse sur la soucoupe.

save : sauver [soh-VAY]

je sauve	nous sauvons
tu sauves	vous sauvez
il, elle sauve	ils, elles sauvent

My uncle saves me when I fall into the water.
Mon oncle me sauve quand je tombe dans l'eau.

say : dire [DEER]

je dis	nous disons
tu dis	vous dites
il, elle dit	ils, elles disent

The teacher says "Good Morning" each morning.
Le professeur dit: "Bonjour" chaque matin.

Say! Well! : Tiens! [TYAI⁄]
Say! It's beginning to snow.
Tiens! Il commence à neiger.

school : l'école [ay-KUHL] f.
We don't go to school on Thursdays.
Le jeudi nous n'allons pas à l'école.

science : la science [SYAHNS] f.
I like to go to my science class.
J'aime aller à ma classe de science.

scientist : le savant [sa-VAHN] m.
la savante (f.) [sa-VAHNT]
I would like to become a scientist.
Je voudrais devenir savant.

scissors : les ciseaux [see-ZOH] m., pl.
I cut the paper with scissors.
Je coupe le papier avec les ciseaux.

scold : gronder [grohn-DAY]

je gronde	nous grondons
tu grondes	vous grondez
il, elle gronde	ils, elles grondent

He is ashamed because his mother is scolding him.
Il a honte parce que sa mère le gronde.

scream, shout : crier [kree-AY]

je crie	nous crions
tu cries	vous criez
il, elle crie	ils, elles crient

Mom shouts, "Come quickly!"
Maman crie: "Viens vite!"

sea : la mer [MEHR] f.
Are there many fish in the sea?
Est-ce qu'il y a beaucoup de poissons dans la mer?

season : la saison [seh-ZOHN] f.
How many seasons are there?
Combien de saisons y a-t-il?

seat : la place [PLAS] f.
I go to the blackboard and I return to my seat.
Je vais au tableau noir et je retourne à ma place.

seated : assis [a-SEE]   adj.
assise [a-SEEZ]   (f.)
He is seated in an armchair.
Il est assis dans un fauteuil.

second : deuxième [deoh-ZYEHM]
What is the name of the second month of the year?
Quel est le nom du deuxième mois de l'année?

secret : le secret [s*é*-KREH]   m.
Tell me the secret!
Dis-moi le secret!

secretary : la dactylo [dak-tee-LOH]   f.   (le dactylo   m.)
There are three secretaries in this office.
Il y a trois dactylos dans ce bureau.

see : voir [v<u>w</u>AR]

je vois	nous voyons
tu vois	vous voyez
il, elle voit	ils, elles voient

I see the airplane in the sky.
Je vois l'avion dans le ciel.

    see again : revoir [r*é*-V<u>W</u>AR]

je revois	nous revoyons
tu revois	vous revoyez
il, elle revoit	ils, elles revoient

I am going to see the film again.
Je vais revoir le film.

seesaw : la balançoire [ba-lah*é*-S<u>W</u>AR]   f.
In the park the children are having a good time on the swings (seesaws).
Dans le parc les enfants s'amusent sur les balançoires.

sell : vendre [VAH*é*DR]

je vends	nous vendons
tu vends	vous vendez
il, elle vend	ils, elles vendent

They sell medicine in this store.
On vend des médicaments dans ce magasin.

send : envoyer [ahŋ-vWa-YAY]

j'envoie	nous envoyons
tu envoies	vous envoyez
il, elle envoie	ils, elles envoient

My uncle is going to send me a present.
Mon oncle va m'envoyer un cadeau.

sentence : la phrase [FRAZ] f.
I am writing a sentence in my notebook.
J'écris une phrase dans mon cahier.

September : septembre [sehp-TAHŋBR] m.
Do we go back to school on the first of September?
Est-ce qu'on retourne à l'école le premier septembre?

serious : sérieux [say-RYEOH]
sérieuse (f.) [say-RYEOHZ]
They are playing a serious film at the movies.
On joue un film sérieux au cinéma.

serve : servir [sehr-VEER]

je sers	nous servons
tu sers	vous servez
il, elle sert	ils, elles servent

I serve my dog his dinner.
Je sers le dîner à mon chien.

set : mettre [MEHTR]

je mets	nous mettons
tu mets	vous mettez
il, elle met	ils, elles mettent

Ma mère met le couvert.
My mother sets the table.

set (sun) : coucher: se coucher [sǝ-koo-SHAY]

je me couche	nous nous couchons
tu te couches	vous vous couchez
il, elle se couche	ils, elles se couchent

Le soleil se couche.
The sun is setting.

  setting (table) : la place [PLAS] f.

My cousin puts a knife at each setting.
Ma cousine met un couteau à chaque place.

seven : sept [SEHT]
There are seven apples.
Voilà sept pommes.

seventeen : dix-sept [dee-SEHT]
Nine and eight are seventeen.
Neuf et huit font dix-sept.

seventy : soixante-dix [sWa-sahηt-DEES]
Nancy's grandmother is seventy years old.
La grand-mère de Nanette a soixante-dix ans.

several : plusieurs [plew-ZYEUHR]
There are several cars on the road.
Il y a plusieurs autos sur la route.

several : quelques [KEHL-kʉ]
There are several chairs in the living-room.
Il y a quelques chaises dans le salon.

sew : coudre [KOODR]

je couds	nous cousons
tu couds	vous cousez
il, elle coud	ils, elles cousent

Mother sews with a sewing needle.
Maman coud avec une aiguille à coudre.

shadow : l'ombre [OHηBR] f.
My shadow dances with me.
L'ombre danse avec moi.

shake (move) : remuer [rʉ-mew-AY]

je remue	nous remuons
tu remues	vous remuez
il, elle remue	ils, elles remuent

She moves her fingers quickly when she plays the piano.
Elle remue vite ses doigts quand elle joue du piano.

shake hands : serrer la main à [seh-RAY]
je serre la main nous serrons la main

tu serres la main   vous serrez la main
il, elle serre la main   ils, elles serrent la main

Alan, shake hands with your neighbor.
Alain, serre la main à ton voisin.

share : partager [par-ta-ZHAY]
  je partage   nous partageons
  tu partages   vous partagez
  il, elle partage ils, elles partagent

Let's share the cake!
Partageons le gâteau.

she : elle [EHL]

sheep : le mouton [moo-TOHN] m.
The sheep is in the field.
Le mouton est dans le champ.

sheet of paper : la feuille [FUHY] f.
Give me a sheet of paper, please.
Donne-moi une feuille de papier, s'il te plaît.

shell : le coquillage [kuhk-KYAZH] m.
I am looking for shells at the beach.
Je cherche des coquillages à la plage.

ship : le bateau [ba-TOH] m.
   les bateaux (pl.)
You cross the ocean by ship.
On traverse l'océan en bateau.

shirt : la chemise

shoe : la chaussure [shoh-SEWR] f.
I don't like these shoes!
Je n'aime pas ces chaussures!

shoe : le soulier [soo-LYAY] m.
My shoes are wet.
Mes souliers sont mouillés.

shop : la boutique [boo-TEEK] f.
Excuse me. Where is Mr. Le Blanc's shop?

Pardon. Où se trouve la boutique de monsieur Le Blanc?

    to go shopping : faire des emplettes

shore : le bord [BUHR] m.
I am seated on the shore of the lake.
Je suis assis au bord du lac.

short : court [KOOR]
    courte (f.) [KOORT]
One ruler is short; the other is long.
Une règle est courte; l'autre est longue.

short : bas [BAH]
    basse [BAHS] (f.)
The tree at the left is short; the tree at the right is tall.
L'arbre à gauche est bas; l'arbre à droite est haut.

shoulder : l'épaule [ay-POHL] f.
The ball hits Claude's shoulder.
La balle frappe l'épaule de Claude.

shout : crier [kree-AY]
    je crie   nous crions
    tu cries   vous criez
    il, elle crie   ils, elles crient

Mom shouts, "Come quickly!"
Maman crie: "Viens vite!"

shovel : la pelle [PEHL] f.
My brother plays with a shovel.
Mon frère joue avec une pelle.

show : montrer [mohn-TRAY]
    je montre   nous montrons
    tu montres   vous montrez
    il, elle montre   ils, elles montrent

Show me your new pen.
Montre-moi ton nouveau stylo.

shower : la douche [DOOSH] f.
I take a shower every morning.
Je prends une douche chaque matin.

sick : malade [ma-LAD]
What's the matter? I am sick.
Qu'as-tu? Je suis malade.

sideboard (cupboard, closet) : le buffet [bew-FEH]   m.
There are plates in the cupboard.
Il y a des assiettes dans le buffet.

sidewalk : le trottoir [truh-TWAR]   m.
The sidewalk is very narrow.
Le trottoir est très étroit.

silent : silencieux [see-lahy-SYEOH]
    silencieuse (f.) [see-lahy-SYEOHZ]

silly : bête [BEHT]
The puppy is silly.
Le petit chien est bête.

silver : l'argent [ar-ZHAHy]   n., m.

similar : pareil [pa-RAY]

sing : chanter [shahy-TAY]

je chante	nous chantons
tu chantes	vous chantez
il, elle chante	ils, elles chantent

I am singing and the birds are singing.
Je chante et les oiseaux chantent.

sink (bathroom) : le lavabo

sister : la soeur [SEUHR]   f.
My aunt is my mother's sister.
Ma tante est la soeur de ma mère.

sit down : s'asseoir [sa-SWAR]   v.

je m'assieds	nous nous asseyons
tu t'assieds	vous vous asseyez
il, elle s'assied	ils, elles s'asseyent

Grandmother sits down on a chair.
Grand-mère s'assied sur une chaise.

six : six [SEES, SEEZ, SEE]

How many pencils do you have? Six.
Combien de crayons avez-vous? Six [SEES]
He has six friends.
Il a six amis. [SEEZ] (before a vowel)
He has six nails. (metal)
Il a six clous. [SEE] (before a consonant)

sixteen : seize [SEHZ]
I have to read sixteen pages this evening!
Je dois lire seize pages ce soir!

sixty : soixante [sWa-SAHNT]
There are sixty minutes in an hour.
Il y a soixante minutes dans une heure.

size : la taille [TAHY] f.
In a store they ask me, "What is your size?"
Dans un magasin on me demande: "Quelle est votre taille?"

skate : le patin [pa-TAIN] m.
   ice-skate : le patin (à glace) [pa-tain-(a-GLAS)]
   roller-skate : le patin à roulettes [pa-tain-a-roo-LEHT]
   skate : patiner [pa-tee-NAY]
   je patine   nous patinons
   tu patines   vous patinez
   il, elle patine ils, elles patinent

Let's go skating!
Allons patiner!

skin : la peau [POH] f.
The sun burns my skin when I take a sun bath.
Le soleil me brûle la peau quand je prends un bain de soleil.

skinny : maigre [MEHGR]
You are too thin. You must eat.
Vous êtes trop maigre. Il faut manger.

skirt : la jupe [ZHEWP] f.
I can't choose. Which skirt do you prefer?
Je ne peux pas choisir. Quelle jupe préférez-vous?

sky : le ciel [SYEHL] m.

I see the moon in the sky.
Je vois la lune dans le ciel.

> **skyscraper** : le gratte-ciel [gra-TSYEHL] m.

New York City has many skyscrapers.
La ville de New York a beaucoup de gratte-ciel.

sled : la luge [LEWZH] f.
I have a good time with the sled.
Je m'amuse avec la luge.

sled : le traîneau [treh-NOH] m.
    les traîneaux (pl.)

My dog pulls the sled.
Mon chien tire le traîneau.

sleep : dormir [duhr-MEER]

je dors	nous dormons
tu dors	vous dormez
il, elle dort	ils, elles dorment

Are you sleeping? I would like to talk to you.
Tu dors? Je voudrais te parler.

slide (slip) : glisser [glee-SAY]

je glisse	nous glissons
tu glisses	vous glissez
il, elle glisse	ils, elles glissent

We slip on the ice in winter.
Nous glissons sur la glace en hiver.

slip : glisser [glee-SAY]

slowly : lentement [lahnt-MAHN]
Grandfather walks slowly.
Grand-père marche lentement.

small : petit [PTEE]

smell : sentir [sahn-TEER]

je sens	nous sentons
tu sens	vous sentez
il, elle sent	ils, elles sentent

The cake smells good.
Le gâteau sent bon.

smile : sourire [soo-REER]

    je souris   nous sourions
    tu souris   vous souriez
    il, elle sourit ils, elles sourient

You always smile when I give you a cookie.
Tu souris toujours quand je te donne un petit gâteau.

smoke : fumer [few-MAY]

    je fume   nous fumons
    tu fumes   vous fumez
    il, elle fume ils, elles fument

Dad says that it is dangerous to smoke.
Papa dit qu'il est dangereux de fumer.

      no smoking : défense de fumer

snack : le goûter [goo-TAY] m.
Hello, Mother. Do you have a snack for us?
Bonjour, Maman. Tu as un goûter pour nous?

snake : le serpent [sehr-PAHN] m.
Are there any snakes in France?
Est-ce qu'il y a des serpents en France?

sneeze : éternuer [ay-tehr-new-AY]

    j'éternue   nous éternuons
    tu éternues   vous éternuez
    il, elle éternue ils, elles éternuent

You're sneezing. Do you have a cold?
Tu éternues. Tu as un rhume?

      êtes: vous êtes [EHT]

snow : la neige [NEHZH] f.
I like to play in the snow.
J'aime jouer dans la neige.

      snow : neiger [neh-ZHAY]
Is it going to snow tomorrow?
Il va neiger demain?

snowman : le bonhomme de neige [buh-NUHM-dǝ-NEHZH] m.
The snowman is wearing a hat.
Le bonhomme de neige porte un chapeau.

It is snowing : Il neige

so : si [SEE]
The baby eats so slowly!
Le bébé mange si lentement!

so many : tant [TAHӎ]
So many grapes!
Tant de raisins!

so much : tant [TAHӎ]
So much work!
Tant de travail!

soap : le savon [sa-VOHӎ] m.
Don't forget to use soap!
N'oublie pas d'employer le savon!

soccer : le football [fuht-BUHL] m.
Do you know how to play soccer?
Savez-vous jouer au football?

sock : la chaussette [shoh-SEHT] f.
I would like to buy a pair of socks.
Je voudrais acheter une paire de chaussettes.

soda : le soda [soh-DA] m.
I am drinking soda.
Je bois du soda.

sofa : le canapé [ka-na-PAY] m.
The sofa is very comfortable.
Le canapé est très confortable.

soft : doux [DOO]

softly : doucement [doos-MAHӎ]
Walk softly. Mother has a headache.
Marche doucement. Maman a mal à la tête.

soldier : le soldat [suhl-DA] m.
My cousin is a soldier.
Mon cousin est soldat.

some : de [dᴈ]

some : quelque [KEHL-k*]

    somebody : quelqu'un [kehl-KUHN]
    quelqu'une (f.) [kehl-KEWN]
Somebody is in the restaurant.
Quelqu'un est dans le restaurant.

    someone : quelqu'un [kehl-KUHN]

    something : quelque chose [kehl-k*-SHOHZ]
Is there something in this drawer?
Est-ce qu'il y a quelque chose dans ce tiroir?

    sometimes : quelquefois [kehl-k*-FWA]
Sometimes I am not well-behaved.
Quelquefois je ne suis pas sage.

son : le fils [FEES] m.
I should like to introduce my son, George.
Je vous présente mon fils, Georges.

song : la chanson [shahn-SOHN] f.
Which song do you prefer?
Quelle chanson préférez-vous?

soon : bientôt [byain-TOH]
The mailman will come soon.
Le facteur arrive bientôt.

    See you soon! : à bientôt
I am going shopping. See you soon!
Je vais faire des emplettes. À bientôt!

sort : la sorte [SUHRT] f.

soup : la soupe [SOOP] f.
My sister serves soup to my brother.
Ma soeur sert la soupe à mon frère.

south : le sud [SEWD] m.
Marseilles is in the south of France.
Marseille est au sud de la France.

space : l'espace [ehs-PAS] m.
The astronauts travel in space.
Les astronautes voyagent dans l'espace.

speak (talk) :   parler [par-LAY]

je parle	nous parlons
tu parles	vous parlez
il, elle parle	ils, elles parlent

We are talking about the movie on television.
Nous parlons du film à la télévision.

spend (time) :   passer [pa-SAY]

je passe	nous passons
tu passes	vous passez
il, elle passe	ils, elles passent

She spends two weeks in the country.
Elle passe deux semaines à la campagne.

spider :   l'araignée [a-ray-NAY]   n., f.
Who's afraid of a spider?
Qui a peur d'une araignée?

spill (overturn) :   renverser [rahn-vehr-SAY]

je renverse	nous renversons
tu renverses	vous renversez
il, elle renverse	ils, elles renversent

The baby overturns the plate.
Le bébé renverse l'assiette.

spinach :   les épinards [leh-zay-pee-NAR]   m., pl.
Spinach is green.
Les épinards sont verts.

spoon :   la cuiller [kew/ee-YEHR]   f.
    (*sometimes spelled* cuillère)
I don't have a spoon.
Je n'ai pas de cuiller.

sport :   le sport [SPUHR]   m.
What is your favorite sport?
Quel est votre sport favori?

spot :   la tache [TASH]   f.
There is a stain on the rug.
Il y a une tache sur le tapis.

spotted : tacheté [tash-TAY]
   tachetée   (f.)
My turtle is spotted.
Ma tortue est tachetée.

spring : le printemps [prain-TAHN] m.
You see a lot of flowers in the spring.
Au printemps on voit beaucoup de fleurs.

square : carré [ka-RAY]
   carrée   (f.)
The box is square.
La boite est carrée.

stain : la tache [TASH] f.
There is a stain on the rug.
Il y a une tache sur le tapis.

staircase : l'escalier [ehs-ka-LYAY] m.
I like to jump over the last step of the staircase.
J'aime sauter la dernière marche de l'escalier.

stamp (postage) : le timbre [TAINBR] m.
I put a stamp on the envelope.
Je mets un timbre sur l'enveloppe.

standing : debout [de-BOO]
In the classroom the teacher is standing.
Dans la salle de classe la maîtresse est debout.

stand : se lever [se-le-VAY]

star : l'étoile [ay-TWAL] f.
How many stars are there in the sky?
Combien d'étoiles y a-t-il dans le ciel?

start : commencer [kuh-mahn-SAY]
   je commence   nous commençons
   tu commences   vous commencez
   il, elle commence   ils, elles commencent
The French class begins at 9 o'clock.
La classe de français commence à 9 heures.

state : l'état [ay-TA] m.

From which state do you come?
De quel état venez-vous?

station : la gare [GAR]   f.
The train is in the station.
Le train est à la gare.

stay : rester [rehs-TAY]

je reste	nous restons
tu restes	vous restez
il, elle reste	ils, elles restent

I would like to stay at my grandmother's house.
Je voudrais rester chez ma grand-mère.

steal : voler [vuh-LAY]

je vole	nous volons
tu voles	vous volez
il, elle vole	ils, elles volent

Who has just stolen my spoon?
Qui vient de voler ma cuiller?

steamship : le paquebot [pak-BOH]   m.
The steamship crosses the Atlantic Ocean.
Le paquebot traverse l'océan Atlantique.

step : la marche [MARSH]   f.
There are many steps in front of this building.
Il y a beaucoup de marches devant ce batiment.

steward/ess (flight attendant) : l'hôte/sse de l'air

stick : le bâton [bah-TOHÑ]   m.
The policeman carries a stick.
L'agent de police porte un bâton.

still : encore [ahÑ-KUHR]
Are you still at home?
Es-tu encore à la maison?

sting (bite) : piquer [pee-KAY]

     il, elle pique   ils, elles piquent

The mosquitoes like to bite me.
Les moustiques aiment me piquer.

stocking : les bas [BAH]   m.
Women wear nylon stockings.
Les femmes portent des bas de nylon.

stomach : le ventre [VAHNTR]   m.

stone : la pierre [PYEHR]   f.
There are many stones in the playground.
Il y a beaucoup de pierres dans le terrain de jeux.

stop : arrêter [a-reh-TAY]   v.

j'arrête	nous arrêtons
tu arrêtes	vous arrêtez
il, elle arrête	ils, elles arrêtent

The policeman stops the cars.
L'agent arrête les autos.

stop (oneself): s'arrêter [sa-reh-TAY]   v.

je m'arrête	nous nous arrêtons
tu t'arrêtes	vous vous arrêtez
il, elle s'arrête	ils, elles s'arrêtent

The train stops at the station.
Le train s'arrête à la gare.

store : le magasin [ma-ga-ZAIN]   m.
I'm going to the store with my friend.
Je vais au magasin avec mon amie.

store (market) : le marché [mar-SHAY]   m.
What do they sell at the market?
Qu'est-ce qu'on vend au marché?

supermarket : le supermarché [sew-pehr-mar-SHAY]
The supermarket is a large market.
Le supermarché est un grand marché.

store window : la vitrine [vee-TREEN]   f.
We are going to look at the things in the store windows.
Nous allons regarder les choses dans les vitrines.

storm : l'orage [uh-RAZH]   m.
There are no classes because of the storm.
Il n'y a pas de classes à cause de l'orage.

story : le conte [KOHNT] m.
Read me the story of the "Three Little Kittens."
Lisez-moi le conte des "Trois petits chatons."

story : l'histoire [lees-TWAR] f.
Do you like the story of "The Three Bears?"
Tu aimes l'histoire "Les trois ours?"

stove : le fourneau [foor-NOH] m.
Mother cooks on a stove.
Maman fait la cuisine sur un fourneau.

strange : bizarre [bee-ZAR]
Here is a strange animal!
Voici un animal bizarre!

stranger : étranger [ay-trahN-ZHAY] m.
étrangère (f.) [ay-trahN-ZHEHR]
Mother says, "Don't speak to strangers."
Maman dit: "Ne parlez pas aux étrangers."

strawberry : la fraise [FREHZ] f.
Strawberries are red.
Les fraises sont rouges.

street : la rue [REW] f.
It is dangerous to play ball in the street.
Il est dangereux de jouer à la balle dans la rue.

street cleaner : le balayeur des rues [ba-lay-yeuhr-day-REW]
The street cleaner is carrying a broom.
Le balayeur des rues porte un balai.

string : la ficelle [fee-SEHL] f.
I am looking for a string for my kite.
Je cherche une ficelle pour mon cerf-volant.

string beans : haricots: les haricots verts [leh-a-ree-koh-VEHR]
m., pl.
We have string beans for dinner.
Nous avons des haricots verts pour le dîner.

strong : fort [FUHR]
forte (f.) [FUHRT]

My father is very strong.
Mon père est très fort.

student : l'étudiant [ay-tew-DYAHN] m.
       l'étudiante (f.) [ay-tew-DYAHNT]
My cousin is a student at the university.
Mon cousin est étudiant à l'université.

study : étudier [ay-tew-DYAY]
j'étudie	nous étudions
tu étudies	vous étudiez
il, elle étudie	ils, elles étudient

I have to study this evening. I have an examination tomorrow.
Je dois étudier ce soir. J'ai un examen demain.

stupid : bête [BEHT]
The puppy is silly. (stupid)
Le petit chien est bête.

stupid : stupide [stew-PEED]
Is the elephant intelligent or stupid?
Est-ce que l'éléphant est intelligent ou stupide?

subway : le métro [may-TROH] m.
We take the subway to go to the museum.
Pour aller au musée nous prenons le métro.

succeed : réussir [ray-ew-SEER]
je réussis	nous réussissons
tu réussis	vous réussissez
il, elle réussit	ils, elles réussissent

He succeeds in catching a fish.
Il réussit à attraper un poisson.

suddenly : tout à coup

sugar : le sucre [SEWKR] m.
He serves sugar with tea.
Il sert du sucre avec le thé.

suit : le complet [kohN-PLEH] m.
Father wears a suit when he goes to work.
Papa porte un complet quand il va au travail.

bathing suit : le maillot m.

suitcase : la malle [MAL] f.
It is difficult to carry this suitcase.
Il est difficile de porter cette malle.

suitcase : la valise [va-LEEZ] f.
I put my clothes in the valise.
Je mets mes vêtements dans la valise.

summer : l'été [ay-TAY] m.
Do you prefer summer or winter?
Préférez-vous l'été ou l'hiver?

sun : le soleil [suh-LAY] m.
What time does the sun rise?
A quelle heure se lève le soleil?

sunbath : le bain de soleil [bain-d suh-LAY]
I take a sunbath on the grass.
Je prends un bain de soleil sur l'herbe.

It is sunny : Il fait du soleil

Sunday : dimanche [dee-MAHNSH] m.
We go to the park on Sundays.
Le dimanche nous allons au parc.

supermarket : le supermarché

sure : sûr [SEWR]

surprise : la surprise [sewr-PREEZ] f.
A surprise for me?
Une surprise pour moi?

surprising : étonnant [ay-tuh-NAHN]
étonnante (f.) [ay-tuh-NAHNT]
It is surprising to receive a letter from an actress.
Il est étonnant de recevoir une lettre d'une actrice.

sweater : le chandail [shahn-DAHY] m.
I am wearing a sweater because it is cool.
Je porte un chandail parce qu'il fait frais.

sweet : doux [DOO]

swim : nager [na-ZHAY]

je nage	nous nageons
tu nages	vous nagez
il, elle nage	ils, elles nagent

I go swimming in summer.
Je vais nager en été.

     swimming pool : la piscine [pee-SEEN]   f.
I have permission to go to the pool with you.
J'ai la permission d'aller à la piscine avec vous.

swing : la balançoire [ba-lahn-SWAR]   f.
In the park the children are having a good time on the swings (seesaws).
Dans le parc les enfants s'amusent sur les balançoires.

switch : le bouton   m.

T

table : la table [TABL]   f.
The brush is on the table.
La brosse est sur la table.

tablecloth : la nappe [NAP]   f.
My aunt puts the tablecloth on the table.
Ma tante met la nappe sur la table.

tail : la queue [KEOH]   f.
My dog wags his tail when I return home.
Mon chien remue la queue quand je retourne à la maison.

tailor : le tailleur [tah-YEUHR]   m.
My neighbor is a tailor.
Mon voisin est tailleur.

take : prendre [PRAHNDR]

je prends	nous prenons
tu prends	vous prenez
il, elle prend	ils, elles prennent

Mom has a croissant for breakfast.
Maman prend un croissant pour le petit déjeuner.

     take a bath : prendre un bain
     take a walk : se promener [se-pruhm-NAY]

je me promène	nous nous promenons
tu te promènes	vous vous promenez
il, elle se promène	ils, elles se promènent

They are walking in the park.
Elles se promènent dans le parc.

take care! : attention! [a-tahɴ(-SYOHɴ]   n., f.

The teacher says, "Take care!"
Le professeur dit: "Attention!"

take off : ôter [oh-TAY]

j'ôte	nous ôtons
tu ôtes	vous ôtez
il, elle ôte	ils, elles ôtent

Take off your hat in the house.
Ôte le chapeau dans la maison.

take a trip : faire un voyage

tale : le conte [KOHɴT] m.

fairy tale : le conte de fées

talk : parler [par-LAY]

je parle	nous parlons
tu parles	vous parlez
il, elle parle	ils, elles parlent

We are talking about the movie on television.
Nous parlons du film à la télévision.

tall : grand [GRAHɴ]

tall (loud) : haut [OH]

tape recorder : le magnétophone [ma-ny-tuh-FUHN] noun, m.

The teacher uses a tape recorder in class.
Le professeur emploie un magnétophone dans la classe.

taxi : le taxi [ta-KSEE] m.
My brother drives a taxi.
Mon frère conduit un taxi.

tea : le thé [TAY] m.
Do you want tea or coffee?
Tu veux du thé ou du café?

teach : enseigner [ahn-seh-NYAY]
    j'enseigne   nous enseignons
    tu enseignes   vous enseignez
    il, elle enseigne ils, elles enseignent

Who teaches music to this class?
Qui enseigne la musique dans cette classe?

    teacher : la maîtresse [meh-TREHS] f.
    le maître [MEHTR] m.
The teacher is kind.
La maîtresse est gentille.

    teacher : le professeur [pruh-feh-SUHR] m.
The teacher is in the classroom.
Le professeur est dans la salle de classe.

team : l'équipe [ay-KEEP] f.
We are all members of the same team.
Nous sommes tous membres de la même équipe.

tear : la larme [LARM] f.
Grandpa says, "Enough tears!"
Grand-père dit: "Assez de larmes!"

tease : taquiner [ta-kee-NAY]
    je taquine   nous taquinons
    tu taquines   vous taquinez
    il, elle taquine ils, elles taquinent

My brother always teases me!
Mon frère me taquine toujours!

teeth : les dents

telephone : le téléphone [tay-lay-FUHN] m.
I like to talk on the telephone.
J'aime parler au téléphone.

television : la télévision [tay-lay-vee-ZYOHN] f.
   la télé [tay-LAY]
My brother and I watch television.
Mon frère et moi, nous regardons la télévision.

   television antenna : l'antenne de télévision [ahn-tehn-de-tay-lay-vee- ZYOHN] n.,f.
Television antennas are on the roof of the building.
Les antennes de télévision sont sur le toit du bâtiment.

   television set : le téléviseur [tay-lay-vee-ZEUHR] m.
The television set is not working.
Le téléviseur ne marche pas.

tell : raconter [ra-kohn-TAY]
Tell me a story, Mom.
Raconte-moi une histoire, maman.

ten : dix [DEES, DEEZ, DEE]
How many fingers do you have? Ten.
Combien de doigts avez-vous? Dix. [DEES]
He has ten apricots.
Il a dix abricots. [DEEZ] (before a vowel)
He has ten balloons.
Il a dix ballons. [DEE] (before a consonant)

tent : la tente [TAHNT] f.
When I am at camp I sleep in a tent.
Quand je suis à la colonie de vacances je dors dans une tente.

test : l'examen [eh-gza-MAIN] m.

thank you : merci [mehr-SEE]
When my grandmother gives me a cookie I say, "Thank you."
Quand ma grand-mère me donne un petit gâteau je dis: "Merci."

that : cela [SLA]
I don't like that!
Je n'aime pas cela!

that : que [kₑ]

That's too bad! : dommage: C'est dommage! [seh-doh-MAHZH]
You don't like chocolate? That's too bad!
Vous n'aimez pas le chocolat? C'est dommage!

the : le, la, les

theater : le théâtre [tay-AHTR]

their : leur

them : eux [eoh]
I go to school with them.
Je vais a l'ecole avec eux.

them : leur [LEUHR]
I give them a card.
Je leur donne une carte.

then : ensuite [ahⁿ-sEW/eet]
I read the book; then I return the book to the library.
Je lis le livre; ensuite je rends le livre à la bibliothèque.

then : puis [pEW/EE]
I write a letter; then I go to my friend's house.
J'ecris une lettre; puis, je vais chez mon ami.

there : là-bas

there is : il y a

they : ils, elles, on

thick : épais [ay-PEH]
       épaisse (f.) [ay-PEHS]
The lemon's skin is very thick.
La peau du citron est très épaisse.

thief : le voleur [vuh-LEUHR] m.
They are looking for the thief at the bank.
On cherche le voleur à la banque.

thin : maigre [MEHGR]
You are too thin. You must eat.
Vous êtes trop maigre. Il faut manger.

thing : la chose [SHOHZ]   f.
They sell all kinds of things in this store.
On vend toutes sortes de choses dans cette boutique.

think : penser [pahn-SAY]

je pense	nous pensons
tu penses	vous pensez
il, elle pense	ils, elles pensent

I think I'll go to my friend's house. All right?
Je pense que je vais chez mon ami. D'accord?

thirsty (to be) : avoir soif

thirteen : treize [TREHZ]
There are thirteen steps in the staircase.
Il y a treize marches dans l'escalier.

thirty : trente [TRAHNT]
Which months have thirty days?
Quels mois ont trente jours?

this : ce [SE]

cette (f.)   [SEHT]
ces (pl.)   [SAY]
cet [SEHT]   (m. form before a vowel)

This little girl is well-behaved.
Cette petite fille est sage.

this : ceci [se-SEE]
MMM, this is good!
MMM, ceci est bon!

thousand : mille [MEEL]
How much does a car cost? A thousand francs?
Combien coûte une auto? Mille francs?

three : trois [TRWA]
There are three glasses on the table.
Il y a trois verres sur la table.

throat : la gorge [GUHRZH]   f.
The teacher says softly, "I have a sore throat."
La maîtresse dit doucement: "J'ai mal à la gorge."

throw : lancer [lahŋ-SAY]

je lance	nous lançons
tu lances	vous lancez
il, elle lance	ils, elles lancent

He's throwing a pillow at me!
Il me lance un oreiller!

thunder : le tonnerre [tuh-NEHR] m.
After the lightning you hear the thunder.
Après l'éclair on entend le tonnerre.

Thursday : jeudi [zheoh-DEE] m.
My birthday is Thursday.
Jeudi est mon anniversaire.

ticket : le billet [bee-YAY] m.
Here is my ticket, sir.
Voici mon billet, monsieur.

tie : la cravate [kra-VAT] f.
Daddy's tie is too big for me.
La cravate de Papa est trop grande pour moi.

tiger : le tigre [TEEGR] m.

tight : étroit [ay-TRWA]
    étroite (f.) [ay-TRWAT]

time : la fois [FWA] f.
They knock three times at the door.
On frappe trois fois à la porte.

tip : le pourboire [poor-BWAR] m.
The man leaves a tip for the waiter.
L'homme laisse un pourboire pour le garçon.

tired : fatigué [fa-tee-GAY]
    fatiguée (f.)
After two hours of work in the garden, I am tired.
Après deux heures de travail dans le jardin, je suis fatigué.

to : à [A] prep.
They are going to Paris.
Ils vont à Paris.

toast : le pain grillé

today : aujourd'hui [oh-zhoor-DEW/EE] adv.
Today is January 12th.
Aujourd'hui c'est le douze janvier.

toe : l'orteil [uhr-TEHY] m.
The baby looks at his toes.
Le bébé regarde ses orteils.

together : ensemble [ahz-SAHNBL]
We are going to the grocery store together.
Nous allons à l'épicerie ensemble.

tomato : la tomate [tuh-MAT] f.
The tomato is red when it is ripe.
La tomate est rouge quand elle est mûre.

tomorrow : demain [dz-MAINʒ]
Tomorrow I am going to camp.
Demain je vais à la colonie de vacances.

tongue : la langue [LAHNG] f.
I burn my tongue with hot soup.
Je me brûle la langue avec la soupe chaude.

too : aussi [oh-SEE] adv.
I want some candy too!
Moi aussi, je veux des bonbons!

too (many) (much)

The little girl says, "This is too much for me!"
La petite fille dit: "C'est trop pour moi!"

tooth : la dent [DAHNʒ] f.
I have a toothache.
J'ai mal aux dents.

    toothache : avoir mal aux dents
    toothbrush : la brosse aux dents f.

toothpaste : le dentifrice [dahn-tee-FREES] m.
Mom, I don't like this toothpaste.
Maman, je n'aime pas ce dentifrice.

top (toy) : la toupie [too-PEE] f.
Do you have a top?
As-tu une toupie?

tortoise (turtle) : la tortue [tuhr-TEW] f.
The turtle walks slowly.
La tortue marche lentement.

touch : toucher [too-SHAY]
    je touche   nous touchons
    tu touches   vous touchez
    il, elle touche ils, elles touchent

"Do not touch the flowers."
"Défense de toucher les fleurs."

toward : vers [VEHR]
We are going toward the hotel
Nous allons vers l'hôtel.

towel : la serviette [sehr-VYEHT] f.
My towel is in the bathroom.
Ma serviette est dans la salle de bain.

tower : la tour [TOOR] f.
The Eiffel Tower is very tall.
La Tour Eiffel est très haute.

toy : le jouet [zhoo-AY] m.
What kind of toys do you have?
Quelle sorte de jouets as-tu?

traffic : la circulation [seer-kew-la-SYOHN] f.
The traffic stops for the red light.
La circulation s'arrête au feu rouge.

train : le train [TRAIN] m.
Let's play with my electric train.
Allons jouer avec mon train électrique.

travel : voyager [vWa-ya-ZHAY]

je voyage	nous voyageons
tu voyages	vous voyagez
il, elle voyage	ils, elles voyagent

Are you traveling by car or by airplane?
Vous voyagez en auto ou en avion?

traveler : le voyageur [vWa-ya-ZHEUHR] m.
The traveler is tired.
Le voyageur est fatigué.

tree : l'arbre [ARBR] n., m.
The tree has many branches.
L'arbre a beaucoup de branches.

trip : le voyage [vWa-YAZH] m.

take a trip : faire un voyage [feh-ruhN-vWa-YAZH]
We are taking a trip to the castle.
Nous faisons un voyage au château.

trip : le tour [TOOR] m.
I would like to take a trip around the world.
Je voudrais faire le tour du monde.

trousers (pants) : le pantalon [pahN-ta-LOHN] m.
The boy's pants are dirty.
Le pantalon du garçon est sale.

truck : le camion [ka-MYOHN] m.
The truck makes a lot of noise.
Le camion fait un grand bruit.

true : vrai [VREH]
    vraie (f.)
It's a true story!
C'est une histoire vraie!

trunk : la malle [MAL] f.
It is difficult to carry this trunk.
Il est difficile de porter cette malle.

try : essayer [eh-say-YAY]

j'essaye	nous essayons
tu essayes	vous essayez

il, elle essaye   ils, elles essayent
She tries to carry the heavy package.
Elle essaye de porter le paquet lourd.

Tuesday : mardi [mar-DEE] m.
Is Tuesday a day off?
Est-ce que mardi est un jour de congé?

turkey : la dinde [DAIND] f.
Do you like to eat turkey?
Tu aimes manger la dinde?

turn : le tour [TOOR] m.

> **turn** : tourner [toor-NAY]
> je tourne   nous tournons
> tu tournes   vous tournez
> il, elle tourne   ils, elles tournent

I turn the page of the dictionary.
Je tourne la page du dictionnaire.

> **turn off** : éteindre [ay-TAINDR]
> j'éteins   nous éteignons
> tu éteins   vous éteignez
> il, elle éteint   ils, elles éteignent

I turn off the light.
J'éteins la lumière.

turtle : la tortue [tuhr-TEW] f.
The turtle walks slowly.
La tortue marche lentement.

twelve : douze [DOOZ]
There are twelve bananas in a dozen.
Il y a douze bananes dans une douzaine.

twenty : vingt [VAIN]
Ten and ten are twenty.
Dix et dix font vingt.

two : deux [DEOH]
I see two cats.
Je vois deux chats.

311

twice : deux fois [deoh-FWA]

typewriter : la machine à écrire f.

typist : la dactylo [dak-tee-LOH] f., le dactylo m.

U

ugly : laid [LEH]
   laide (f.) [LEHD]
I don't like this hat; it's ugly.
Je n'aime pas ce chapeau; il est laid.

umbrella : le parapluie [pa-ra-PLEW/EE] m.
Don't forget your umbrella.
N'oublie pas ton parapluie.

uncle : l'oncle [OHNKL] m.
My uncle is my mother's brother.
Mon oncle est le frère de ma mère.

under : sous [SOO]
The carrot grows under the ground.
La carotte pousse sous la terre.

understand : comprendre [kohN-PRAHNDR]

je comprends	nous comprenons
tu comprends	vous comprenez
il, elle comprend	ils, elles comprennent

Do you understand today's lesson?
Tu comprends la leçon d'aujourd'hui?

unhappy : malheureux [ma-luh-REOH]
   malheureuse (f.) [ma-luh-REOHZ]
He is unhappy because he can't play ball.
Il est malheureux parce qu'il ne peut pas jouer à la balle.

united : uni [ew-NEE]
   unie (f.)
The boy lives in the United States.
Le garçon habite les Etats-Unis.

The United Nations building is located in New York City.
Le bâtiment des Nations Unies se trouve dans la ville de New York.

United Nations : Les Nations Unies
United States : Les Etats-Unis
university : l'université [ew-nee-vehr-see-TAY] f.
until : jusqu'à [zhew-SKA]
We are in school until three o'clock.
Nous sommes à l'école jusqu'à trois heures.

unusual : extraordinaire [eh-kstra-uhr-dee-NEHR]

upstairs : en haut

us : nous [NOO]

use : employer [ahy-plWa-YAY]
    j'emploie   nous employons
    tu emploies   vous employez
    il, elle emploie ils, elles emploient
She uses scissors to cut the ribbon.
Elle emploie les ciseaux pour couper le ruban.

    useful : utile [ew-TEEL]
Some insects are useful.
Quelques insectes sont utiles.

V

vacation : les vacances [va-KAHNS] f., pl.
    summer vacation : les grandes vacances [grahnd-va-KAHNS]
Where are you going during the summer vacation?
Où allez-vous pendant les grandes vacances?

vaccinate : vacciner [va-ksee-NAY]
    je vaccine   nous vaccinons
    tu vaccines   vous vaccinez
    il, elle vaccine ils, elles vaccinent
I am afraid when the doctor vaccinates me.
J'ai peur quand le médecin me vaccine.

vacuum cleaner : l'aspirateur [as-pee-ra-TEUHR] n., m.
Mother uses the vacuum cleaner to clean the house.
Pour nettoyer la maison, Maman emploie l'aspirateur.

valise : la valise [va-LEEZ] f.

I put my clothes in the valise.
Je mets mes vêtements dans la valise.

valley : la vallée [va-LAY] f.
There are many flowers in the valley.
Il y a beaucoup de fleurs dans la vallée.

vanilla : la vanille [va-NEEY] f.
I like vanilla ice cream.
J'aime la glace à la vanille.

vegetable : le légume [lay-GEWM] m.
Vegetables are delicious with meat.
Les légumes sont délicieux avec la viande.

very : très [TREH]
The castle is very big.
Le château est très grand.

village : le village [vee-LAZH] m.
My cousin lives in a village in the country.
Mon cousin habite un village à la campagne.

violet : violet [vyoh-LEH]

violin : le violon [vyoh-LOHN] m.
The musician plays the violin.
Le musicien joue du violon.

visit : visiter [vee-zee-TAY]

je visite	nous visitons
tu visites	vous visitez
il, elle visite	ils, elles visitent

My parents visit my camp.
Mes parents visitent ma colonie de vacances.

voice : la voix [vWA] f.
My aunt's voice is sweet.
La voix de ma tante est douce.

    in a loud voice : à haute voix
    aloud : à haute voix
    in a low voice : à voix basse

W

wag (move) : remuer [rǝ-mew-AY]

je remue	nous remuons
tu remues	vous remuez
il, elle remue	ils, elles remuent

She moves her fingers quickly when she plays the piano.
Elle remue vites ses doigts quand elle joue du piano.

waist : la taille [TAHY]   f.
In a store they ask me, "What is your size?"
Dans un magasin on me demande: "Quelle est votre taille?"

waiter : le garçon [gar-SOHN]   m.
The waiter brings the dessert.
Le garçon apporte le dessert.

wait for : attendre [a-TAHNDR]   v.

j'attends	nous attendons
tu attends	vous attendez
il, elle attend	ils, elles attendent

She is waiting for her friend.
Elle attend son amie.

waitress : la serveuse [sehr-VEOHZ]   f.
The waitress is in the restaurant.
La serveuse est dans le restaurant.

wake up : se réveiller [sǝ-ray-vay-YAY]

je me réveille	nous nous réveillons
tu te réveilles	vous vous réveillez
il, elle se réveille	ils, elles se réveillent

We wake up early.
Nous nous réveillons de bonne heure.

walk : marcher [mar-SHAY]

je marche	nous marchons
tu marches	vous marchez
il, elle marche	ils, elles marchent

walk : se promener [sǝ-pruhm-NAY]

je me promène	nous nous promenons
tu te promènes	vous vous promenez

     il, elle se promène   ils, elles se promènent

They are walking in the park.
Elles se promènent dans le parc.

wall : le mur [MEWR] m.
There is a picture of a rocket ship on my bedroom wall.
Il y a une image d'une fusée au mur de ma chambre.

want, wish : désirer [day-zee-RAY]

je désire	nous désirons
tu désires	vous désirez
il, elle désire	ils, elles désirent

What do you wish, sir?
Monsieur désire?

want : vouloir [voo-LWAR]

je veux	nous voulons
tu veux	vous voulez
il, elle veut	ils, elles veulent

The baby is crying because he wants his toy.
Le bébé pleure parce qu'il veut son jouet.

war : la guerre [GEHR] f.
My uncle is a soldier in the war.
Mon oncle est soldat à la guerre.

warm : chaud [SHOH]
     chaude (f.) [SHOHD]

wash (something or someone) : laver [la-VAY]

je lave	nous lavons
tu laves	vous lavez
il, elle lave	ils, elles lavent

We are washing the dog.
Nous lavons le chien.

     wash (oneself) : se laver [sǝ-la-VAY]

je me lave	nous nous lavons
tu te laves	vous vous lavez
il, elle se lave	ils, elles se lavent

I wash my hands before eating.

Je me lave les mains avant de manger.

> **washing machine** : la machine à laver
>
> **washstand** : le lavabo [la-va-BOH] m.

The washstand is in the bathroom.
Le lavabo est dans la salle de bain.

watch : la montre [MOHNTR] f.
What a shame, my watch doesn't work.
Hélas, ma montre ne marche pas.

watch : regarder [rǝ-gar-DAY]
> je regarde   nous regardons
> tu regardes   vous regardez
> il, elle regarde ils, elles regardent

I like to watch television.
J'aime regarder la télévision.

watch over : surveiller [sewr-vay-YAY]
> je surveille   nous surveillons
> tu surveilles   vous surveillez
> il, elle surveille ils, elles surveillent

The cat looks after the kittens.
Le chat surveille les petits (chats).

water : l'eau [OH] f.
      les eaux   (pl.)
There is water in the swimming pool.
Il y a de l'eau dans la piscine.

watermelon : la pastèque [pas-TEHK] f.
Watermelon is a delicious fruit.
La pastèque est un fruit délicieux.

wave : la vague [VAG] f.
I see waves at the beach.
Je vois des vagues à la plage.

we : nous [NOO]
We are going to the beach.
Nous allons à la plage.

we : on [OHN]

Are we playing now?
On joue maintenant?

weak : faible [FEHBL]
The poor boy is weak because he is sick.
Le pauvre garçon est faible parce qu'il est malade.

wealthy : riche [REESH]
The rich lady wears jewels.
La femme riche porte des bijoux.

wear : porter [puhr-TAY]

je porte	nous portons
tu portes	vous portez
il, elle porte	ils, elles portent

Elle porte un chapeau.
She is wearing a hat.

weather : le temps [TAHN] m.
What is the weather? The sun is shining.
Quel temps fait-il? Il fait du soleil.

Wednesday : mercredi [mehr-kr-DEE] m.
Today is Wednesday—they are serving chicken.
C'est aujourd'hui mercredi—on sert du poulet.

week : la semaine [SMEHN] f.
The calendar shows us the seven days of the week.
Le calendrier nous montre les sept jours de la semaine.

weep (cry) : pleurer [pleuh-RAY]

je pleure	nous pleurons
tu pleures	vous pleurez
il, elle pleure	ils, elles pleurent

I cry when somebody teases me.
Je pleure quand on me taquine.

You're welcome. (polite) : il n'y a pas de quoi. [eel-nye-a-pa-de-KWA]

Je vous en prie. [zh-voo-zahn-PREE]

well : bien [BYAIN]
I'm feeling very well, thank you.
Je vais très bien, merci.

well-behaved : sage [SAZH]
Little girls are better behaved than little boys.
Les petites filles sont plus sages que les petits garçons.

Well done! Hurray! : bravo [bra-VOH]
Arnold answers the question well. "Well done!" says the teacher.
Arnaud répond bien à la question. Le professeur dit: "Bravo!"

west : l'ouest [WEHST] m.
When I go from Lyons to Bordeaux, I go toward the west.
Quand je vais de Lyon à Bordeaux, je vais vers l'ouest.

wet : mouillé [moo-YAY]
    mouillée (f.)
My notebook is falling into the water. Oh, it is wet!
Mon cahier tombe dans l'eau. Oh, il est mouillé!

what? : comment [kuh-MAHN]
What?
Comment?

what : quoi [KWA]
What? You don't have the change for the bus?
Quoi? Tu n'as pas la monnaie pour l'autobus?

what : que [kœ]

what : quel [KEHL]

what a . . . ! : quel [KEHL]
    quelle (f.)
What a beautiful dress!
Quelle belle robe!

wheat : le blé [BLAY] m.
I see wheat in the fields.
Je vois le blé dans les champs.

wheel : la roue [ROO] f.
My uncle fixes the wheel of my bicycle.
Mon oncle répare la roue de ma bicyclette.

when : quand [KAHN]
I read a book when it rains.
Je lis un livre quand il pleut.

where : où [OO]
Where are my glasses?
Où sont mes lunettes?

whether (if) : si [SEE]
    s' (before il)
I am going to the window to see if it is raining.
Je vais à la fenêtre pour voir s'il pleut.

which : que [kɇ]

which : quel [KEHL]

which : qui [KEE]
I am looking for my pen which is on the rug.
Je cherche mon stylo qui est sur le tapis.

whistle : siffler [see-FLAY]
    je siffle   nous sifflons
    tu siffles   vous sifflez
    il, elle siffle   ils, elles sifflent

When I whistle, my friend knows that I'm at the door.
Quand je siffle, mon ami sait que je suis à la porte.

white : blanc [BLAHɴ] (m.)
    blanche [BLAHɴSH] (f.)
My shoes are white.
Mes souliers sont blancs.

who : qui [KEE]
Who is coming to visit us?
Qui vient chez nous?

whole : entier [ahɴ-TYAY]
    entière (f.) [ahɴ-TYEHR]
Of course I would like to eat the whole cake!
Bien sûr je voudrais manager le gâteau entier!

whom : que [kɇ]
    qu' (before a vowel)

The woman whom I see is my aunt.
La femme que je vois est ma tante.

why? : pourquoi [poor-KWAH]
Why are you late?
Pourquoi êtes-vous en retard?

wide : large [LARZH]
The boulevard is a wide street.
Le boulevard est une large rue.

wide street : le boulevard [bool-VAR] m.
Students walk on the Boulevard St. Michel in Paris.
Les étudiants se promènent sur le boulevard St-Michel à Paris.

wife : la femme [FAM] f.
Mother is my father's wife.
Maman est la femme de mon père.

wild : féroce [fay-RUHS]
Who is afraid of a ferocious tiger?
Qui a peur d'un tigre féroce?

wild : sauvage [soh-VAZH]
Wild animals live in the forest.
Les animaux sauvages habitent la forêt.

win : gagner [ga-ɲAY]

je gagne	nous gagnons
tu gagnes	vous gagnez
il, elle gagne	ils, elles gagnent

Our team wins!
C'est notre équipe qui gagne!

wind : le vent [VAHɴ] m.
It is windy and I lose my hat.
Il fait du vent et je perds mon chapeau.

window : la fenêtre [fɇ-NEHTR] f.
The dog likes to look out the window.
Le chien aime regarder par la fenêtre.

  store window : la vitrine

wine : le vin [VAIN] m.
The waiter brings the wine.
Le garçon apporte le vin.

wing : l'aile [EHL] n., f.
The airplane has two wings.
L'avion a deux ailes.

winter : l'hiver [lee-VEHR] m.
It is cold in winter.
En hiver il fait froid.

wise : sage [SAZH]
Grandfather is wise.
Grand-père est sage.

wish : désirer [day-zee-RAY]

je désire	nous désirons
tu désires	vous désirez
il, elle désire	ils, elles désirent

What do you wish, sir?
Monsieur désire?

wish : le souhait [soo-EH] m.
When I go to bed I make a wish.
Quand je me couche je fais un souhait.

wish (want) : vouloir [voo-LWAR]

je veux	nous voulons
tu veux	vous voulez
il, elle veut	ils, elles veulent

The baby is crying because he wants his toy.
Le bébé pleure parce qu'il veut son jouet.

  mean : vouloir dire

with : avec [a-VEHK]
Mary is at the beach with her friends.
Marie est à la plage avec ses amies.

  with care : avec soin [a-vehk-SWAIN]
Paul pours water into the glass carefully.
Paul verse l'eau dans le verre avec soin.

without : sans [SAHN]
I'm going to class without my friend. He is sick.
Je vais à mes classes sans mon ami. Il est malade.

wolf : le loup [LOO]   m.
Who is afraid of the bad wolf
Qui a peur du méchant loup?

woman : la femme [FAM]   f.
These two women are going shopping.
Ces deux femmes vont faire des emplettes.

wonderful : extraordinaire [eh-kstra-uhr-dee-NEHR]
We are going to take an unusual trip in a rocket ship.
Nous allons faire un voyage extraordinaire en fusée.

Wonderful! (Great!) : formidable [fuhr-mee-DABL]
You are going to the circus? Great!
Tu vas au cirque? Formidable!

woods : la forêt [fuh-REH]   f.

   woods : le bois [BWA]   m.
I am going into the woods.
Je vais dans le bois.

wool : la laine [LEHN]   f.
   made of wool : **woolen** : en laine [ahn-LEHN]
My coat is made of wool.
Mon manteau est en laine.

word : le mot [MOH]   m.
I'm thinking of a word that begins with the letter "a."
Je pense à un mot qui commence avec la lettre "a".

work : le travail [tra-VAHY]   m.
Mother has a lot of work to do.
Ma mère a beaucoup de travail.

work : travailler [tra-vah-YAY]

je travaille	nous travaillons
tu travailles	vous travaillez
il, elle travaille	ils, elles travaillent

The farmer works outside.
Le fermier travaille dehors.

work (things) : marcher [mar-SHAY]

je marche	nous marchons
tu marches	vous marchez
il, elle marche	ils, elles marchent

This lamp is not working.
Cette lampe ne marche pas.

world : le monde [MOHND] m.
How many nations are there in the world?
Combien de nations y a-t-il dans le monde?

worm : le ver [VEHR] m.
There's a worm in the apple.
Il y a un ver dans la pomme.

write : écrire [ay-KREER]

j'écris	nous écrivons
tu écris	vous écrivez
il, elle écrit	ils, elles écrivent

The teacher says, "Write the date on the blackboard."
La maîtresse dit: "Écrivez la date au tableau noir."

wrong (to be) : avoir tort

Y

year : l'année [a-NAY] n., f.
There are twelve months in a year.
Il y a douze mois dans une année.

year : l'an [AHN] n., m.
I'm nine years old.
J'ai neuf ans.

yellow : jaune [ZHOHN]
Corn is yellow.
Le maïs est jaune.

yes : oui [WEE]
Do you want some candy? Yes, of course!
Veux-tu des bonbons? Oui, bien sûr!

yesterday : hier [YEHR]
Today is May 10; yesterday (was) May 9.
C'est aujourd'hui le dix mai; hier, le neuf mai.

you : on [OHN]
When you look out of the window, you see the Eiffel Tower.
Quand on regarde par la fenêtre, on voit la Tour Eiffel.

you : te [tɇ]
I give you some milk.
Je te donne du lait.

you : toi [TWA]
Do you have my stick, Jack?
C'est toi, Jacques, qui as mon bâton?

you : vous [VOO]
How are you?
Comment allez-vous?

I am giving you a ticket.
Je vous donne un billet.

you (familiar) : tu [TEW]
How are you?
Comment vas-tu?

you have to : faut: il faut [FOH]
It is necessary to go to school. (We have to go to school.)
Il faut aller à l'école.

young : jeune [ZHEUHN]
They always say to me, "You're too young!"
Toujours on me dit: "Tu es trop jeune!"

your : ton [TOHN]
      ta   (f.) [TA]
      tes   (pl., m., f.) [TEH]
Your cousin is handsome.
Ton cousin est beau.
Your neighbor is kind.
Ta voisine est gentille.

Your parents are tall.
Tes parents sont grands.

your : votre [VUHTR]
       vos (pl.) [VOH]
Where is your tape recorder?
Où est votre magnétophone?
Where are your stamps?
Où sont vos timbres?

you're welcome : de rien

you're welcome : je vous en prie; il n'y a pas de quoi;
       pas de quoi

Z

zebra : le zèbre [ZEHBR]   m.
Is it a zebra or a horse?
Est-ce un zèbre ou un cheval?

zero : le zéro [zay-ROH]   m.
There is a zero in the number ten.
Il y a un zéro dans le numéro dix.

zoo : le zoo [ZOH]   m.
I like to watch the tigers at the zoo.
J'aime regarder les tigres au zoo.

English-French Word Finder List

How To Use The Word Finder List: To find the French equivalent of an English word or expression, *first* look for the English word in this list. Opposite it you will see its French equivalent. *Then* look it up in the English-French vocabulary for a more detailed entry. You may also look up the French word or expression in the French-English vocabulary, where you will find the pronunciation, other possible meanings, use in a complete sentence and, frequently, a picture.

A

a	un
to be able to, can	pouvoir
above all	surtout
absent	absent
according to	selon
to be acquainted with, to know	connaître
actor	l'acteur
addition	l'addition
address	l'adresse
no admittance	défense d'entrer
adventure	l'aventure
aerial (television)	l'antenne de télévision
to be afraid of, to fear	avoir peur de
after	après
afternoon	l'après-midi
Good afternoon	Bonjour
again	encore
once again	encore une fois
against	contre
age	l'âge
What is your age?	Quel âge as-tu?
don't you agree?	n'est-ce pas?
Agreed!	D'accord!
to aid	aider

air	l'air
by air	en avion
airmail	par avion
airplane	l'avion
jet airplane	l'avion à réaction
airplane pilot	le pilote (d'avion)
steward/ess (flight attendant)	l'hôte/sse de l'air
by airplane	en avion
airport	l'aéroport
alarm clock	le réveille-matin
Alas!	Hélas!
alike	pareil
all	tout
all over	partout
all right!	d'accord!
almost	presque
alone	seul
aloud	à haute voix
alphabet	l'alphabet
already	déjà
also	aussi
always	toujours
ambulance	l'ambulance
American	américain
amusing	amusant
an	un
and	et
angry	fâché
animal	l'animal
anniversary	l'anniversaire
annoyed	ennuyé
another	un autre
answer	la réponse
to answer	répondre
ant	la fourmi
antenna (television)	l'antenne de télévision
any	de

apartment	l'appartement
appearance	l'air
appetite	l'appétit
apple	la pomme
apricot	l'abricot
April	avril
apron	le tablier
aquarium	l'aquarium
How are you?	Comment allez-vous? (see aller)
aren't you?	n'est-ce pas?
arm	le bras
armchair	le fauteuil
army	l'armée
around	autour de
to arrange	arranger
to arrest	arrêter
to arrive	arriver
artist	l'artiste
as	comme
to be ashamed	avoir honte
to ask	demander
astronaut	l'astronaute
at	à
to attend	assister
Pay attention!	Faites attention!
August	août
aunt	la tante
auto, automobile	la voiture, l'auto
autumn	l'automne
avenue	l'avenue
right away	tout de suite

B

baby	le bébé
baby carriage	la voiture
back	le dos
to give back	rendre

bad	mauvais
The weather is bad.	Il fait mauvais.
Too bad!	Hélas!
That's too bad!	C'est dommage!, C'est triste!
bag	le sac
baggage	les bagages
baker	le boulanger
bakery	la boulangerie
ball	la balle
to play ball	jouer à la balle (see to play)
balloon	le ballon
ballpoint pen	le stylo à bille
banana	la banane
bank	la banque
baseball	le base-ball
to play baseball	jouer au base-ball (see to play)
basement	la cave
basket	le panier
basketball	le basket-ball
to play basketball	jouer au basket-ball (see to play)
bath	le bain
sunbath	le bain de soleil
bathing suit	le maillot
bathroom	la salle de bain
bathroom sink	le lavabo
to be	être
to be afraid of	avoir peur de
to be cold	avoir froid
to be hot	avoir chaud
to be hungry	avoir faim
to be thirsty	avoir soif
to be able	pouvoir
beach	la plage
beak	le bec
bear	l'ours
beard	la barbe
beast	la bête, l'animal

beautiful	beau
because	parce que
because of	à cause de
to become	devenir
bed	le lit
to go to bed	se coucher
bedroom	la chambre
bee	l'abeille
beefsteak	le bifteck
roast beef	le rosbif
before	avant
to begin	commencer
to behave	se conduire
behind	derrière, en arrière de
to believe	croire
bell	la cloche
doorbell	le bouton
belt	la ceinture
better	meilleur
between	entre
bicycle, bike	la bicyclette, le vélo
to ride a bicycle	monter à bicyclette
big	grand
bigger	plus grand que
bill (of money)	le billet
bird	l'oiseau
birthday	l'anniversaire, la fête
Happy Birthday!	Joyeux anniversaire!, Bonne fête!
to bite	mordre; (insects) piquer
black	noir
blackboard	le tableau noir
blanket	la couverture
blind	aveugle
to play blindman's buff	jouer à colin-maillard
blond	blond
blood	le sang
blow	le coup

blue	bleu
boat	le bateau
book	le livre
boot	la botte
born	né
to borrow	emprunter
bottle	la bouteille
boulevard	le boulevard
bouquet	le bouquet
box	la boîte
boy	le garçon
branch	la branche
brave	courageux
Bravo!	Bravo!
bread	le pain
to break	casser
breakfast	le petit déjeuner
bridge	le pont
briefcase	la serviette
to bring	apporter; (people) amener
broad	large
broom	le balai
brother	le frère
brown	brun (for eyes, hair); marron
brush	la brosse
hairbrush	la brosse à cheveux
toothbrush	la brosse à dents
to brush	se brosser
bucket	le seau
building	le bâtiment
burglar	le voleur
to burn	brûler
bus	l'autobus
busy	occupé
but	mais
butcher	le boucher
butcher shop	la boucherie

butter	le beurre
button	le bouton
to buy	acheter
by	à, en, de, par
by air	en avion (see airplane)
by car	en auto, en voiture (see auto)
by airmail	par avion (see airmail)

C

cabbage	le chou
cafe	le café
cake	le gâteau
calendar	le calendrier
to call	appeler
to be called	s'appeler
calm	tranquille
camera	l'appareil
camp	la colonie de vacances
can, to be able to	pouvoir
candy	les bonbons
capital	la capitale
car	l'auto, la voiture
by car	en auto, en voiture
car (on train)	le wagon
card	la carte
postcard	la carte postale
to play cards	jouer aux cartes (see to play)
carefully, with care	avec soin
baby carriage	la voiture
carrot	la carotte
to carry	porter
castle	le château
cat	le chat
kitten	le petit chat
to catch	attraper
ceiling	le plafond
celery	le céleri

cellar	la cave
certain	sûr
chair	la chaise
chalk	la craie
chalkboard	le tableau
to change	changer
change (money)	la monnaie
cheap(ly)	bon marché
cheat	tromper
check (in restaurant)	l'addition
to play checkers	jouer aux dames (see to play)
cheerful	gai
cheese	le fromage
cherry	la cerise
to play chess	jouer aux échecs (see to play)
chicken	le poulet
child	l'enfant
children	les enfants
chimney	la cheminée
chin	le menton
chocolate	le chocolat
chocolate ice cream	la glace au chocolat
to choose	choisir
lamb chop	la côtelette de mouton
church	l'église
cigarette	la cigarette
circle	le cercle
circus	le cirque
city	la ville
class	la classe
classroom	la salle de classe
to clean	nettoyer
clean	propre
cleaning woman	la bonne
street cleaner	le balayeur des rues
clear	clair
clever	rusé

to climb	grimper
clock	l'horloge
o'clock	(see time)
to close	fermer
close to	près de
closet	le placard, l'armoire
clothes, clothing	les vêtements
cloud	le nuage
clown	le clown
coat	le manteau
coffee	le café
cold	le froid
It is cold.	Il fait froid.
to be cold	avoir froid
a cold	un rhume
to color	colorier
color	la couleur
to comb	se peigner
comb	le peigne
to come	venir, arriver
to come into, to enter	entrer
comfortable	confortable
to command	commander
company	la compagnie
to complain	se plaindre
completely	tout à fait
computer	l'ordinateur
to continue	continuer
to cook	faire la cuisine
cookie	le petit gâteau
cool	frais
It is cool.	Il fait frais.
to copy	copier
corn	le maïs
corner	le coin
correct	correct, juste
to cost	coûter

cotton	le coton
made of cotton	en coton
to cough	tousser
to count	compter
country	le pays (nation); la campagne
courageous	courageux
of course	bien sûr, bien entendu
cousin	le cousin
my cousin's house	chez mon cousin
cover, blanket	la couverture
covered	couvert
cow	la vache
cradle	le berceau
crayon	le crayon de couleur
crazy	fou
to cross	traverser
to cry	pleurer
cunning	rusé
cup	la tasse
cupboard, sideboard	le buffet
curious	curieux
curtain	le rideau
to cut	couper
cute	mignon
cutlet, chop	la côtelette

D

Dad, Daddy, Father	papa
damp	humide
to dance	danser
dangerous	dangereux
to dare	oser
dark	foncé
darling	mignon
date	la date
daughter	la fille
day	le jour; la journée

a day off	un jour de congé
every day	tous les jours
New Year's Day	le Jour de l'An
dead	mort
deaf	sourd
dear	cher
to deceive	tromper
December	décembre
to decorate	décorer
deep	profond
delicious	délicieux
delighted	heureux
dentist	le dentiste
desert	le désert
desk	le bureau, le pupitre
dessert	le dessert
to detest	détester
dictionary	le dictionnaire
different	différent
It doesn't make any difference.	Cela m'est égal.
difficult	difficile
dining room	la salle à manger
dinner	le dîner
to direct	diriger
dirty	sale
dishes	la vaisselle
displeased, angry	fâché
distant	loin
to do	faire
doctor	le médecin, le docteur
dog	le chien
doll	la poupée
dollhouse	la maison de poupée
dollar	le dollar
dominoes	les dominos
to play dominoes	jouer aux dominos (see to play)
Well done!	Bravo!

donkey	l'âne
Don't you think so?	
Don't you agree?	n'est-ce pas?
door	la porte
doorbell	le bouton
doorknob	le bouton
down there	là-bas
dozen	la douzaine
to drag	tirer
to draw	dessiner
drawer	le tiroir
dreadful!	terrible!
to dream	rêver
to get dressed, to dress	s'habiller
dress	la robe
to drink	boire
to drive (car)	conduire
driver	le chauffeur
drugstore	la pharmacie
drum	le tambour
to play the drum	jouer du tambour (see to play)
dry	sec
duck	le canard
during	pendant

E

each	chaque
each one	chacun
ear	l'oreille
early	tôt, de bonne heure
to earn	gagner
earth	la terre
east	l'est
easy	facile
to eat	manger
edge, shore	le bord

egg	l'oeuf
eight	huit
eighteen	dix-huit
eighty	quatre-vingts
electric	électrique
electric stove	le fourneau électrique
electric train	le train électrique
electric typewriter	la machine à écrire électrique
elephant	l'éléphant
eleven	onze
empty	vide
end	la fin
engineer	l'ingénieur
English (language)	l'anglais
enough	assez
to enter	entrer
envelope	l'enveloppe
equal	égal
to erase	effacer
eraser	la gomme
error	la faute
especially	surtout
even	même
evening	le soir
Good evening	Bonsoir
every	chaque
every day	tous les jours
everybody, everyone	tout le monde
everywhere	partout
examination	l'examen
excellent	excellent
excuse me	excusez-moi, pardon
expensive	cher
to explain	expliquer
extraordinary	extraordinaire
eye	l'oeil
eyes	les yeux

F

face	la figure
factory	l'usine
fair	la foire; juste
fairy	la fée
fairy tale	le conte de fées
fall (season)	l'automne
to fall	tomber
false	faux
family	la famille
famous	célèbre
fan	le ventilateur
far	loin
farm	la ferme
farmer	le fermier
fast	vite, rapide
fat	gros
father	le père, papa
favorite	favori
to fear	avoir peur de
February	février
to feel	aller, se porter (health); sentir
feet	les pieds (see foot)
ferocious	féroce
fever	la fièvre
field	le champ
fierce	féroce
fifteen	quinze
fifty	cinquante
to fill	remplir
film	le film
finally	enfin
to find	trouver
finger	le doigt
fingernail	l'ongle
to finish	finir

fire	le feu
fireman	le pompier
fireplace	la cheminée
fire truck	la pompe à incendie
first	premier
fish	le poisson
fish tank	l'aquarium
to go fishing	aller à la pêche (see to go)
goldfish	le poisson rouge
five	cinq
to fix	réparer
flag	le drapeau
flat	plat
flight attendant (see steward/ess)	l'hôte/sse de l'air
floor	le plancher, l'étage
ground floor	le rez-de-chaussée
flower	la fleur
bunch of flowers	le bouquet
fly	la mouche
to fly	voler
fog	le brouillard
to follow	suivre
foolish	stupide
foot	le pied
feet	les pieds
on foot	à pied
to have a sore foot	avoir mal au pied (see to have)
for	pour, comme, depuis
It is forbidden to . . . , No . . .	Défense de . . .
forest	la forêt
forever	toujours
to forget	oublier
forgive me	pardon, excusez-moi
fork	la fourchette
to form	former
in the form of	en forme de
forty	quarante

four	quatre
fourteen	quatorze
fox	le renard
franc	le franc
France	la France
French	français
fresh	frais
Friday	vendredi
friend	l'ami
my friend	mon ami
frightening	effrayant
frog	la grenouille
from	de
in front of	devant
fruit	les fruits
full	plein
funny	drôle, amusant
future	l'avenir

G

game	le jeu
garage	le garage
garden	le jardin
gas	le gaz
gasoline	l'essence
to gather	cueillir
gay	gai
gentle	gentil, doux
to get	recevoir
to get up	se lever
giant	le géant
gift	le cadeau
girl	la fille, la jeune fille, la petite fille
to give	donner
to give back	rendre
glad	heureux, content
glass	le verre

made of glass	en verre
glasses	les lunettes
glove	le gant
to glue	coller
to go	aller
to go (work)	marcher
to go along (vehicle)	rouler
to go back	retourner
to go to bed	se coucher
to go down	descendre
to go fishing	aller à la pêche
to go into	entrer
to go out	sortir, partir
to go shopping	faire des emplettes
to go up	monter
goat	la chèvre
gold	l'or
made of gold	en or
goldfish	le poisson rouge (see fish)
good	bon
Good afternoon	bonjour
Good-bye	au revoir
Good evening	bonsoir
good-looking	beau, joli
Good luck	bonne chance
Good morning	bonjour
to have a good time	s'amuser (see to have)
grand-daughter	la petite-fille
grandfather	le grand-père
grandmother	la grand-mère
grandson	le petit-fils
grape	le raisin
grapefruit	le pamplemousse
grass	l'herbe
grasshopper	la sauterelle
gray	gris
great	grand

great!	formidable!, sensationnel!
green	vert
grocer	l'épicier
grocery store	l'épicerie
ground	la terre
ground floor	le rez-de-chaussée
playground	le terrain de jeux
to grow	pousser
to guard	garder
to guess	deviner
guitar	la guitare
gun	le fusil

H

hair	les cheveux
hairbrush	la brosse à cheveux
half	la moitié; demi
half hour	la demi-heure
half past one	Il est une heure et demie (see time)
ham	le jambon
hammer	le marteau
hand	la main
left hand	la main gauche
right hand	la main droite
to shake hands	serrer la main
handbag	le sac
handkerchief	le mouchoir
handsome	beau
What is happening?	Qu'est-ce qui arrive?
happy	heureux, content
Happy Birthday!	Joyeux anniversaire!, Bonne Fête!
hard	dur
hat	le chapeau
to hate	détester
to have	avoir
to have (food)	prendre

to have a good time	s'amuser
to have a headache	avoir mal à la tête
to have just . . .	venir de
to have a sore . . .	avoir mal à . . .
hay	le foin
he	il
head	la tête
health	la santé
to hear	entendre
heart	le coeur
Hearty appetite!	Bon appétit!
heavy	lourd
helicopter	l'hélicoptère
hello	bonjour
to help	aider
Help!	Au secours!
her	la; son
to her	lui
herself	se
here	ici; présent
here is, here are	voici
to hide	cacher
to play hide-and-seek	jouer à cache-cache
high	haut
highway	la route
him	le
to him	lui
himself	se
his	son
history	l'histoire
to hit	battre, frapper
hole	le trou
holiday	la fête
home	la maison
my house	chez moi
homework	le devoir
in honor of	en l'honneur de

hoop	le cerceau
to hope	espérer
to play hopscotch	jouer à la marelle
horse	le cheval
hospital	l'hôpital
hot	chaud
It is hot.	Il fait chaud.
to be hot	avoir chaud
hotel	l'hôtel
hour	l'heure
half hour	la demi-heure
What is the hour?	Quelle heure est-il? (see time)
house	la maison
dollhouse	la maison de poupée
how much, how many	combien
humid	humide
hundred	cent
to be hungry	avoir faim
hunter	le chasseur
Hurray!	Bravo!
to hurry	se dépêcher
to hurt, to have a sore . . .	avoir mal à
husband	le mari

I

I	je
ice	la glace
ice cream	la glace
chocolate ice cream	la glace au chocolat
vanilla ice cream	la glace à la vanille
ice skate	le patin à glace
to go ice skating,	patiner
to ice skate	
idea	l'idée
if, whether	si
immediately	tout de suite
important	important

impossible	impossible
in	dans; en; à
to indicate	indiquer
inexpensively	bon marché
insect	l'insecte
intelligent	intelligent
intentionally	exprès
interesting	intéressant
into	dans; en
to introduce	présenter
to invite	inviter
iron (metal)	le fer
iron	le fer
made of iron	en fer
to iron	repasser
It is . . . (weather)	Il fait . . . (see weather)
It is . . . (time)	Il est . . . (see time)
island	l'île
is located	se trouve
isn't it?	
isn't that so?	
isn't that true?	n'est-ce pas?
it	il, elle, ce; le, la, lui
its	son
It's too bad!	
It's a pity!	C'est dommage!; C'est triste!; Hélas!

J

jacket	la veste
jackknife	le canif
jam	la confiture
January	janvier
jet airplane	l'avion à réaction (see airplane)
jewel, jewelry	le bijou
juice	le jus
orange juice	le jus d'orange
July	juillet

to jump	sauter
to jump rope	sauter à la corde
June	juin
to have just	venir de (see to have)

K

kangaroo	le kangourou
to keep	garder
key	la clef, la clé
to kick	donner un coup de pied à
to kill	tuer
kilometer	le kilomètre
kind	gentil
What kind of . . . ?	Quelle sorte de . . . ?
king	le roi
kiss	le baiser
kitchen	la cuisine
kite	le cerf-volant
kitten	le petit chat, le chaton
knee	le genou
to have a sore knee	avoir mal au genou (see to have)
knife	le couteau; le canif
to knit	tricoter
door knob	le bouton
to knock	frapper
knock	le coup
to know	savoir, connaître
to know how to . . .	savoir
to know somebody	connaître

L

lady	la dame
lake	le lac
lamb chop	la côtelette de mouton
lamp	la lampe
large	grand

last	dernier
last one	le dernier
late	en retard
later	plus tard
to laugh	rire
lawyer	l'avocat
lazy	paresseux
to lead	mener
leader	le chef
leaf	la feuille
to leap	sauter
to play leap-frog	jouer à saute-mouton (see to play)
to learn	apprendre
leather	le cuir
made of leather	en cuir
to leave	aller, partir, quitter, sortir
left	gauche
to the left	à gauche
left hand	la main gauche
leg	la jambe
lemon	le citron
to lend	prêter
leopard	le léopard
less	moins
lesson	la leçon
let (permit)	laisser
Let's . . . , Let us . . .	Allons . . .
letter	la lettre
lettuce	la laitue
library	la bibliothèque
lie	le mensonge
light	la lumière; clair, léger
(traffic) light	le feu
lightning	l'éclair
(light) switch	le bouton
to like	aimer
I would like . . .	Je voudrais . . .

He (She) would like . . .	Il (Elle) voudrait . . .
ocean liner	le paquebot
lion	le lion
lip	la lèvre
to listen	écouter
little	petit
a little	un peu
to live	demeurer, habiter, vivre
living room	le salon
is located	se trouve
lollipop	la sucette
long	long
no longer	ne . . . plus
look (appearance)	l'air
to look (at)	regarder
to look after	surveiller
to look at oneself	se regarder
to look for	chercher
to lose	perdre
a lot	beaucoup
loud	fort, haut
loudly	fort
to love	aimer
love	l'amour
low	bas
in a low voice	à voix basse
to lower	baisser
luck	la chance
to be lucky	avoir de la chance
Good luck!	Bonne chance!
luggage	les bagages
lunch	le déjeuner

M

machine	la machine
washing machine	la machine à laver
mad	fou

made of	en . . .
maid	la bonne
to mail a letter	mettre une lettre à la poste
mailbox	la boîte aux lettres
mail carrier	le facteur
to make	faire
Mama, Mommy, Mom, Mother	maman
man	l'homme
many, much	beaucoup de
how many, how much?	combien de . . . ?
so many, so much	tant de
too many, too much	trop de
map	la carte
marbles	les billes
to play marbles	jouer aux billes
March	mars
marionette	la marionnette
mark (in school)	la note
market	le marché
supermarket	le supermarché
to marry	épouser
Marvelous!	Formidable!, Sensationnel!
match	l'allumette
No matter!	N'importe!
What's the matter?	Qu'as-tu?, Qu'avez-vous?
May	mai
May I . . . ?	Je peux . . . ?, Puis-je . . . ?
maybe, perhaps	peut-être
me, to me	me
meal	le repas
to mean	vouloir dire
meat	la viande
mechanic	le mécanicien
medicine	le médicament
to meet	rencontrer
member	le membre
menu	la carte

merry-go-round	le manège
in the middle of	au milieu de
midnight	minuit
mile	le mille
milk	le lait
million	le million
Never mind!	N'importe!
minute	la minute
mirror	la glace, le miroir
Miss	mademoiselle
mistake	la faute
to mix	mélanger
moist	humide
Mom, Mommy	maman
moment	le moment
Monday	lundi
money	l'argent
money-box	la tirelire
monkey	le singe
month	le mois
moon	la lune
more	encore
morning	le matin
Good morning	Bonjour
mosquito	le moustique
mother	la mère
Mother	maman
mountain	la montagne
mouse	la souris
mouth	la bouche
to move	remuer
movie	le film
movies	le cinéma
Mr.	monsieur
Mrs.	madame
much	beaucoup de
how much, how many?	combien de . . . ?

so much, so many	tant de
too much, too many	trop de
mud	la boue
museum	le musée
music	la musique
musical note	la note
musician	le musicien
one (you) must	il faut
my	mon
myself	me, moi-même

N

nail (finger)	l'ongle
nail (metal)	le clou
name	le nom
is named	s'appeler
napkin	la serviette
narrow	étroit
nation	la nation
national	national
naughty	méchant
near	près de
It is necessary . . .	Il faut . . .
neck	le cou
to need	avoir besoin de
needle	l'aiguille
sewing needle	une aiguille á coudre
neighbor	le voisin
nephew	le neveu
nest	le nid
never	ne . . . jamais
Never mind!	N'importe!
new	neuf, nouveau
New Year's Day	Le Jour de l'An (see day)
next	prochain
next to	à côté de
nice	agréable, gentil

niece	la nièce
night	la nuit, le soir
nine	neuf
nineteen	dix-neuf
ninety	quatre-vingt-dix
no	non
No admittance	Défense d'entrer
no longer	ne . . . plus
no matter	n'importe
No smoking	Défense de fumer
noise	le bruit
noon	midi
north	le nord
nose	le nez
not	ne . . . pas
note (musical)	la note
note (money)	le billet
notebook	le cahier
nothing	rien
November	novembre
now	maintenant
number	le nombre, le numéro
nurse	l'infirmière
nylon	le nylon

O

to obey	obéir
occupied	occupé
ocean	l'océan
ocean liner	le paquebot
o'clock	Il est . . . heures.
October	octobre
odd	bizarre, drôle
of	de
a day off	un jour de congé (see day)
office	le bureau
post office	le bureau de poste, la poste

often	souvent
oil	l'huile
O.K. (okay)	D'accord
old	vieux
to be . . . years old	avoir . . . ans
on	sur
once again	encore une fois
one (number)	un
one (we, you, they)	on
the one that, the one who	celui
onion	l'oignon
only	seul; seulement
to open	ouvrir
open	ouvert
to operate (to work)	marcher
or	ou
orange	l'orange
orange juice	le jus d'orange
orange (color)	orange
to order	commander
in order to	pour
other	autre
the other	l'autre
our	notre
out of	par
to go out	sortir
outside	dehors
over there	là-bas
to overturn	renverser
owl	le hibou
own	propre

P

package	le colis, le paquet
page	la page
pail	le seau
to paint	peindre

pair	la paire
pajamas	le pyjama
palace	le palais, le château
pants	le pantalon
paper	le papier
sheet of paper	la feuille de papier
parachute	le parachute
parade	le défilé
parakeet	la perruche
pardon me	pardon
parents	les parents
park	le parc
parrot	le perroquet
part (in theater)	le rôle
party	la fête
to pass	passer, dépasser
to paste	coller
path	le sentier
paw	la patte
to pay, to pay for	payer
Pay attention!	Faites attention!
peach	la pêche
peanut	la cacahuète
pear	la poire
peas	les petits pois
pen	le stylo
ballpoint pen	le stylo à bille
pencil	le crayon
people	les personnes, les gens; on
perhaps	peut-être
permission	la permission
permit	laisser
pet (animal)	l'animal favori
pharmacy	la pharmacie
phonograph	le phonographe, le phono, le tourne-disques
photograph	la photo

piano	le piano
to play the piano	jouer du piano (see to play)
to pick	cueillir
picnic	le pique-nique
to have a picnic	faire un pique-nique
picture	l'image; la photo
pie	la tarte
apple pie	la tarte aux pommes
strawberry pie	la tarte aux fraises
piece	le morceau
piece of paper	la feuille de papier
pig	le cochon
piggy bank	la tirelire
pillow	l'oreiller
pilot (airplane)	le pilote (d'avion)
pin	l'épingle
pineapple	l'ananas
pink	rose
place (at table)	la place
planet	la planète
plant	la plante
plate	l'assiette
to play	jouer
to play (a game)	jouer à . . .
to play (a musical instrument)	jouer de . . .
playground	le terrain de jeux
pleasant	agréable
please	s'il vous plaît, s'il te plaît
pleasure	le plaisir
pocket	la poche
pocketbook	le sac
pocketknife	le canif
to point out	indiquer
policeman	l'agent de police
polite	poli
swimming pool	la piscine
poor	pauvre

postcard	la carte
postman, mail carrier	le facteur
post office	le bureau de poste, la poste
potato	la pomme de terre
to pour	verser
to prefer	préférer
to prepare	préparer
present	le cadeau
present, here	présent
president	le président
pretty	joli
prince	le prince
princess	la princesse
to promise	promettre
to pull	tirer
pumpkin	la citrouille
to punish	punir
pupil	l'élève
puppy	le petit chien
purple	violet
on purpose	exprès
purse	le sac
to push	pousser
to put, to put on	mettre

Q

quarrel	la querelle
quarter	le quart
It is a quarter after three.	Il est trois heures et quart.
queen	la reine
question	la question
quickly	vite
quiet	silencieux, tranquille
to be quiet	se taire

R

rabbit	le lapin
radio	la radio
railroad	le chemin de fer
to rain	pleuvoir
It is raining, It rains	Il pleut
rainbow	l'arc-en-ciel
raincoat	l'imperméable
to raise	lever
rapid	rapide
rat	le rat
to read	lire
ready	prêt
to receive	recevoir
record	le disque
record player	le phonographe, le phono, le tourne-disques
red	rouge
refrigerator	le réfrigérateur
to remain	rester
to remember	se rappeler
to remove	ôter, quitter
to repair	réparer
to repeat	répéter
to reply	répondre
to rescue	sauver
to rest	se reposer
restaurant	le restaurant
to return	retourner, rendre
ribbon	le ruban
rice	le riz
rich	riche
to ride	aller; monter
to ride in a car	aller en auto
to ride a bicycle	aller à bicyclette
to ride a horse	monter à cheval

right	droit
at the right	à droite
right away	tout de suite
right hand	la main droite
to be right	avoir raison
all right	d'accord
ring	l'anneau, la bague
to ring	sonner
ripe	mûr
river	la rivière
road	le chemin, la route
roast beef	le rosbif
robber	le voleur
rock	le rocher
rocket ship	la fusée
roll	le petit pain, le croissant, la brioche
to roll	rouler
roller skate	le patin à roulettes
roof	le toit
room	la pièce, la salle
bathroom	la salle de bain
classroom	la salle de classe
dining room	la salle à manger
living room	le salon
rooster	le coq
rope	la corde
to jump rope	sauter à la corde
round	rond
route	la route
row	le rang
rubber	le caoutchouc
made of rubber	en caoutchouc
rug	le tapis
rule	la règle
ruler	la règle
to run	courir

S

sack	le sac
sad	triste
safe and sound	sain et sauf
salad	la salade
saleswoman (salesperson)	la vendeuse
salesman (salesperson)	le vendeur
salt	le sel
same	même
It's all the same to me!	Cela m'est égal!
sand	le sable
sandwich	le sandwich
Saturday	samedi
saucer	la soucoupe
to save	sauver
to say	dire
Say!, Well!	Tiens!
school	l'école
at (to) school	à l'école
science	la science
scientist	le savant
scissors	les ciseaux
to scold	gronder
to scream	crier
sea	la mer
season	la saison
seat	la place
seated	assis
second	deuxième
secret	le secret
secretary	la dactylo
to see	voir
to see again	revoir
See you soon	À bientôt
seesaw	la balançoire

to sell	vendre
they sell . . .	on vend . . .
to send	envoyer
sentence	la phrase
September	septembre
serious	sérieux
to serve	servir
to set (sun)	se coucher
to set (the table)	mettre le couvert
setting (at table)	la place
seven	sept
seventeen	dix-sept
seventy	soixante-dix
several	plusieurs
to sew	coudre
sewing needle	l'aiguille à coudre
shadow	l'ombre
to shake	remuer
to shake hands	serrer la main
shaped like	en forme de
to share	partager
she	elle
sheep	le mouton
sheet of paper	la feuille de papier
shell	le coquillage
ship	le bateau, le paquebot
shirt	la chemise
shoe	le soulier, la chaussure
shop	la boutique, le magasin
to shop, to go shopping	faire des emplettes
shore	le bord
short	court
shoulder	l'épaule
to shout	crier
shovel	la pelle
to show	montrer
shower	la douche

sick	malade
at the side of	à côté de
sideboard	le buffet
sidewalk	le trottoir
silent	silencieux
silly	bête
silver	l'argent
made of silver	en argent
similar	pareil
to sing	chanter
sink (bathroom)	le lavabo
sister	la soeur
to sit down	s'asseoir
six	six
sixteen	seize
sixty	soixante
size	la taille
skate	le patin
ice skate	le patin à glace
roller skate	le patin à roulettes
to skate	patiner
skin	la peau
skinny	maigre
skirt	la jupe
sky	le ciel
skyscraper	le gratte-ciel
sled	la luge, le traîneau
to sleep	dormir
to be sleepy	avoir sommeil
to slide, to slip	glisser
slowly	lentement
small	petit
to smell	sentir
to smile	sourire
to smoke	fumer
no smoking	défense de fumer
snack	le goûter, la tartine

snake	le serpent
to sneeze	éternuer
to snow	neiger
snow	la neige
snowman	le bonhomme de neige
It is snowing.	Il neige.
so	si
Isn't that so?	n'est-ce pas?
so much, so many	tant de
soap	le savon
soccer	le football
sock	la chaussette
soda	le soda
sofa	le canapé
soft	doux
softly	doucement
soldier	le soldat
some	du, de la, de l', des; quelque
somebody, someone	on; quelqu'un
something	quelque chose
sometimes	quelquefois
son	le fils
song	la chanson
soon	bientôt
See you soon	À bientôt
soup	la soupe
south	le sud
space	l'espace
to speak	parler
to spend (time)	passer
spider	l'araignée
to spill	renverser
spinach	les épinards
spoon	la cuiller
sport	le sport
spot, stain	la tache
spotted	tacheté

spring	le printemps
square	carré
stain	la tache
staircase	l'escalier
stamp (postage)	le timbre
to stand	se lever
standing	debout
star	l'étoile
state	l'état
station (train)	la gare
to stay	rester
to steal	voler
steamship	le bateau, le paquebot
step (on staircase)	la marche
(airline) steward/ess (flight attendant)	l'hôte/sse de l'air
stick	le bâton
still	encore
to sting	piquer
stocking	le bas
to have a stomachache	avoir mal au ventre (see to have)
stone	la pierre
to stop	s'arrêter
store	le magasin, la boutique, le marché
store window	la vitrine
storm	l'orage
story	l'histoire, le conte
stove	le fourneau
electric stove	le fourneau électrique
gas stove	le fourneau à gaz
strange	bizarre
stranger	l'étranger
strawberry	la fraise
street	la rue
street cleaner	le balayeur des rues
wide street	le boulevard
to strike (clock)	sonner
string	la ficelle

string beans	les haricots verts
strong	fort
student	l'étudiant
to study	étudier
stupid	bête, stupide
subway	le métro
to succeed	réussir
suddenly	tout à coup
sugar	le sucre
suit	le complet
bathing suit	le maillot
suitcase	la valise
summer	l'été
summer vacation	les grandes vacances
sun	le soleil
sunbath	le bain de soleil
It is sunny.	Il fait du soleil.
Sunday	dimanche
supermarket	le supermarché
sure	sûr
surprise	la surprise
surprising	étonnant
sweater	le chandail
sweet	doux
to swim	nager
swimming pool	la piscine
swing	la balançoire
switch (light)	le bouton

T

table	la table
tablecloth	la nappe
to set the table	mettre le couvert
tail	la queue
tailor	le tailleur
to take	prendre
to take a bath	prendre un bain

to take off	ôter, quitter
to take a trip	faire un voyage
to take a walk	faire une promenade, se promener
tale	l'histoire, le conte
fairy tale	le conte de fées
to talk	parler
tall	grand, haut
fish tank	l'aquarium
tape recorder	le magnétophone
taxi	le taxi
tea	le thé
to teach	enseigner
·teacher	la maîtresse, le professeur
team	l'équipe
tear	la larme
to tease	taquiner
teeth	les dents (see tooth)
telephone	le téléphone
television	la télévision, la télé
television antenna	l'antenne de télévision
television set	le téléviseur
to tell	raconter
ten	dix
tent	la tente
test	l'examen
thank you, thanks	merci
that	que; cela, ça
That's too bad	C'est dommage, C'est triste (see bad)
the	le, la, les
theater	le théâtre
their	leur
them	les
to them	leur, eux
themselves	se
then	ensuite, puis
there	là

down there, over there	là-bas
there is, there are	il y a
they	ils, elles; on
thick	épais
thief	le voleur
thin	maigre
thing	la chose
to think	penser; trouver
to be thirsty	avoir soif (see to be)
thirteen	treize
thirty	trente
this	ce
this (one)	ceci
thousand	mille
three	trois
throat	la gorge
through	par
to throw	jeter, lancer
thunder	le tonnerre
Thursday	jeudi
ticket	le billet
tie	la cravate
tiger	le tigre
tight	étroit
time (hour) (see o'clock)	l'heure
What time is it?	Quelle heure est-il?
It is three o'clock.	Il est trois heures.
It is six thirty.	Il est six heures et demie.
It is a quarter after two.	Il est deux heures et quart.
dinner time	l'heure du dîner
to have a good time	s'amuser (see good)
time (repetition)	la fois
tip (in restaurant)	le pourboire
tired	fatigué
to	à
in order to	pour
toast	le pain grillé

today	aujourd'hui
toe	l'orteil
together	ensemble
tomato	la tomate
tomorrow	demain
tongue	la langue
too	aussi
too much, too many	trop de
tooth	la dent
to have a toothache	avoir mal aux dents
toothbrush	la brosse à dents
toothpaste	le dentifrice
top (toy)	la toupie
tortoise	la tortue
to touch	toucher
toward	vers
towel	la serviette
tower	la tour
toy	le jouet
traffic	la circulation
train	le train
to travel, to take a trip	voyager, faire un voyage
traveler	le voyageur
tree	l'arbre
trip	le voyage
trousers	le pantalon
truck	le camion
fire truck	la pompe à incendie
true	vrai
Isn't that true?	n'est-ce pas?
trunk	la malle
to try	essayer
Tuesday	mardi
turkey	la dinde
turn	le tour
to turn	tourner
to turn off (light)	éteindre

turtle	la tortue
twelve	douze
twenty	vingt
two	deux
twice	deux fois
typewriter	la machine à écrire
electric typewriter	la machine à écrire électrique
typist	la dactylo, le dactylo

U

ugly	laid
umbrella	le parapluie
uncle	l'oncle
under	sous
to understand	comprendre
unhappy	malheureux
united	uni
United Nations	les Nations Unies
United States	les Etats-Unis
university	l'université
until	jusqu'à
unusual	extraordinaire
upstairs	en haut
us, to us	nous
to use	employer
useful	utile

V

vacation	les vacances
summer vacation	les grandes vacances
to vaccinate	vacciner
vacuum cleaner	l'aspirateur
valise	la valise
valley	la vallée
vanilla	la vanille
vanilla ice cream	la glace à la vanille
veal chop, veal cutlet	la côtelette de veau

vegetable	le légume
very	très
village	le village
violet	violet
violin	le violon
to visit	visiter
voice	la voix
aloud, in a loud voice	à haute voix
in a low voice	à voix basse

W

to wag	remuer
waist	la taille
to wait for	attendre
waiter	le garçon
waitress	la serveuse
to wake up	se réveiller
to walk, to take a walk	se promener, faire une promenade
wall	le mur
to want, to wish	désirer, vouloir
war	la guerre
warm	chaud
to wash	laver
to wash (oneself)	se laver
washing machine	la machine à laver
watch	la montre
to watch, to watch over	regarder, surveiller
water	l'eau
watermelon	la pastèque
wave	la vague
we	nous
weak	faible
to wear	porter
The weather is . . .	Il fait . . .
What is the weather?	Quel temps fait-il?
It is bad weather.	Il fait mauvais.
It is cold weather.	Il fait froid.

It is good weather.	Il fait beau.
It is hot weather.	Il fait chaud.
It is sunny.	Il fait du soleil.
It is warm.	Il fait chaud.
It is windy.	Il fait du vent.
Wednesday	mercredi
week	la semaine
to weep	pleurer
You're welcome	De rien; Il n'y a pas de quoi
Well!	Tiens!
well	bien
well-behaved	sage
Well done!	Bravo!
west	l'ouest
wet	mouillé, humide
What?	Comment?
What a . . . !	Quel . . . !
What's the matter?	Qu'avez-vous?
wheat	le blé
wheel	la roue
when	quand
where	où
whether	si
which, that	que
which . . . ?	quel . . . ?
in a little while	tout à l'heure
to whistle	siffler
white	blanc
who	qui
whole	entier
why?	pourquoi?
wide	large
wide street	le boulevard
wife	la femme
wild	féroce, sauvage
to win	gagner
wind	le vent

It is windy.	Il fait du vent.
window	la fenêtre
store window	la vitrine
wine	le vin
wing	l'aile
winter	l'hiver
wise	sage
to wish, to want	désirer, vouloir
wish	le souhait
with	avec
without	sans
wolf	le loup
woman	la femme
wonderful	extraordinaire, sensationnel, formidable
wood	le bois
made of wood	en bois
woods	le bois, la forêt
wool	laine
made of wool	en laine
word	le mot
work	le travail
to work	travailler
to work (machine)	marcher (see to go)
world	le monde
worm	le ver
would like . . .	
I would like . . .	Je voudrais . . .
He (She) would like . . .	Il (Elle) voudrait . . .
to write	écrire
to be wrong	avoir tort

Y

year	l'an, l'année
yellow	jaune
yes	oui
yesterday	hier

you	vous, tu; on
to you	vous, te
you have to . . .	Il faut . . .
young	jeune
your	votre, ton
yourself	vous, te
you're welcome	de rien

Z

zebra	le zèbre
zero	le zéro
zoo	le zoo; le jardin zoologique

Days of the Week—Months of the Year

(Les Jours de la Semaine—Les Mois de L'Année)

English		French (Français)	English		French (Français)
Monday	–	lundi	January	–	janvier
Tuesday	–	mardi	February	–	février
Wednesday	–	mercredi	March	–	mars
Thursday	–	jeudi	April	–	avril
Friday	–	vendredi	May	–	mai
Saturday	–	samedi	June	–	juin
Sunday	–	dimanche	July	–	juillet
			August	–	août
			September	–	septembre
			October	–	octobre
			November	–	novembre
			December	–	décembre

Personal Names *
(Prenoms)

Boys (Les Garçons)

English	French (Français)
Allen	Alain [a-LA͠N]
Albert	Albert [al-BEHR]
Andrew	André [ah͠n-DRAY]
Anthony	Antoine ah͠n-TWAN]
Arnold	Arnaud [ar-NOH]
Arthur	Arthur [ar-TEWR]
Charles	Charles [SHARL]
Claud	Claude [KLOHD]
David	David [da-VEED]
Edward	Edouard [eh-DWAR]
Eugene	Eugène [euh-ZHEHN]
Frank	François [frah͠n-SWA]
Frederick	Frédéric [fray-day-REEK]
George	Georges [ZHUHRZH]
Henry	Henri [ah͠n-REE]
James, Jack	Jacques [ZHAK]
Jerome	Jérôme [zhay-ROHM]
John	Jean [ZHAH͠N]
Lawrence	Laurent [luh-RAH͠N]
Leo	Léon [lay-OH͠N]
Mark	Marc [MARK]
Michael	Michel [mee-SHEHL]
Paul	Paul [PUHL]
Peter	Pierre [PYEHR]
Philip	Philippe [fee-LEEP]
Ralph	Raoul [ra-OOL]
Robert	Robert [ruh-BEHR]
William	Guillaume [gee-OHM]

* This is only a partial list. Since an equivalent for every name does not exist, use a name that begins with the same letter as your name. Ask your French teacher for additional names.

Girls *(Les Jeunes Filles)*

English	French *(Français)*
Amy	Aimée [ay-MAY]
Ann	Anne [AN]
Beatrice	Béatrice [bay-a-TREES]
Bertha	Berthe [BEHRT]
Carolyn	Caroline [ca-ruh-LEEN]
Claire	Claire [KLEHR]
Colette	Colette [kuh-LEHT]
Denise	Denise [dǿ-NEEZ]
Dorothy	Dorothée [duh-ruh-TAY]
Elizabeth	Elisabeth [ay-lee-za-BEHT]
Elsie	Elise [ay-LEEZ]
Emily	Emilie [ay-mee-LEE]
Frances	Françoise [frahǿ-SWAZ]
Harriet	Henriette [ahǿ-ree-EHT]
Helen	Hélène [ay-LEHN]
Jacquelyn	Jacqueline [zha-KLEEN]
Jane, Jean, Joan	Jeanne [ZHAN]
Laura	Laure [LUHR]
Louise	Louise [LWEEZ]
Margaret	Marguerite [mar-guh-REET]
Martha	Marthe [MART]
Mary	Marie [ma-REE]
Nancy	Nanette [na-NEHT]
Susan	Suzanne [sew-zan]
Sylvia	Sylvie [seel-VEE]
Theresa	Thérèse [tay-REHZ]
Virginia	Virginie [veer-zhee-NEE]
Yvonne	Yvonne [ee-VUHN]

Classroom Expressions *
(Expressions de Classe)

English	French (Français)
again	encore une fois
aloud	à haute voix
Answer the question.	Répondez à la question. (Réponds)
Begin.	Commencez. (Commence.)
Bring me the book.	Apportez-moi le livre. (Apporte-moi)
Close the door.	Fermez la porte. (Ferme)
Count from one to five.	Comptez de un à cinq. (Compte)
Excellent!	Excellent! Bravo!
Draw a flower	Dessinez une fleur. (Dessine)
Give me a pencil.	Donnez-moi un crayon. (Donne-moi)
Go to the window.	Allez à la fenêtre. (Va)
Go back to your seat.	Retournez à votre place. (Retourne à ta place.)
Good-bye.	Au revoir.
Hello.	Bonjour.
Let us sing.	Chantons.
Listen.	Ecoutez. (Ecoute)
Look at the blackboard.	Regardez le tableau noir. (Regarde)

* This is only a partial list. Ask your French teacher for additional expressions.

Open the door.	Ouvrez la porte.
	(Ouvre)
Pay attention!	Faites attention!
	(Fais)
Please	S'il vous plaît
	(S'il te plaît)
Repeat!	Répétez!
	(Répète!)
See you tomorrow.	A demain.
Sit down.	Asseyez-vous.
	(Assieds-toi.)
Stand up.	Levez-vous.
	(Lève-toi.)
Thank you.	Merci.
You're welcome.	De rien. Je vous en prie.
	(Je t'en prie.)

Numbers 1-100
(Nombres 1-100)

English	French (Français)	English	French (Français)
one	un	twenty-six	vingt-six
two	deux	twenty-seven	vingt-sept
three	trois	twenty-eight	vingt-huit
four	quatre	twenty-nine	vingt-neuf
five	cinq	*thirty*	*trente*
six	six	thirty-one	trente et un
seven	sept	thirty-two	trente-deux
eight	huit	thirty-three	trente-trois
nine	neuf	thirty-four	trente-quatre
ten	*dix*	thirty-five	trente-cinq
eleven	onze	thirty-six	trente-six
twelve	douze	thirty-seven	trente-sept
thirteen	treize	thirty-eight	trente-huit
fourteen	quatorze	thirty-nine	trente-neuf
fifteen	quinze	*forty*	*quarante*
sixteen	seize	forty-one	quarante et un
seventeen	dix-sept	forty-two	quarante-deux
eighteen	dix-huit	forty-three	quarante-trois
nineteen	dix-neuf	forty-four	quarante-quatre
twenty	*vingt*	forty-five	quarante-cinq
twenty-one	vingt et un	forty-six	quarante-six
twenty-two	vingt-deux	forty-seven	quarante-sept
twenty-three	vingt-trois	forty-eight	quarante-huit
twenty-four	vingt-quatre	forty-nine	quarante-neuf
twenty-five	vingt-cinq	*fifty*	*cinquante*

English	French (*Français*)		
fifty-one	cinquante et un	seventy-six	soixante-seize
fifty-two	cinquante-deux	seventy-seven	soixante-dix-sept
fifty-three	cinquante-trois	seventy-eight	soixante-dix-huit
fifty-four	cinquante-quatre	seventy-nine	soixante-dix-neuf
fifty-five	cinquante-cinq	*eighty*	*quatre-vingts*
fifty-six	cinquante-six	eighty-one	quatre-vingt-un
fifty-seven	cinquante-sept	eighty-two	quatre-vingt-deux
fifty-eight	cinquante-huit	eighty-three	quatre-vingt-trois
fifty-nine	cinquante-neuf	eighty-four	quatre-vingt-quatre
sixty	*soixante*	eighty-five	quatre-vingt-cinq
sixty-one	soixante et un	eighty-six	quatre-vingt-six
sixty-two	soixante-deux	eighty-seven	quatre-vingt-sept
sixty-three	soixante-trois	eighty-eight	quatre-vingt-huit
sixty-four	soixante-quatre	eighty-nine	quatre-vingt-neuf
sixty-five	soixante-cinq	*ninety*	*quatre-vingt-dix*
sixty-six	soixante-six	ninety-one	quatre-vingt-onze
sixty-seven	soixante-sept	ninety-two	quatre-vingt-douze
sixty-eight	soixante-huit	ninety-three	quatre-vingt-treize
sixty-nine	soixante-neuf	ninety-four	quatre-vingt-quatorze
seventy	*soixante-dix*	ninety-five	quatre-vingt-quinze
seventy-one	soixante et onze	ninety-six	quatre-vingt-seize
seventy-two	soixante-douze	ninety-seven	quatre-vingt-dix-sept
seventy-three	soixante-treize	ninety-eight	quatre-vingt-dix-huit
seventy-four	soixante-quatorze	ninety-nine	quatre-vingt-dix-neuf
seventy-five	soixante-quinze	*one hundred*	*cent*

French-American Conversion Tables
Currency, Weights, Measures—*(Monnaies, Poids, Mesures)*

FRENCH *(FRANÇAIS)*		AMERICAN
1 franc	=	$0.20 (20 cents) *
5 francs	=	$1.00 *
10 francs	=	$2.00 *
1 centimeter	=	0.39 inches **
1 kilometer	=	0.62 miles **
10 kilometers	=	6.21 miles **
1 gram	=	0.035 ounces **
1 kilogram	=	2.20 pounds **

AMERICAN		FRENCH *(FRANÇAIS)*
1 dollar	=	5 francs *
5 dollars	=	25 francs *
10 dollars	=	50 francs *
1 inch	=	2.54 centimeters **
1 foot	=	30.5 centimeters **
1 yard	=	91.4 centimeters **
1 mile	=	1.61 kilometers **
1 ounce	=	28.3 grams **
1 pound	=	453.6 grams **

* Because of fluctuations in exchange rates, it is necessary to consult the finance section of your daily newspaper or the foreign currency exchange section of your local bank.
** Approximately

Parts of Speech
(Mots Grammaticaux)

English	French (Français)
adjective (adj.)	l'adjectif (adj.)
article	l'article
adverb (adv.)	l'adverbe (adv.)
conjunction	le conjonction
idiomatic expression	l'expression idiomatique
interjection	l'interjection
noun, feminine (fem.)	le nom (féminin)
noun, masculine (masc.)	le nom (masculin)
preposition	la préposition
pronoun (pron.)	le pronom (pron.)
verb	le verbe
verb form	la forme du verbe

French Verb Supplement
(Les Verbes)

REGULAR VERBS, PRESENT TENSE

chanter

je chante	nous chantons
tu chantes	vous chantez
il, elle chante	ils, elles chantent

finir

je finis	nous finissons
tu finis	vous finissez
il, elle finit	ils, elles finissent

rendre

je rends	nous rendons
tu rends	vous rendez
il, elle rend	ils, elles rendent

IRREGULAR VERBS, PRESENT TENSE *

aller

je vais	nous allons
tu vas	vous allez
il, elle va	ils, elles vont

avoir

j'ai	nous avons
tu as	vous avez
il, elle a	ils, elles ont

mettre

je mets	nous mettons
tu mets	vous mettez
il, elle met	ils, elles mettent

pouvoir

je peux	nous pouvons
tu peux	vous pouvez
il, elle peut	ils, elles peuvent

* Partial list of frequently used verbs

boire

je bois	nous buvons
tu bois	vous buvez
il, elle boit	ils, elles boivent

dire

je dis	nous disons
tu dis	vous dites
il, elle dit	ils, elles disent

être

je suis	nous sommes
tu es	vous êtes
il, elle est	ils, elles sont

faire

je fais	nous faisons
tu fais	vous faites
il, elle fait	ils, elles font

prendre

je prends	nous prenons
tu prends	vous prenez
il, elle prend	ils, elles prennent

savoir

je sais	nous savons
tu sais	vous savez
il, elle sait	ils, elles savent

venir

je viens	nous venons
tu viens	vous venez
il, elle vient	ils, elles viennent

voir

je vois	nous voyons
tu vois	vous voyez
il, elle voit	ils, elles voient

vouloir

je veux	nous voulons
tu veux	vous voulez
il, elle veut	ils, elles veulent